Jacob Schmid

# Leben heiliger Hirten und Bauern

Jacob Schmid

**Leben heiliger Hirten und Bauern**

ISBN/EAN: 9783743406988

Hergestellt in Europa, USA, Kanada, Australien, Japan

Cover: Foto ©Thomas Meinert / pixelio.de

Weitere Bücher finden Sie auf **www.hansebooks.com**

Ich bin der güte Hirt. Joan. 10. 11.
Und mein Vatter ist der Ackersman. Joan. 15. 1.

# Leben

heiliger

welche

in diesem, oder nicht viel ungleichen, doch in keinem andern Stand von der Welt abgeschieden, und selig worden.

Dem lieben, alt-frommen, gut-catholischen Hirten- und Bauern-Volck zum Beyspiel und Nutzen in Druck verfertiget, und in vier Theil abgetheilet

von

P. Jacob Schmid, der Gesellschaft Jesu.

Dritte Auflag.

Mit Erlaubnus der Obern.

Augsburg

Verlegt von Ignaz Adam und Franz Anton Veith, Buchhändlern,
Im Jahr 1770.

# Vorbericht
## an den geneigten Leser.

WAnn mich kein andere Ursach dahin verleitet hätte, dieses Wercklein von denen Leben der heiligen Hirten, und Bauern unter die Druck-Preß zu beförderen, wäre jene genug erklecklich, welche mir gegenwärtige Zeiten, als ich solches zusammen getragen, an die Hand gegeben; da nemlich aus dem hochberühmten Ertz-Stift Saltzburg ein grosser Schwarm in etlich tausend Köpffen bestehenden Bauern-Volcks das Vatterland raumen, und anderstwo eine Bleibstatt suchen mußte, weilen sie sich nicht allein zur Römisch-Catholischen Lehr nicht bekannten, sondern auch gegen ihren rechtmäßigen Lands-Herrn, und geistlichen Hirten muthwillig zu widersetzen begunten, und in andern groben Lastern, ausgelassenen Sitten, zu welchen sie ihre Irr-Lehr, und Thumheit veranlasset, über die massen vertiest lagen.

Dieses saubere Gesindel um andere Orth, gemäß des Ertz-Bischöflichen Befehls, zu beziehen, ware nothwendig, daß es durch Catholische Land ihre Reiß nahme. Als nun viel aus dem rechtglaubigen Hirten- und Bauern-Volck diese Saltzburgische Berg-Leuth, oder, wie man sie nennte, Emigranten, auf denen Gassen und Strassen mit Sack und Pack sahen durchwandern, hatten sie erstlich mit ihnen ein Mitleyden: geriethen hernach, indeme sie diese schlimme Brut noch nicht erkannt, in einen solchen Irrwohn, und verkehrte Meynung, daß sie darvorhielten, diese Emigranten wären ihres Glaubens halber weiß nicht was für eine, unschuldig in das Elend verstossene Halb-Martyrer: also, daß so gar nicht wenig aus dem lieben Alt-Catholischen einfältigen Hirten- und Bauern-Volck wanckelmüthig, und zweiffelhaftig zu werden anfiengen, ob sie in ihrem Alt-Christlichen Glauben recht daran wären, oder nicht?

Nun dann weilen die Exempel und Beyspiel in denen menschlichen Herzen jederzeit ein so verbergene Kraft, und verwunderlichen Nachdruck haben, selbige hinzuziehen, wo es gleichsam ihnen nur gefallet, so hab ich nicht unweißlich erachtet, es kunten vielleicht auch diese Leben der Heil. Hirten, und Bauern, so ich in gegenwärtigem Wercklein beschreibe, dasjenige widerum, wenigst in etwas, ergänzen, was diese meisterlose Berg-Leuth in denen Gemüthern der recht-glaubigen Bauerschaft verderbet; mithin was das eine Exempel, und Beyspiel nidergerissen, das möchte das andere widerum erbauen. Wann bey anbrechender holdseliger Frühlings-Zeit die vergifte Schlangen aus ihren Höhlen heraus kriechen, pflegt die vorsichtige Natur auch zugleich das bekannte Kräutlein Diptam, so ein trefliches Heyl-Mittel wider die Schlangen-Biß, und das Gift, herfür zu bringen, damit wir wider so schädliches Thier auch alsobald das Gegen-Mittel an der Hand hätten: Eben solches suche ich auch mit diesen Lebens-Beschreibungen, neimlich eine Seelen-Artzney wider diese giftige Schlangen-Biß denen Catholischen Herzen auf dem Gay darzubieten; sonderlich da sie in diesen Lebens-Geschichten so viel ihres gleichens ersehen werden, vorderist in denen ersten tausend Jahren, welche sich nicht gescheuet, das Leben, und Blut für den wahren Glauben, für die Römische allgemeine, und allein seeligmachende Christ-Catholische Lehr so tapffermüthig herzugeben; andere hingegen, welche mit ausbündig schönen Tugenden, und heiligen Wandel die Catholische Kirchen gezieret, und mit was für herrlichen Miracklen sie dieselbe erleuchtet haben, also, daß man schier nichts von andern Heiligen lieset, so nicht ebenfalls GOtt in, und durch diese heilige Hirten- und Bauers-Leuth gewürcket.

Und wann die Exempel bey jedwedern viel erzwingen können, so vermögen sie es gewißlich noch besser bey denenjenigen, die auch gleichen Stands, und Lebens-Art gewesen; einfolglich werden auch diese gegenwärtige sehr schöne, und fürtrefliche Tugend-Beyspiel bey dem lieben Bauers-Volck noch grössern Nachdruck finden; weilen sie vor Zeiten auch in gleichmäßigen Lebens-Stand das Zeitliche gesegnet, und dem Himmel zugeflogen.

Warumen ich aber ausdrucklich in dem Titul oder Vorblatt anmercke, und melde, daß ich nur allein jene Leben der heiligen Hirten, und Bauern gebe, welche in diesem, oder nicht viel ungleichem doch in keinem andern Stand ihr Leben vollendet, verstehe, in keinem Ordens- oder geistlichen- oder auch andern höhern weltlichen Stand, zu welchem sie sich hinauf geschwungen; solches ist darumen geschehen, damit mir keiner vorwerffen könne (gleichwie

es

es mir ein andersmahl schier in gleichem Stuck begegnet) dieser oder jener habe halt das Hirten- oder Bauern-Leben aufgeben, und in einen andern Stand tretten müssen, weilen er in dem einfältigen, und arbeit-vollen Bauern- und Hirten-Stand wenigst der Tugend nicht so viel erlernen, oder üben hätte können, mithin so leicht auch die Seligkeit nicht wurde erhalten haben: nein, sage ich, damit mir niemand etwas solches vorwerffen, viel weniger vor dem Göttlichen Richter einstens vorschuzen möge, habe ich mit allem Fleiß allein diejenige heilige Hirten, und Bauern erwählet, welche in eben diesem, oder nicht viel ungleichem, doch in keinem Ordens-oder geistlichen Stand, ja auch andern höhern weltlichen Stand von dieser Sterblichkeit abgeschieden, und in die ewige Glückseeligkeit aufgenommen worden; dann wann ich auch jene darzu hätte zehlen wollen, welche eintweders in diesem Stand gebohren, oder darinn eine Zeit lang gelebt, jedoch nachmahls das Ordens-Kleyd genommen, oder wohl gar zu höherer anderer Würde gelanget, so wurde ich gewißlich ein drey- oder viermahl grösseres Werck, als gegenwärtiges ist, von solchen allein beschreiben können; von dannenhero hab ich mich nicht getrauet auch so gar nebst vielen andern St. Wendelins Leben, eines sonst so bekannten Bauern-Heiligens, allhier einzumengen, weilen er nemlich nicht als ein Hirt, sondern als ein Abbt, oder Prälat in einem Closter gestorben.

Habe aber auch benanntlich im gedachten Vorblatt, oder Titul mit Fleiß hinzugesetzet: welche in diesem oder nicht viel ungleichem Stand gelebt, gestaltsam ja auch nicht weniger hieher gehören, die Tag-Löhner, Fuhr-Knecht, Sämer, und jene gemeine Dienst-Bothen, die von Hirten, oder Bauern gebohren, nachmahls sich zur schlechten und geringen Hauß-Arbeit, ob es schon zuweilen in vornehmen Häusern geschehen, sich aufdingen lassen.

Jedoch wird mir etwann einer hierinn einwerffen, daß nicht gar unlängst ein Buch zum Vorschein in Druck heraus gekommen: Tuba Rustica genannt. Darinnen viel der heiligen Hirten und Bauern enthalten. Lieber Leser! entweders hast du solches nicht gesehen, mithin redest nur, wie es andern zu reden gefallet, oder du begreiffest meinen Zweck, und Innhalt gegenwärtigen Wercksleins noch nicht. Erstberührtes Buch, Tuba Rustica, bestehet in lauter Gay-Predigen (denen ich in allweg seinen gebührenden Werth lasse) darinnen der Urheber desselben da und dorten etwas von denen Leben der heiligen

Hirten, und Bauern einmenget, etwann diese oder jene aus derenselben vornehmsten Tugenden dem Volck zur Nachfolg vorzutragen, und nicht die Leben selbsten zu beschreiben; mithin eben darumen, weilen er solche nur, als Predigen, auf der Canzel vortruge, gedachte er nicht ihre Leben vorzutragen. Nichts zu melden, daß er bey weitem nicht so viel, und so seltsame Lebens-Verfassungen der heiligen Hirten- und Bauers-Leuth darinnen anziehet: und, was noch mehrers, auch beybringet jene, die nachmahls den Hirten- oder Bauern-Stand mit dem Ordens-Kleyd vertauschet, oder zu einer andern hohen geistlich- oder weltlichen Würde gelanget, welches alles weit von meinem Ziel, und End-Zweck, wie du mein Leser! selbst siehest, entfernet ist.

Anbelangend die Schreib-Art, der ich mich in diesen historischen Lebens-Verfassungen gebrauche, ist solche schlecht, doch gerecht: und wäre das gewißlich ein aberwitzige Feder, wann sie betheuerte, für die geringe Hirten- und Bauers-Leuth etwas in Druck zu befördern; hingegen mit ihrer Schreib-Art, weiß nicht wie, die Saiten hoch spannen, und mit lauter ausgesuchten, und gekrausten Worten daher prangen wollte, welche das einfältige liebe Bauern-Volck nicht verstunde. Das bekenne ich gern, daß ich etwann da, und dort zuweilen einem schier vorkommen kunte, als hätte ich die Schrancken eines Geschicht-Schreibers überschritten, da ich etwann von geistlichen heylsamen Lehren, welches mehrers denen Asceten, oder Lehreren des Geists zustehet, zu viel einmischen sollte; allein auch dieses wird mir nicht mißbilliget, oder in argem aufgenommen werden, in Erwegung, daß dem lieben Bauern-Volck durch den löblichen Fürwitz, welchen es spüren lasset in Ablesung der Lebens-Thaten der Heiligen ihres Stands, auch zugleich solche nutzliche Lehren unvermerckt eingeflösset werden, welche sie sonsten in denen geistlichen Bücheren, mit denen sie wenig versehen, weder lesen mögen, weder von denen Predigern, und andern Selen-Hirten so leicht nicht annehmen, und also hat auch Platz jenes, was der Reimen-Dichter gesungen:

Omne tulit punctum, qui miscuit utile dulci.

Ubrigens habe das ganze Wercklein, besserer Ordnung halber, in mehrere Theil abgesöndert: Der erste wird die Leben der heiligen Hirten, und Bauern vorstellen, welche in den ersten tausend Jahren nach der Gnaden-reichen Geburt unsers Welt-Erlösers mit ihrem scheinbaren Wandel geleuchtet: die übrige wird der zweyte und dritte Theil geben; denen der vierte Theil, oder wann es dir beliebig, ein Anhang zu diesen Leben der heiligen Hirten und Bauers-Leuth beygefüget wird, in welchem theils Geschichten von dem grausamen Mord, so die Juden an etlichen Bauern-Kindern verübt, theils Lebens-Beschreibungen einiger Gottseeligen Hirten und Bauern enthalten.

Letztlichen rede ich noch das liebe Hirten- und Bauern-Volck, als welchem ich zu lieb diese Lebens-Geschicht vorderist in Druck heraus giebe, mit jenen Worten des heiligen Kirchen-Lehrers Augustini an: **Potuerunt isti & istæ, & tu non poteris?** Wann diese Hirten und Bauern, die eben vor Zeiten in gleichem Stand gewesen, wie ihr, wann, sprich ich, diese alle, derer Leben ihr hier lesen werdet, in so geringen, schlechten, mühe- und Arbeitsamen Stand sich in der Tugend so hoch schwingen, und mithin ein so fürtrefliche Cron in dem Himmel erwerben können, so muß sich keiner mehr blicken lassen, daß er sage, es seye ihm nicht möglich zu gleichförmigem Beginnen zu gelangen: Es seynd hierinnen enthalten aus dem Hirten- und Bauern-Volck heilige Hauß-Vätter, und Mütter, Hirten- und Bauern-Söhn, und Töchter, dergleichen auch Dienst-Bothen beyderley Geschlechts, wie auch unterschiedlichen Alters, also, daß keine Gattung für jedwedern ermanglet, in welcher sie sich nicht spieglen, und ihr Leben nach solchen Exemplen einrichten können: keine Ausred mag ferners eingewendet werden, etwann wegen Einfältigkeit, oder Unerfahrenheit im Lesen, und Schreiben; indem auch dieses alles nicht verhinderet hat, diese Tugend-Helden zu so grossem Stapffel der Heiligkeit zu gelangen; massen, wie benanntlich der heilige Tag-Löhner Heinrich so gar des Lesens, und Schreibens nicht einmahl kündig ware, doch einer auserlesenen Heiligkeit gewesen ist: also zweifle ich nicht, daß die meiste aus diesen des Lesens, viel weniger des Schreibens kündig waren. Und mithin beschliesse ich es mit denen Worten des vorangezogenen heiligen Augustini, mit welchen dieser unvergleichliche Lehrer zwar sich selbsten anredet, aber zugleich uns alle angehet: **Væ mihi**, sagt er, **tot judicibus inops stabo, quot me, in bono opere præcesserunt.** *Medit. c. 4.* **Wehe mir! ich werde in dem jüngsten Gericht vor so viel Richtern ganz Tugend-loß dastehen, so viel mir in denen guten Wercken vorgangen, und mich durch ihre Exempel zu solchen angemahnet: Tot arguentibus confundar,**

fundar, fahrt weiters fort Augustinus, quot mihi præbuerunt bene vivendi exemplar, und vor so vielen, die mir meine Trägheit vorrupffen werden, werde ich auch beschämet werden, so viel mir gottseelig zu leben, schöne Beyspiel gegeben haben.

Hast du es vernommen? lieber Leser! und fein wohl in das Hertz hineingedruckt? so geniesse diese meine geringe und kleine Arbeit, und sie wird in dir grosse Seelen-Frücht hervorbringen.

---

# Betheurung
## Des
## Verfassers dieses Buchs.

Ich Anfangs Benannter, dieses Buchs Verfasser, bezeuge und bedinge hiemit, daß ich all dasjenige, was in gegenwärtigem Werck von der Heiligkeit, Marter, oder Blut-Zeugnus einiger Persohnen, wie nicht weniger von Wunder-Wercken, Heiligthumern, und anderen dergleichen angeführet wird, nicht anderst, als nach Vorschrift der Anno 1625. den 13. Mertz hierüber ergangenen Apostolischen Verordnung Pabsts Urbani des Achten, seeligsten Angedenckens, will verstanden haben, dergestalt, daß alle Wort und Buchstaben dem Urtheil und Meynung der heiligen Mutter der Catholischen Kirchen gäntzlich sollen unterworffen seyn; mithin kein anderer Glauben beygemessen werde, als welcher nach dem Verstand gedachter Römisch-Catholischer Kirchen beyzumessen ist.

Heiliger

# Heiliger Hirten und Bauren-Leben

## Erster Theil.

### Die drey heilige Hirten bey der Krippen Christi.

Glückseeliges Hirten, und Bauren-Volk! glückseeliges Hirten und Bauren-Volk! zweymal thue ich euch glückseelig nennen, weilen es scheinet, daß euch der grosse und mächtigste HERR Himmels und der Erden vor allen anderen Menschen günstig, und in Gnaden gewogen seye. Ich gestehe es zwar gern, daß GOtt keineswegs Acht habe auf die Personen, sondern wer ihme zu dienen begehret, seye es hernach, wer es immer wolle, den nimt er zu Gnaden auf, und zehlet selben unter seine Freund; allein wann einer die Sach etwas reuffers erweget, wird er unschwer erachten, daß diesem lieben Volk der Welt Heyland mit sonderbarer Neigung müsse zugethan seyn. Von deme das Herz voll, gehet der Mund über; die Völle des Herzens giebet die Zung zu erkennen: nun aber lasset uns nur alle vier heilige Evangelien durch gehen, von wem redet öfters und mehrers Christus, das Göttliche Wort, in seinen Parablen, und Gleichnussen, als eben von denen Hirten und Baurs-Leuten? wie oft redet er von dem Acker-Bau, von der dreyßig, sechzig, und hundertfachen Frucht? von dem Waitzen-Kernlein, das in der Erden ersterben muß? von dem See-Mann, der den Saamen auswürffet? von dem Korn-Schnitt, von denen Garben, und Korn-Aeheren, von denen Scheuren und Traidt-Städlen? wie oft von dem Wein-Stock, Reeb-Holz und Zweigen, von dem Weinberg, von dem Reeb-Mann? wie oft von denen Schaafen und Schaff-Stall, von denen Hirten? ja so gar seinen eignen himmlischen Vatter den Majestät-vollen GOtt, vergleichet er einem Ackers-Mann: Er hätte ja so viel andere herrliche Titul genug seinem himmlischen Vatter geben oder mit anderen verglichen können? aber nein: einem Ackers-Mann wolte er ihne vergleichen; sich selbst hingegen einem guten Hirten.

Was aber alles dieses übersteiget, und erst recht an Tag giebet, was das liebe, alt-fromme, einfältige Hirten- und Bauren-Volk bey ihme gelte, das hat er niemalen so handgreifflich gezeiget, als bey seiner Ankunft, und Geburt auf Erden. Es befanden sich so viel mächtige Fürsten und hohe Häupter damahl auf der Welt, allein keinem einzigen aus diesen schickte er seine Gesandte zu wie es bey grossen Herren gebräuchlich, diese Ankunft auf der Welt anzukündigen, als allein denen einfältigen geringen Hirten und Baurs-Leutlein.

Wahr ists, daß zwar Christi Ankunft auch denen dreyen Königen angedeutet worden, doch bey weitem nicht auf

sol-

solche Weiß, als wie denen Hirten: denen Königen muste es ein Stern, denen Hirten aber ein abgeordneter Himmels-Fürst, ein Engel anzeigen: welcher zu ihnen sagte: Euch ist der Heyland gebohren: als wann er, schier also zu reden, nicht auch für andere höheren Stands, ja für alle Menschen wäre gebohren worden. Sie waren auch die allererste, nach Maria und Joseph, aus denen Menschen, welchen vergunnet worden der vermenschten Göttlichen Mayestet die Pflicht, die Treu, und Eyd, als ihrem höchsten HErrn abzustatten: was konnte wohl für ein klareres Zeichen sein der außbündigen Zuneigung des Sohns GOttes gegen den lieben Hirten, und Bauren-Volk, als eben diese? derowegen ich dann mit rechtem Fug dasselbe höchst beglücket nenne, und vor allen die drey Hirten auf dem Bethlehemitischen Feld; von deren leben ob schon uns die heilige Schrift wenig, etwas mehrers andere Schrift-Steller am Tag, daß sie ein überaus gottseeligen Wandel geführet, auch mit was für schönen Tugenden Einfältigkeit des Herzens vor denen Augen der Englen müssen geleuchtet haben, daß sie unter so vielen allein die Gnad gehabt von denen Englischen Geisteren die Ankunft und Freudenreiche Geburt des so lang versprochenen, und so inniglich erwarteten Welt-Heylands zum allerersten zu vernemmen, welches ihnen gewißlich von dem Himmel nicht wäre vergünstiget worden, wann sie nicht, wie ich gemeldet, eines unsträflichen sehr frommen Lebens gewesen wären; anerwogen sonsten GOtt mit denen Sünderen, die er über alles hasset, sich in keine Freundschaft einlasset, viel weniger mit einer so ausserordentlichen Gnad begabet, welche nur allein denen außbündigen Freunden zu begegnen pflegt.

**Daß die Hirten nicht mehr als drey an der Zahl gewesen, beglaubigen uns Lucius Dexter in seiner Cronick, oder Jahr und Zeit-Buch, ein alter Bücher-Stller; wie auch der Heil.**

Bernardus; der Ehrwürdige Beda, Barradius, und viel andere. Bernardus saget: so viel waren der Hirten, so viel König zur Krippen beruffen worden: als wann gleichsam, wie der gelehrte Suarez schreibet, diese drey Hirten mit ihrer dreyfachen Zahl die dreyfache Einigkeit der allerheilgsten Dreyfaltigkeit vorstellen solten, wie es nach ihnen die drey König aus Morgenland gethan.

Die Nämen anbelangend, welche jeder aus ihnen gehabt, hat uns entdecket Jacobus Lobbetius aus einem alten Griechischen Buch, so vor Zeiten in der berühmten Bibliotheck oder Bücher-Behaltnus zu Haidelberg aufbehalten wurde, welche in vielen tausend Bücheren bestunde: nachmalen vom Churfürsten Maximilian dem Ersten aus Bayren dem Pabsten überschickt, und in die welt-berühmte Bücherey im Vatican zu Rom übersetzet worden: aus diesem Griechischen Buch dann erhellet, daß der erste Hirt Misael, der andere Achael, der dritte Cyriac, oder nach anderen Meinung, Stephan geheissen: deren ersteren zwey Nämen seynd nach Hebräischer oder vielmehr Syrischer; des dritten aber Griechischer Sprach. Dieser Nämen thut zwar die heilige Schrift keine Meldung, nichts destoweniger ist es kine aus dem Alterthum hergebrachte Sag und Sach, welches nach Lehr des heiligen Chrisostomi, uns schon Prob genug seyn solle.

Diese drey Hirten dann Misael, Achael, und Cyriac hüteten ihre Schaf-Heerde in einem überaus waydreichen Graß-Boden, etwann tausend Schritt Weegs von der Stadt Bethlehem gegen Aufgang der Sonnen entfernet, bey einem Thurn, so den Namen Ader, oder wie andere lesen, Eder führete, welches so viel auf unserer Mutter Sprach heisset, als der Schaaf-Heerde Thurn: und wurde deswegen also genennet, Ursach eben dieser herumligenden faisten, und

statt-

stattlichen Vieh-Wayd, allwo vor Zeiten auch der heilige Patriarch Jacob in dem alten Testament seine Schaaf solle gewaydet haben.

Wie treflich diese Hirten ihrem Amt in Verpflegung, und Waydung der anvertrauten Schaafen nachgekommen, darvon haben wir unglaubare Zeugnuß aus göttlicher heiliger Schrift, da sie selbige lobet, und anrühmet ihrer Sorgfalt, und Wachtbarkeit bey Tag und forderist bey der Nacht, wo mehrers zu beförchten, und sonst die Menschen sorglos zu seyn pflegen; derowegen sie fleißig Acht gaben auf die vorgesezte Wacht-Stunden, auf daß sie nichts an ihnen ermanglen liessen, so ihr Amt und Lebens-Stand erforderte: welches sie zweifels ohne, nebst ihrem frommen Tugendwandel auch würdig wird gemacht haben eine solche Gnad vom Himmel zu empfangen, so bishero niemand anderen vergonnet worden: allen, die sich zu gleicher vor der Welt zwar geringer, und schlechter Lebens-Art bekennen, zu einem schönen Beyspiel, wie man sich durch die äußerliche und leibliche Amts- und Diensts-Verrichtungen, wann sie mit innerlicher GOtts-Forcht, und Tugend vergesellschaftet seynd, dem Himmel angenehm machen, und von oben herab die Gnaden in das Herz ziehen möge.

Es muß sich aber der gutherzige Leser nicht irren lassen, daß um diese Zeit, nemlich schon schier zu End des Christmonats in dem Land Palästina die Hirten, und Heerden annoch auf dem Feld, und auf der Wayd sich befanden: gestaltsam bey weitem kein so Eyß-frostiger, und scharfer Winter in so heissen und warmen Länderen nicht ist, als wie in allhiesigen mitternächtigen Länderen, daß nicht auch die Schaaf, und Hirten auf dem Feld wenigstens in eignen darzu bequemen Hüttlein verbleiben können. Wir sehen solches auch im

Welschland, sonderlich um Rom herum, allwo die Heerden, und Hüter von dem Feld das ganze Jahr sich nicht scheiden.

Als nun das Göttliche eingefleischte Wort von Maria der Jungfrauen in dem Bethlehemitischen Stall um Mitternacht gebohren wurde, und diese drey heilige Hirten bey besagtem Thurn auf dem Feld eben die Wacht=Stunden über ihre Heerden hielten, siehe da stunde unvorsehens ein überaus schöner Engel in vollem Glanz bey ihnen. Viel aus denen Gottsgelehrten seynd der Meinung es sey dieser himmlische Geist der heilige Erz=Engel Gabriel gewesen, als welcher von der allerheiligsten Dreyfaltigkeit vor allen abgeordnet ware, das hohe Geschäft der Menschwerdung des Sohn GOttes zu veranstalten.

Die fromme Hirten, als einfältige Leutlein, denen ja niemalen dergleichen begegnet, da sie den Engel vor ihnen gähling erblickten, und von dessen hellschimmerenden Glanz sich umgeben sahen, rissen Augen, und Maul auf, und vom Schauder überfallen hebten an vor Forcht an allen Vieren zu zitteren. Der Engel aber munterte sie auf, hiesse sie alle Forcht bey seits legen, und sprache: Sehet, ich verkündige euch ein überaus grosse Freud, die allen Völkeren seyn wird; dann es ist euch heut geboren der Heyland der Welt, so da ist Christus der HErr, in der Stadt David: also wurde Bethlehem genennet. Auf daß selbige aber auch den neugebohrnen Meßias erkennen möchten, welcher es wäre, sagte der Engel weiters: Dieses soll euch das Zeichen seyn, ihr werdet das Kind finden in Windelin eingewicklet und in der Krippen liegend.

Kaum hat der Engel dieses zu denen drey Hirten ausgeredet, siehe ein neues herrliches Freuden=Spiel; dann ein grosse

grosse Schaar der anderen himmlischen Geisteren erscheinete in dem Luft, und lobten GOtt zu samt dem Engel, der denen Hirten die fröhliche Zeitung des neugebohrnen Sohns GOttes gebracht: stimmeten zu gleich jenes Freuden-Gesang an: Die Glory sey GOtt in der Höhe, und der Fried denen Menschen auf Erden, die eines guten Willens seynd, wie bey all diesen nie gehörten Sachen denen lieben dreyen einfältigen Hirten um das Herz, und Muth gewesen lasset sich leichters einbilden, als beschreiben.

Nachdeme dieses himmlische Gesicht vor ihren Augen wiederum verschwunden, und sich die vorige Forcht in lauter Freuden verwechslet, munterten sich die Hirten untereinander auf, und sprachen: Ey so lasset uns bis nacher Bethlehem gehen zusehen was sich alldorten zugetragen, welches uns der Engel verkündiget. Es hat zwar der Englische Geist, und himmlische Bottschafter ihnen das Ort nicht eigenthumlich mit Worten angedeutet; allein wie unser Cornelius a lapide sagt, hat entweders der heilige Engel mit Fingeren darauf gezeigt, oder aber es ware nicht einmal vonnöthen ihnen solches zu weisen; massen der Stall ohne dem eine in selbiger Gegend gemein-bekandtes Ort gewesen.

Dieser Stall aber, oder vielmehr ausgeholte Felsen, stunde nahend an der Stadt und mit einem schlechten Baaren oder Krippen versehen; weilen die jenige, so sich etwann verspäteten, und in die verschlossene Stadt nicht mehr hineingelassen wurden, allda mit ihrem Vieh übernachteten: Maria aber, und ihr heiliger Bräutigam Joseph musten damals, weilen ihnen in der Stadt kein Herberg vergunnet worden, darin die Wohnung, bey herannahender Geburts-Zeit, aufschlagen.

Sol-

Solchemnach eyleten die Hirten an das bestimmte Ort, fanden Maria die Jungfräuliche Mutter, den heiligen Joseph, und das neugebohrne Kind in Windelein eingewicklet in der Krippen liegend, wie ihnen von dem Engel vorgesaget worden. Wer wird mir nun genug Wort Zungen geben, die Freud, den Trost, die Süssigkeit der dreyen lieben Hirten sattsam an Tag zu geben, welche sie in Ansehung des allerschönsten Göttlichen Kinds und seiner allerschönsten göttlichen Mutter empfunden haben? mit was zartisten Anmuthungen, sonderlich da sie auch innerlich mit dem Liecht des Glaubens erleuchtet worden, mit was für heiligen Begürden werden sie nicht ihren Göttlichen Heyland geküsset, angebettet, und verehrt haben? wann sie anderst vor Uebermaß der Freuden, und Schönheit der Gestalt des Kindleins nicht schier ausser sich selbst gerathen.

Nachdeme sie die allererste auf solche weiß bey dem neugebohrnen König zwar ganz einfältig nach bäurischer Art, doch redlich und aufrichtig gleichsam die Huldigung abgelegt, und ihre schlechte Schank-Gaaben dargegeben, so etwann in einem Schäflein, Aye, Milch und Butter, als der Hirten gebräuchliche Reichthum, bestunden, saumeten sie sich nicht lang, solche unaussprechliche Freud auch anderen kund zu machen. Sie erzehlten, vorderist ihren Bekannten, und Nachbars-Leuten, das wunderseltsamme Gesicht, die Bottschaft, das Freuden-Gesang der heiligen Englen: sie zeigten ihnen das allerholdseligste Kind, den so lang erwarteten Meßias, oder Welt-Erlöser; weiseten sie mithin zum Stall, alldort solten sie nur selbst den Augenschein einnemmen: auf welches zureden der Hirten einjeder, der es nur hörte, sich höchlich verwunderte, wie die heilige Schrift ausdrucklich anmerket, alsdann auch zur Krippen geeylet, und seynd auch in der That der grossen Freud mit denen Hirten, welche öfters widerum den Stall besuchet, theilhaftig worden.

Denen drey Hirten aber hat diese seltsamme Begebenheit dergestalten das Herz, und Gemüth berühret, und eingenommen (wie konnte es aber auch wohl anderst möglich sein!) daß sie von selber Zeit an, nach Zeugnuß des heiligen Evangelii, niemalen unterliessen GOtt zu loben, und benedeyen, in allem was sie gehört, und mit Augen gesehen haben. Ja sie wurden solcher massen angeeyferet, daß sie aus einfältigen Hirten sonders grosse Heilige worden, wie uns abermal berichten der Ehrwürdige Beda, verbelobter Suarez, und Lucius Dexter; aus welchen dieser letztere will, und schreibet, daß die heilige drey Hirten gar die Martyr-Kron, wegen ihrer Standhaftigkeit im Glauben, und Verkündigung des eingefleischten Göttlichen Worts hätten darvon getragen; allein diese Meinung wird nicht von allen angenommen: das ist wohl gewiß, daß sie, als die erste Christliche Prediger auf Erden, gleichwie sie auch die Erstling waren der neuen Christlichen Kirchen, die Zeit ihres Lebens niemalen nachgelassen haben bey anderen dieses grosse Geheimnuß der Menschwerdung offenbar zu machen, und andere zum wahren Glauben im Christenthum zu bewegen, wie klar aus Göttlicher Schrift abzunemmen.

Wie weit aber sich ihr Lebenslauf erstrecket, darvon lasset sich nichts sagen: soviel weist man, daß die drey heilige Hirten Misael, Achael, Cyriac, oder Stephan, welche bey der Welt zu ihren Lebszeiten gar nicht angesehen waren, nach dem Todt aber so hoch geachtet, und verehret worden, daß die heilige Kaiserin Helena, wie der Ehrwürdige Beda bezeuget, an eben dem Ort, wo sie ihre Heerde gewendet, und der Engel ihnen erschinen, eine Kirchen aufgebauet, darinn ihre heilige Leiber beygelegt, und zur Verehrung aufbehalten lassen. So weit bringt die Tugend, und Heiligkeit die Geringste zu höchsten Ehren, daß auch die grosse Welt

Häupter, welche sie vorhin kaum mit einem Aug gewürdiget hätten, vor ihnen anjetzo das Haupt neigen, und schuldigist verehren. GOtt aber pfleget, was schwach ist, zu erwählen, damit er die Welt beschäme, ihren Pracht zernichte.

Ex Historia Evangelica Luc. c. 2. Cornelius a Lapide in hoc cap. 2. Luc. Lucius Dexter in Chronico. Baron. Annal. Ecclesiast. Ven. Beda de locis sanctis c. 8. Jacob Lobbetius quæst. in Evang. q. 2. de Nativit. Christi. S. Bernardus Serm. 6. de Nativit. Domini. Suarez in 3. Partem S. Thomæ tom. 2. &c. etiam alibi a Prior. cit. Alii.

## Der heilige Creutz-Trager Christi Simon von Cyrene, ein Baursmann.

Gut dem, der ihme weist aus der Noth ein Tugend zu machen, und aus denen Dörneren die Trauben zu sammlen: niemalen hätten die Feind Christi diesem unseren heiligen Simon ein grösseres Glück in die Händ spielen können, als da sie ihne zu Creuz Christi getrieben. Sein Vaterland und herkommen giebt er mit seinem Beynamen von Cyrene zu erkennen: es mag gleich seyn die Stadt Cyrene in der Insul Cyperen, welche Cyrus erbauet, oder jene in dem Land Syrien, oder endlich Cyrene die Haupt-Stadt in Lybien, welche der übrigen ganzen Landschaft den Namen mitgetheilet, daß man solche das Cyrinische Lybien nennet: ware also Simon ein Fremdling, und mithin von Geburt ein Heyd: kame in Judenland nacher Jerusalem, ist aber glaubwürdig daselbst wehrend seines Aufenthalts zum Judenthum herüber getretten, bis er gleichwohl mit seinen Söhnen Christo angehangen, und dem neuen Gesatz sich unterworffen.

Daß

Daß aber dieser Simon von Cyrene auch ein Baursmann, oder wenigist zur Bauren-Arbeit gedingter Söldner gewesen, dessen giebt uns Zeugnuß der gelehrte, und andächtige Hadrianus Lyreus in seinem schönen Buch von dem bitteren Leyden Christi, samt anderen mehr. Auch die Mahler pflegen ihne schon von Alters her allzeit als einen Jüdischen Baursmann zu entwerffen, mit seinem kleinen Wetter-Mäntelein um den Hals, kurzen Stüfelein, und um die Lenden mit einem lidernen Gürtel umgeben, so alles zur harten Bauren-Arbeit, unter allerhand Gewitter tauget. Ja die heilige Schrift selbsten scheinet sattsam anzuzeigen, was wir bishero behaupten wollen, da sie meldet, Simon seye eben von dem Mayr-Hof, allwo er der Bauren-Arbeit obgelegen, zuruck (aber zu seinem grösten Glück) daher kommen, als ihne das gottlose Jüdische Henkers-Gesindel das Creuz des ermüdeten Heylands zu tragen, mit Gewalt hergerissen.

Die zwey Söhnlein dieses Simons von welchen die heilige Schrift anfüget, Alexander nemlich und Ruffus, sollen schon zur Zeit da ihr Vatter Christo das Creutz hat tragen helfen, denen übrigen Jüngeren Christi gut bekandt, ja schon gar auch selbst Jünger Christi gewesen seyn, denen erst nachmals Simon der Vatter in dem Glauben gefolget, und sich ihnen zu gesellet. Und ist wohl darvor zu halten, daß, weilen die Juden schon einige Wissenschaft von denen Söhnen Simonis hatten, daß sie Christum bekenneten, eben darumen habe es der Vatter entgelten müssen, als er ihnen bey Ausführung des unschuldigen Heylands in die Händ gerathen.

Nun dann dieser glückseelige Baursmann Simon von Cyrene ist von unserem liebreichen Erlöser einer solchen Ehr gewürdiget worden, welche billig bey allen rechtglaubigen und eyfrig liebenden Herzen einen heiligen Neyd erwecken konnte. Es ware eben die Zeit, da Christus, nachdeme ihne der ungerechte Richter Pilatus dem Wuth der Juden und Hohen Priesteren überlassen, mit seinem harten Creutz-Holz beladen zur Stadt hinaus nach dem Calvari-Berg geschleppet wurde, weilen aber der schmertzhafte JEsus theils wegen ausgestandenen unmenschlichen Peinen, theils wegen schon Schwere des Creutz-Blocks, so bey fünfzehen Schuh in der Länge, acht hingegen in der Breite solle gehabt haben, den er auch schon einen langen rauchen Weeg, über Gruben, und Stein ganz allein daher truge, beförchteten die Henkersknecht, er möchte ihnen vor unter den Händen dahin sterben, ehe sie auf den Richt-Platz gelangeten; rissen derowegen diesen unseren Simon her, und zwungen ihne mit Gewalt, daß er dem HErrn das Creutz zu tragen Hülf leisten solle. Das ware gewißlich ein harte Nuß für unseren Simon, ober er schon eines so geringen und schlechten Stands gewesen: gestaltsam erstlich der Creutz-Galgen für sich selbst ein sehr schmählich, und schimpfliche Sach ware, und jederman darvon, wie auch von demjenigen, der daran sterben muste, ein Abscheuen truge: zweytens so hatte das Creutz, wie wir eben jetzt verstanden, eine grosse Schwere, und der liebe Simon ware vielleicht auch schon bis dorthin mit seiner Baurenarbeit ohne deme zimlich ermüdet, als ein Mann auf seinen besseren Jahren, so erhellet aus beyden seinen mannbaren Sohn Alexander und Ruffus; derowegen die heilige Schrift nicht umsonst des Wörtleins angariaverunt: sich gebrauchet, welches so viel heisset, als einen anstrengen, wider seinen Willen darzuziehen, und gewalthätig nöthigen: woraus man leichtlich abnemmen mag das Simon hierzu sich gar nicht verstehen wolte, und nach allen Kräften anzuhalfteren suchte; allein er muste herhalten, und konnte sich wider so grosse Menge der Henkers-Bursch nicht wehren; gabe sich also darein, machte aus der Noth ein Tugend, ergriffe das Creutz.

Die

Die Lehrer kommen hierinfalls nicht überein, ob Simon das Creutz Christi guten Weegs bis zur Schädelstatt allein, oder mit Christo getragen, wie es insgemein die Gemähl anzeigen; es seye ihme doch wie es wolle, ob dieses oder jenes geschehen, keines ist wider die Wort des heiligen Evangeliums.

Der gebenedeyte Heyland hat diesen Dienst, den ihme Simon, obwohlen gezwungner Weiß, geleistet, dergestalten belohnet, daß er ihne anfänglich mit dem wahren Glaubens-Liecht begabt, nachmals zu grösserer Heiligkeit erhebt, und endlich, gleichwie Simon in Tragung des heiligen Creutzes Christo Gesellschaft geleistet, also hat ihne auch Christus im Himmel seiner Glori und Herrlichkeit theilhaftig gemacht und zum Mitgesellen erküsen.

Nach der Zeit ist dieser heilige Baursmann mit solchem Glaubens-Eyfer angeflammet worden, daß er das Evangelium zu predigen, und auszubreiten ihme sehr angelegen seyn liesse; dann wie man sagt, solle er mit seinen zweyen Söhnen in Begleitschaft des heiligen Pauli in Spanien gereiset seyn, und alldorten auch das Christliche Gesatz verkündiget haben: ja schon vorhero solle Simon eben dieses gethan haben, als ein Mitgesell des heiligen Spanischen Apostels Jacobi.

Einige wollen behaupten, es seye dieser unser heilige Simon von Cyrene eben jener gewesen, von welchem die Geschichten der Apostlen melden am dreyzehenden Capitel, und ihne alldorten Niger, das ist: der Schwartze benamsen. Das wird von denen meisten einhellig beglaubiget, daß der heilige Simon voll der guten Werken und Verdiensten ganz sanftiglich zu Jerusalem in dem HErrn entschlafen. Bey einem einzigen Geschicht-Schreiber hab ich gelesen, Simon seye von dem heiliden Apostel-Fürsten Petro, sammt anderen zum Bischof geweyhet worden; allein weilen eben dieser Geschicht-Verfasser hinzu seetzt: man sagte mir; mithin selbsten die Sach nicht vor gewiß anfüget, also wollen bey dem ersten, und folglich gewiseren verbleiben, der heilige Simon habe seinen Bauren-Stand niemalen einem vornehmeren verwechslet.

Wohl aber sein Sohn Ruffus: und wolte der liebe GOtt auch dießfalls den Vatter in seinem Sohn ehren, und groß machen; allermassen dieser Ruffus anfänglich zum Bischof zu Thebe in Griechenland gesetzt worden; nachmals zoge er wiederum in Spanien, und wurde Bischof zu Tortosa einer vornehmen Stadt. Sein Fest haltet die Kirchen den zwölften Wintermonats.

Von Alexander den zweyten Sohn Simonis, und Brüderen dieses heiligen Ruffi, kann ich nichts anders auf die bahn bringen, als was ich schon oben angeregt, nemlich, daß er sich so fruhzeitig zur Lehr Christi bekennet, und dessen Jünger worden, wie auch, daß er mit der Zeit nach Spanien gezohen, so wohl daselbst als anderswo den heiligen Glauben, als ein Apostolischer Mann, geprediget hebe. Dieses setzen noch von ihme die Geschicht-Verfasser hinzu, er habe endlich um seines Seelen-Eyfer, und Glaubens-Verkündigung willen die Martyr-Cron darvon getragen. Sein Fest solle auf den eylften Merzen fallen, welches aber unsere Niederländische Geschicht-schreiber der Heiligen GOttes keines Weegs bejahen wolten, sondern auf einen anderen Tag stellen.

Die feyrliche Gedächtnus hingegen unsers heiligen Baurs-Manns Simons von Cyrene, des Vatters beyder dieser glüseeligen Söhnen, wird den ersten Christmonats gehalten: welcher vielleicht niemalen solcher Gestalten unter

an-

anderen Himmels-Burgeren, glanzen wurde, wann ihne nicht GOtt mit dem Creuz, wiewohl genöthigter weiß, hätte beladen lassen. Wann nun das Creuz, das man gezwungner Weiß trägt, so herrliche Früchte für das Ewige Leben hervor bringet, was wird es erst seyn, so man es freywillig umfanget und darvon ziehet?

Ex Scriptura Sacra. Hadrianus Lyræus de Passione Domini. Tuba rustica de S. Ruffo Simonis Cyrenæi filio, quem expresse etiam *Simonis agricolæ filium* nominat. Cornelius a Lapide Comment in c. 27. Math. a quibus alii citantur.

## Die heilige Martyrer und Baursmänner Priscus, Malchus, und Alexander.

Der Kaiser Valerianus, gleichwie er seinen Vorfahreren, denen grausamen Decio, Gallo, und Volustano auf dem Thron des Römischen Reichs gefolget also scheinet er auch zu samt seinem Sohn Gallieno den verbitterten Haß wider das Christen Blut von ihnen ebenfalls ererbet zu haben, da sie die von denen vorfahreren angefangene entsetzlich Verfolgung wider das Christliche Gesatz mit vollem Grimmen fortsetzten; sonderlich fiengen sie an zu wüthen im vierten Jahr ihrer Riegierung, nach Christi Geburt aber im zwey hundert sieben und fünzigisten.

Die berühmte Stadt Cäsarea in Palestina, oder gelobten Land, hat manche trefliche Blut-Zeugen, welche, beyder dieser Kaiser Grausamkeit aufgeriben, zur Martyr-Cron in Himmel geschickt. Nahend bey dieser Stadt wohneten auf ihren Bauren-Gütlen oder Mayr-Höfen Priscus, Malchus, und Alexander, diese hielten als gute Nachbars-Leuth oft un-

unter einander Sprach, von der Standhafftigkeit der Christen ihrer Martyr und Leyden: von der herrlichen Glori und Sieg-Palm, den sie nunmehro im Himmel besitzen und dergleichen. Worbey sie ihre eigene Forcht und Zaghcit beklagten, da ihnen GOtt den edlen Martyr-Cranz zeige und gleichsam vor der Thür in der Stadt Cäsarea, ohne daß sie weit darum reisen müsten, sie sich dannoch so lang verweileten, und bishero um denselbigen sich noch nicht beworben hätten. Durch welche Gespräch sie also entzündet und auf sie einhellig beschlossen, in die Stadt zu gehen, sich für Christen offentlich zu bekennen, damit sie nur denen Martyreren auch möchten beygesellet werden.

Es seynd halt die geistliche und heilige Gespräch nichts anders, als kleine Feuer-Funken, welche wann sie in ein sonst wohl bereites Herz fallen, alsobald erwecken sie eine grosse Flammen der Liebe GOttes, und der Begierde zur Tugend, und zu großmüthigen Wirkungen für die Ehr des Allerhöchsten. Wolte GOtt daß an statt der sündhaften, unreinen, und anderen gottlosen Reden bey der Hirten- und Baurschaft, Christlichere, und auferbäulichere in Schwung wären, man wurde heutiges Tags ausser denen Städten, wo sonst die Tugend mehr Platz finden, auf dem Gay nicht so viel Sünd und Laster zehlen.

Was unsere drey heilige Baursmänner anbetrift, so haben sie das jenige, was sie so eifrig untereinander beschlossen, nicht minder auch einhellig, und kühnmüthig gehalten, und in der That gezeiget. Sie giengen in die Stadt voll des Glaubens, und Begürde zur Martyr; stellten sich vor den ungerechten Richter, und verwisen ihme sein wohl, und tapfer seine wider die arme Christen so unmenschliche Grausamkeit, und unbarmherziges Verfahren. Diese Herzhaftigkeit

drey-

dreyer, dem Stand nach geringer, Männeren ware in dem Gemüth des ergrimmten Richters eben so viel, als wann seinem Zorn-Feuer nur mehr Oel hinzugegossen wurde, also daß er ganz grißgrammend befahle, die drey tapfere Bekenner Christi denen wilden Thieren vorzuwerffen, auf daß sie durch ihre Zähn zermahlen, und aufgefressen wurden, welches auch unverzüglich geschehen: mithin seynd die drey heilige Martyrer ihres eifrigen Verlangen gewehret, mit dem Siegs-Palm dem Himmel zugeflogen, und der übrigen Schaar der heiligen glorwürdigen Blut-Zeugen einverleibet worden, beyläuffig um das Jahr Christi zwey hundert neun und fünfzig. Ihr herrlicher Ehren-Tag fallet Jährlich auf den acht und zwanzigsten des Monats Merzen.

Ex Histor. Ecclesiast. Eusebii, & Martyrol. Rom. Bollandus in Act. SS. Tom. 3. Mart. ad diem 28. ejusdem.

## Leben des heiligen Martyrers Armogastes, eines Kühe-Hirtens.

Ja freylich muß das Himmelreich, nach Aussag des göttlichen Worts, ein allerkostbaristes Perlein seyn, um welches einzuhandlen jener, der es zu schätzen weist, kein Bedenken trägt, alles das Seinige darzustrecken, solte es auch so gar Leben, und Blut kosten. In diesem Fall hat uns mit einem herrlichen Exempel vorgeleuchtet der adeliche Held, und Martyrer Armogastes, welcher für den Himmel, und die unsterbliche Ewigkeit sein Ehr, seine Würden, Güter und Reichthumen, ja so gar sein eigenes Leben aufgesetzet. Er ware vorhero ein hoch-edler und ansehnlicher Graf an dem Hof des Königs Geiserici, würde aber aus Haß des alleinseeligmachenden Catholischen Glaubens von allen seinen Ehren-Aemtern verstossen, in das Elend gewisen, in welchem er als ein schlechter armer Kühe-Hirt sein Leben für Christo beschlossen.

Dieser Geiserich herrschete damals als vollmächtigen König über ein grosses Stuck des Welt-Theils Africa, ware aber der Arianischen Ketzerey überaus hartnäckig zugethan, mithin denen Catholischen sehr abhold und spinnen feind, darzu seine gottlose Bischöf, welche die Arianische Lehr verfechteten, tapfer in das Feuer bliessen, und den König wider die Rechtglaubige verhetzten. Aus dero Anstiftung liesse Geiserich einen Befehl ergehen, daß weder an dem seinigen, noch an dem Hof seiner Prinzen jemand solte geduldet werden, und einiges Amt betretten, der nicht Arianisch wäre; dahero mußten alle den Hof raumen, oder aber zur Arianischen Ketzerey sich schlagen.

Der Reyen kame auch an unseren heldenmüthigen Grafen Armogastes, welcher aber standhaftig bey der Catholischen Wahrheit blibe, und keines weegs darvon konnte abwendig gemacht werden. Nachdeme man ihne also aller seiner Ehren und Amts-Würden, zugleich aller seiner Güter entsetzet, seynd hiemit die Ketzer noch nicht zu friden gewesen, sondern vermeynten auf ein andere Weiß diesen fürtreflichen Mann, als von welchem ihrer gottlosen Sect, wann er zu ihnen übergehen solte, ein grosses Ansehen wurde beygelegt werden, auf ihre Seiten zu ziehen, nemlich durch angethanene Marytyr-Pein: sie banden den heiligen Grafen mit allerhand, auch von rohen Ochsen-Zähnen geflochtenen Stricken gar jämmerlich an seinen Füssen; aber diese zerbrachen, wie das eytel Spinnen-Geweb, wann Armogastes nur allein gen Himmel schauete. Sie widerholten auf ein neues diese

Peyn

Peyn mit noch stärkeren Stricken, allein auch mit diesen ergienge es bey Anruffung des heylwerten Namens Christi, wie mit den vorigen.

Weilen nun hiemit bey Armogastes nichts auszurichten ware, hat man den starkmüthigen Kämpfer untersich an einem Fuß aufgehenkt: in welcher sonst so schwerer Peyn Armogastes denen umstehenden dannoch nicht anderst vorkame, als lage er in einem sanften Feder-Bethlein. Theodoricus, bey deme Armogastes in Hof-Diensten stunde, ein Sohn Geiserici des Königs, ergrimmete hierob und gabe Befelch, man solte dem edlen Bekenner Christi das Haupt abschlagen. Aber Jocundus sein Hof-Caplan widerratete es ihme, sprechend: Du kannst ihme schon auf ein andere Weiß durch unterschiedliche Arm- und Mühseeligkeiten um das Leben bringen; dann wann du ihne durch das Schwerdt hinrichten lassest, werden ihn die Römisch-Catholische alsobald für einen Martyrer ausruffen. Auf welches hin Theodoricus den tapferen Helden in die Byzacenische Landschaft zum Erdgraben verdammete, und in das Elend verschickete.

Es gereuete aber den Tyrann auch dieses Urtheil, als wäre es nicht scharf genug; liesse also den Grafen von solcher Arbeit hinweck beruffen, und verwise ihne in die Gegend der Welt-berühmten Africanischen Stadt Carthago: daselbst muste er, der vor mit Silber und Gold ausgearbeiteten Kleideren daher gienge, in ein arme verächtliche Hirten-Joppen schlieffen, und die Kühe hüten, deme zuvor das Hof-Gesind die Füß zuckte.

Dieses ware für Armogastes nicht ein geringe Sach, auch um derentwillen, weilen er so wohl dem Adel, als denen Burgeren von der Stadt, welche, wie es zu geschehen pfleget seeligmachenden Catholischen Glaubens von allen seinen Ehren-Aemtern verstossen, in das Elend gewisen, in welchem er als ein schlechter armer Kühe-Hirt sein Leben für Christo beschlossen.

Dieser Geiserich herrschete damals als vollmächtigen König über ein grosses Stuck des Welt-Theils Africa, ware aber der Arianischen Ketzerey überaus hartnäckig zugethan, mithin denen Catholischen sehr abhold und spinnen feind, darzu seine gottlose Bischöf, welche die Arianische Lehr verfechteten, tapfer in das Feuer bliessen, und den König wider die Rechtglaubige verhetzten. Aus dero Anstiftung liesse Geiserich einen Befehl ergehen, daß weder an dem seinigen, noch an dem Hof seiner Prinzen jemand solte gedultet werden, und einiges Amt betretten, der nicht Arianisch wäre; dahero mußten alle den Hof raumen, oder aber zur Arianischen Ketzerey sich schlagen.

Der Reyen kame auch an unseren heldenmüthigen Grafen Armogastes, welcher aber standhaftig bey der Catholischen Wahrheit blibe, und keines weegs darvon konnte abwendig gemacht werden. Nachdeme man ihne also aller seiner Ehren und Amts-Würden, zugleich aller seiner Güter entsetzet, seynd hiemit die Ketzer noch nicht zu friden gewesen, sondern vermeynten auf ein andere Weiß diesen fürtreflichen Mann, als von welchem ihrer gottlosen Sect, wann er zu ihnen übergehen solte, ein grosses Ansehen wurde beygelegt werden, auf ihre Seiten zu ziehen, nemlich durch angethanene Mayrtyr-Pein: sie banden den heiligen Grafen mit allerhand, auch von rohen Ochsen-Zähnen geflochtenen Stricken gar jämmerlich an seinen Füssen; aber diese zerbrachen, wie das eytel Spinnen-Geweb, wann Armogastes nur allein gen Himmel schauete. Sie widerholten auf ein neues diese

Peyn

Peyn mit noch stärkeren Stricken, allein auch mit diesen ergienge es bey Anruffung des heylwerten Namens Christi, wie mit den vorigen.

Weilen nun hiemit bey Armogastes nichts auszurichten ware, hat man den starkmüthigen Kämpfer untersich an einem Fuß aufgehenkt: in welcher sonst so schwerer Peyn Armogastes denen umstehenden dannoch nicht anderst vorkame, als lage er in einem sanften Feder-Bethlein. Theodoricus, bey deme Armogastes in Hof-Diensten stunde, ein Sohn Geiserici des Königs, ergrimmete hierob und gabe Befelch, man solte dem edlen Bekenner Christi das Haupt abschlagen. Aber Jocundus sein Hof-Caplan widerratete es ihme, sprechend: Du kannst ihme schon auf ein andere Weiß durch unterschiedliche Arm- und Mühseeligkeiten um das Leben bringen; dann wann du ihne durch das Schwerdt hinrichten lassest, werden ihn die Römisch-Catholische alsobald für einen Martyrer ausruffen. Auf welches hin Theodoricus den tapferen Helden in die Byzacenische Landschaft zum Erd graben verdammete, und in das Elend verschickete.

Es gereuete aber den Tyrann auch dieses Urtheil, als wäre es nicht scharf genug; liesse also den Grafen von solcher Arbeit hinweck beruffen, und verwise ihne in die Gegend der Welt-berühmten Africanischen Stadt Carthago: daselbst muste er, der vor mit Silber und Gold ausgearbeiteten Kleideren daher gienge, in ein arme verächtliche Hirten-Joppen schlieffen, und die Kühe hüten, deme zuvor das Hof-Gesind die Füß zuckte.

Dieses ware für Armogastes nicht ein geringe Sach, auch um derentwillen, weilen er so wohl dem Adel, als denen Burgeren von der Stadt, welche, wie es zu geschehen pfleget

 oft

oft hinaus kamen, und schon zuvor eine Erkandtnuß gefallen. Aber dieser unvergleichliche Bekenner Christi achtete dessen alles nicht, und schätzte es ihme erst recht für eine aus den grösten Hochheiten, also für die Catholische Wahrheit zu leyden; verharrete auch bey diesem so schlechten Amt eines Kühe-Hirtens so lang, bis ihne gleichwohl der allmächtige GOtt von dieser mühseeligen Sterblichkeit zur ewigen Belohnung abrufte, welcher auch dem tapferen Mann die herannahende Zeit seines glückseeligen Todts vorhinein schon offenbarte.

Deshalben berufte Armogastes einen wackeren Christen zu sich mit Namen Felix, der des Königlichen Hofs Procurator, oder Sach-Walter gewesen, und unseren Armogastes nicht anderst als einen Apostel verehrte; zu diesem dann sprache der heilige Bekenner: Mein lieber Felix, die Zeit meiner Auflösung aus diesem sterblichen Leib nahet sich herbey, ich bitte dich durch jenen wahren Glauben, zu welchem wir uns beyde bekennen, du wollest dich würdigen, mich unter diesen Aich-Baum zu begraben; soltest du aber dieses nicht thun, wirst du GOtt darum müssen Rechenschaft geben; nicht dessentwegen, daß ich es viel achte, wo, und wie mein Cörpl eine Ruhestatt finde, sondern auf daß erhelle, und kundtbar werde, was GOtt seinem Diener entdecket hat. Felix gabe zur Antwort: Das seye fern von mir, mein edler Bekenner Christi! sondern ich will dich in einer Kirchen mit Ehr und Gepräng, das dir gebühret, begraben. Deme widersetzte Armogastes: Nein, sondern du wirst thun, was ich dir gesagt. Felix beförchtend, er möchte den heiligen Mann betrüben, verspricht ihme, in Wahrheit zu thun, was er von ihme begehret. Solchem nach stirbt innerhalb wenig Tägen der heilige Graf, und Felix eylet alsobald an bestimmten Ort für Armogastes eine Ruhstatt auszugraben.

Allein

Allein das dicke Gesträus, die Baum-Wurtzen, gaben ihme sehr viel zu schaffen, daß es mit der Begräbnus so geschwind, nicht hergehen konnte; deßwegen auch Felix sich sehr beängstigte, das er den heiligen Leichnam zu beerdigen so lang verzögeren muste: endlich nach abgehauenen Wurzlen, und tiefers ausgegrabener Erden, sahe er einen Sarch von allerschönstem Marmel, dergleichen vielleicht kein König der Welt jemalen gehabt hat: welche so kostbare Grab-Statt ohne allen Zweifel von Englischer Hand ausgearbeitet worden, damit GOtt der Welt zeigte, wie er seine Diener, welche um seinetwillen im Leben verachtet werden, auch noch auf der Welt ehre. In diesen herrlichen Sarch also leget Felix den Leib seines lieben verstorbenen Freunds und Martyrers Armogastis, wie dieser von ihme flehentlich begehret. Dieses edlen Bekenners Christi, wiewohl vor den Augen der Menschen geringen Küh-Hirtens, glückseeligster Todt hat sich ungefähr um das Jahr drey hundert und sechszig zugetragen: das Römische Martyr-Buch thut von ihme rühmlichiste Meldung auf den neun und zwanzigsten Tag des Merzens.

Ex Lib. 1. Histor. Victoris Uticensis apud Henschenium in Actis SS. Martii Tom. 3. ad diem 29. ejusdem.

## Leben und herrlicher Martyr-Kampf des heiligen Blasius, eines Bauren-Sohns, und Vieh-Hirtens.

Das edle Land Cappadocien, in dem Welt-Theil Asien gelegen, hat nicht allein der hohen Priesterschaft einen unvergleichlichen Bekenner Christi, mit Namen Blasius, an jenem schon bekandten fürtreflichen Blut-Zeug, und Bischof ge-

gegeben sondern hat auch ebenfalls die liebe Hirten- und Baurschaft mit einem anderen unüberwindlichen Christlichen Helden, und Martyrer, einen heiligen Vich-Hirten gleichen Namens gezieret, deren beyden Fest-Begängnuß auch auf einen Tag, das ist, den dritten Hornung eintreffen.

Dieser heilige Vieh-Hirt Blasius ist zu Cäsarea einer fürnehmen Stadt, oder nächst darbey, in gedachtem Cappadocien gebohren, von Christlichen, frommen, und wohlhäbigen Baurs- oder Hirten-Leuten, welche mit guter Vieh-Zucht sich gar ehrlich, und mühlich fortbrachten, doch also, daß sie, was der Stand-mäßigen Lebens-Art, und Nahrung für sich, und dem Haus-Gesind übrig ware, guten Theils denen Armen gaben: woraus nicht Wunder zu nemmen, daß beyde liebe Elteren mit so heiliger Leibs-Frucht in ihrem lieben Sohn Blasius geseegnet worden.

Wie gottseelig sie denselbigen von Kindheit an auferzogen, das zeigte sein grösseres Alter, und zugleich, was an einer recht geschaffenen Kinder-Zucht der Elteren von ersten Jahren angelegen. Sie haben ihrem jungen Blasio die Christliche Glaubens-Lehren, und Tugend dergestalt tief in das Herz eingedruckt, daß Blasius nachmals in seinen erwachsenen Jahren gar nicht gezweiflet für dieselbige sein eigenes Leben und Blut aufzusetzen, wie ich jetzt erzehlen will.

Weilen besagter massen seine liebe Elteren eine zimliche Anzahl Viehs unterhielten, konnten sie dasselbige keinem besser anvertrauen, als ihrem eignen frommen Sohn Blasius: welcher dann auch solches auf das fleißigste versorgte. Nächst an der Stadt Cäsarea liegt ein zu faister Wayd und Vieh-Zucht sehr bequemer Berg, Argeus genannt; auf diesem hütete der junge Blasius gar emsig das Vieh, als eben dazumalen.

len eine grausame Verfolgung wider die Christen sich angesponnen. Blasius ware wegen seiner GOtts-Forcht, und Beständigkeit im Glauben schon bekandt; von dannenhero als einer aus denen eyfrigen Christen wurde er von denen Gerichts-Dieneren auf dem Berg in dem Wald, und Gebüschen aufgesucht; konnte aber für dießmal von ihnen nicht gefunden werden; vielleicht weilen der heilige Hirt in einer abweegsamen Höhlen, oder Gesträus sich verschlossen, damit er seiner Andacht, und Gebett obliegen konnte, gleichwie es bey jenen Hirten der Brauch, welche bey dem Vieh hüten die Zeit gottseelig zu zubringen zu gewisen Zeiten des Tags sich in ein hierzu ausgesehenes, einsames, grünes Oertl, und Winkelein verbergen, dergleichen Beyspiel uns die Geschichten genug aufweisen.

Blasius als er wiederum zum vorschein kommen, und verstanden, daß man ihne zum Todt, und Martyr für Christo suche, hat er, als wäre es um eine köstliche Mahlzeit zu thun, alsobald seinen Verfolgeren auf dem Fuß nachgeeylet, und sich selbst in ihre Hände gelieferet; ja, welches noch mehrer seine Begierde für den wahren Glauben zu leyden an Tag giebt, ihnen zur Danksagung, ein Graßmahl, so gut es ihme alldort möglich gewesen, zugericht.

Da er nun vor dem gottlosen Richter stunde, und um sein Namen, Glauben, und übrigen Lebens-Wandel befragt wurde, bekennete er sich unerschrocken einen Christen zu seyn, und daß er bereit mit seinem Blut den Christlichen Namen zu verthätigen. Wegen solcher freymüthigen Bekanntnus liesse der erbitterte Richter den herzhaftigen Jüngling an Händ und Füssen binden, und von der Erden erhöhet, auseinander strecken, darauf erschröcklich mit rohen Ochsen-Zähnen zerpeutschen. GOtt aber, deme zu lieb Blasius alles dieses ley-

leydete, hat den Schmerzen gelinderet, und ihme die Wunden geheylet. Der grausame Richter an statt daß er aus so augenscheinlichem Wunder die Kraft GOttes hätte erkennen sollen, schribe alles einem Zauberwerck zu; besihlt derohalben den künmüthigen Blut-Zeugen in einen Hafen voll siedendes Wasser zu stecken: allein allda hat sich noch ein grösseres Wunder zugetragen; dann Blasius nicht anderst, als vor Zeiten die drey heilige Knaben in dem Babylonischen Feuer-Ofen singend, das Lob GOttes angestimmet. Fünf ganze Täg wurde er in besagtem siebenden Hafen: aber die heilige Engel machten ihme Herz und Vetrauen, und daß Feuer konnte ihme im mindisten kein Leyd zufügen.

Als nach verflossenen fünf Tägen denen Gericht-Deineren befohlen wurde, den heiligen Martyrer aus dem Hafen hervor zuziehen, fanden sie ihne ganz frisch und gesund, höreten auch selbigen mit denen Englen singen, und GOtt preysen; darob sie dergestalten veränderet worden, daß sie sich auf der Stell für Christen bekennet. Der ergrimmte Richter schickte hierauf noch zween andere dahin; aber da auch dieses obiges Wunder mit Augen angesehen, haben sich dieses gleichfalls unverzüglich zu Christo bekehret, und das blinde Heydenthum verfluchet. Endlich begiebt sich der gottlose Mann selbsten dahin, sahe aber auch mit Augen den tapferen Bekenner Christi im siedenden Wasser unverlezt stehen: glaubte doch seinen eigenen Augen nicht (so weit geriethe damals die heydnische Hartneckigkeit bey denen Wunder-Werken, die Christus mit, und in seinen Dieneren würkte) sonderen der verstockte Böswicht wolte es in der Sach recht erfahren, ob es deme also wäre, und nicht etwann ein Betrug mit unterliesse. Solchemnach befahle er, man solle ihme seine Augen mit aus dem Hafen genommen Wasser bespritzen, vermeynend es wäre selbes schon erkaltet: allein er verluhre darbey das Gesicht, und noch

noch darüber, zur gerechten Straf seines Unglaubens und verstockten Herzens, das Leben.

Nachdeme der Todt diesen unglückseeligen Höllen-Brand aus dem Weeg geraffet, hat der Ritterliche Kämpfer Christi Blasius aus eben dem Hafen, in welchem er fünf ganzer Täg verharren müssen, das Wasser geschöpfet, und die Neubekehrte zu Christo, im Namen der allerheiligsten Dreyfaltigkeit getaufet, dahin er bald selbsten abflügen solte. Als Heerde abzuwarten pflegte, dahin auch seine liebe Mutter und andere Haus-Genossene kamen: diesen gabe der liebe Sohn noch einige trostreiche Ermahnungen, und schickte hierauf seinen Siegprangenden Geist zu denen himmlischen Freuden; weiß nicht ob mehr mit schmerzlichem Betauren der Seinigen wegen Verlurst eines so gebenedeyten Kinds, oder herzlichen Freuden-Trost, da sie wahrgenommen, wie der freygebige GOtt sowohl die Tugend des Kinds, als die sorgfältige Zucht der Elteren so herrlich belohnet: indeme sie ihren Sohn mit dem edlen Martyr-Cranz auf dem Haupt schon ewig in dem Himmel leben sahen bey jenem Alter, wo oft andere unglückseelige Elteren, ob so schlechter Kinder-Zucht, ihre Söhn und Töchter mit bitterem Leyd-Weesen in denen Lasteren verwicklet bethauren müssen, als eine saubere Frucht ihrer sträflichen Sorgloßigkeit.

Die, welche bey dem Martyr-Kampf, und Todt des heiligen Jünglings zu gegen waren, haben beobachtet, daß bey seinem Hinscheiden eine Schnee-weisse, und hellglanzende Taub aus dem Mund hervor, und dem Himmel zufloge. Der Leib wurde an eben diesem Ort auch zur Erden bestattet. Sein Hirten-Stab hat man vor einen Altar gestecket, mit welchem sich ein neues und seltsames Wunder zugetragen: er hat nemlich angefangen zu grünen, und mit Lauberen besagten Altar zu überschatten. Sein glorwürdige Martyr hat sich zugetragen muthmäßlich in dem vierten hundertjährigen Weltgang, unter der Verfolgung Licinii des Kaisers, unter welchem auch der heilige, und heldenmüthige Blut-Zeug, und Bischof Blasius seinen herrlichen Sieg vollendet; die Griechen begehen seine jährliche Gedächtnuß an dem dritten Hornung, an welchem Tag dreyer Heiligen eines gleichen Namens Blasius eintreffen, des vorerwehnten heiligen Bischofs, und Martyrers, und wiederum dieses unsers heiligen Bauren-Sohns, und Vieh-Hirtens, endlich auch eines heiligen Bischofs und Beichtigers zu Oretto in Hispanien, gleichfalls des Namens Blasius, alle drey hellglanzende Stern, welche auf einen Tag in dem Firmament der heiligen Christ-Catholischen Kirchen schimmeren und leuchten.

Bollandus in actis Sanctorum Tom. 1. Februarii, ad diem ejusdem 3. Ex Menæis Græcis.

## Die heilige Leontius, Attius, und Alexander, samt noch anderen sechs heiligen Baurs-Männeren und Martyrer.

Ganz recht hat das grosse Kirchen-Liecht der heilige Augustinus gesprochen, das die Ungelehrte, einfältige das Reich der Himmlen zu sich reissen, und zwar nicht auf ein gemeine, sonderen auf ein gewaltthätige Weiß, weilen es nach denen Worten Christi Gewalt leydet; das haben wir bishero schon an einigen zwar einfältigen, doch starkmüthigen Hirten, und Baurs-Leutlen genugsam ersehen, und werden deren noch mehrers in gegenwärtigen Lebens-Beschreibungen zum Vorschein kommen, welche mit ihrem ritterlich vergossenen Blut

sich

sich des unsterblichen Ehren-Cränzleins bemächtiget haben. Die tapfere neun Blut-Zeugen, von welchen ich jetzt handle, seynd eben von solcher glorwürdigen Schaar: Sie haben gelitten zu Pergen der Haupt-Stadt in Pamphilien, einer Landschaft über Meer gelegen, unter der Regierung des bekandten Wütterichs Diocletiani. Das Römische Martyr-Buch gedenket dieser Helden auf den ersten Augustmonat mit folgenden Worten: Zu Pergen in Pamphilia, der Martyrer Leontii, Artii, Alexandri, und anderer sechs Bauren, welche in der Diocletianischen Verfolgung unter dem Landpfleger Flaviana enthauptet worden. Mehrers hab ich von ihnen nicht finden können: wann nur wenigstens die Nämen der sechs letsteren bey der Nach-Welt wären bekannt verblieben, damit man selbige mit gebührendem Lob in denen Bücheren hätte aufzeichnen können auf Erden welche nunmehro schon in dem Buch des Lebens eingeschrieben stehen in dem Himmel.

Martyrologium Romanum ad diem 1. August.

## Von denen heiligen Marco, einem Schaaf-Hirten, und seinen Gebrüderen Alphio, einem andern Alexander, und Zosimo, allen vieren glorreichen Martyreren.

Die Mirakel und Wunderwerk seynd nichts anderst, als lauter Zungen, mit welchen die Majestät GOttes zu reden pflegt, theils seine Allmacht zu erweisen, theils die Wahrheit des alleinseeligmachenden Glaubens zu bestättigen: und diejenige Diener GOttes, welche auch mit diesen Zungen begabt, will sagen mit der Gnad Miracke zu wirken, wann sie auch sonsten schon einfältig, und unberedt seyn, vermögen doch über aus viel, andere zur Erkanntnuß der Christlichen Wahrheit, oder zum tugendsamen Leben zu bewegen. Solches lasset sich treflich beweisen an gegenwärtigem heiligen Schaaf-Hirten Marcus genannt: dieser Mann GOttes führete ein so frommes, und GOttgefälliges Leben unter seinen Schäflein, die er waidete, hatte auch einen so festen Glauben, daß ihne der Himmel würdig geachtet mit der Kraft der Wunderwerken zu begaben, durch welche nachmals viel, nicht allein zu dem Christlichen Glauben bekehret, sondern auch zu standhafte Blut-Zeugen gemacht hat.

Es wütete dazumalen, wie ein ergrimmtes Vieh der wider die unschuldige Christen tobende Kaiser Diocletianus, dessen Grimmen gleichwie er sich in alle, seiner Bottmäßigkeit unterworfene Länder ausgosse, also traffe er auch Pisidien, eine Landschaft in dem Welttheil Asien gelegen, und vorderist die darinn gelegene Stadt Antiochia. Allein seine Grausamkeit fande auch überall tapfere Verfechter des heiligen Evangeliums. Einer aus diesen ware der heilige Marcus, ein Schaaf-Hirt, und mit ihme Alphius, Alexander, und Zosimus, welche alle dem Fleisch nach seine Brüder waren, die aber dem Geist nach als neue Kinder, vermittels seines Glaubenseifer, und Kraft der Wunderwerken zu Christo gebohren hat. Obwohlen die kurze Geschicht nicht ausdrucklich Meldung thut, daß diese letste drey auch Hirten, oder Baursleut gewesen, lasset es sich doch nicht zweiflen, das sie gleichfalls einer fast gleichen Lebensart, und Herkommens mit ihrem heiligen Bruder Marcus waren.

Es hat aber der heilige Schaaf-Hirt Marcus mit eben diesen seinen scheinbaren Wunderwerken noch andere beweget, benamlich die streittbare Helden Nicon, Neon, und Heliodorus,

dorus, mit dreyßig der tapfersten Kriegs-Männeren, und Soldaten, welche alle aus dem blinden Heydenthum zu dem Fähnlein Christi übergangen; haben auch alle samt dem heiligen Marco selbsten, und seinen obgesagten dreyen heiligen Gebrüderen, wiewohl nicht an einem, sondern unterschidlichen Orten, und durch mancherley Weiß, den herrlichen Martyr-Palm darvon getragen. Der acht und zwanzigste Tag Herbst-Monats thut uns Jährlich ihre Fest-Begängnuß erneueren.

Ex Martyrologio Romano ad diem 28. Septembris.

## Fürtreflichen Martyr-Kampf des heiligen Barontii, eines Ochsen- und Ackers-Knechts.

Die Erden, welche dieser tapfere Kämpfer Christi mit seinem Blut befeuchtet, und das Land, welches er mit seinem heldenmüthigen Tod geadlet, ist jener Blumen-Garten der Heiligen (wie es einige Geschicht-Schreiber benamsen) das Welschland: daselbst in dem Land Umbrien, an dem Ort Bettona, nicht weit von Assis, des grossen Patriarchen und Ordens-Stifter Francisci Geburts-Stadt, gegen Nidergang der Sonnen gelegen, hat Barontius durch rühmlichisten Todt für Christo den Sieg erworben.

Er stunde im Diensten bey dem heiligen Bischof Chryspolito, als ein Ochsen-Hirt, versahe ihme auch beynebens den wenigen Feld-Bau, so etwann dem Bischof zum Unterhalt zugehörig.

Chrispolitus ware wegen seinen Wunderen, Glaubens und Eyfer sehr berühmt, daß er des Martyr-Palms, dessen ihne GOtt gewürdiget, sich wohl verdient gemacht. Von darumen thut es mich nicht befremden, daß auch Barontius ein so eyfriger Christ gewesen, und mit seinem Herrn gleicher Ehre theilhaftig worden; indeme es ja ein Wunder wäre, daß wo der Herr mit so unvergleichlichem Tugend-Beyspiel seinen Untergebenen vorleuchtet, nicht auch der Knecht selbigem nachahmete.

Um selbige Zeit wüteten Kaiser Maximianus grausam wider die Kirchen GOttes, und die Christglaubige: das Wetter zoge sich auch über Bettona, woselbst Austerius Stadt-Halter wäre: ein Beamter, so nicht um ein Haar besser, als sein Herr, der Kaiser ware. Dieser, weilen er wohl wußte, wie sehr Chryspolitus in der ganzen Bettonischen Gegend das Gesatz Christi ausgebreitet hat, mit grossem Frucht der Neubekehrten, liesse er dessentwegen ihne samt vilen anderen gefänglich einhollen, und da er den heiligen Bischof gleich einem Felsen in dem Glauben standhaftig erfuhre, befahle der gottlose Mann, ihne mit Maulschellen, und Stecken zu schlagen; als dann auf der Folter auszustrecken, und mit Dörneren zu zerfleischen. Diese unmenschliche Peyn übertruge der heilige Blut-Zeug mit unverrucktem Gemüth. Hierauf hat man ihne wiederum in den Kerker gestossen. Ich lese zwar nichts, das Barontius sein Knecht, auch etwas dergleichen bishero ausgestanden; doch ist kein Zweifel, es werde ihme nicht viel besser, als seinem Herrn widerfahren seyn, bis beyde abermahl vor den erwildten Stadt-Halter geführet worden, welcher sie auf ein neues zu dem Götzen-Dienst zu bereden, Christo hingegen abzusagen, alle Mühe anwendete.

Als er abermal wie allemal sein begunnen fruchtloß ablaufen sahe ergrimmete Austerius dergestalt, daß er Befehl gabe, einen Feuer-Ofen anzuzünden, und in denselben den heiligen Bischof samt seinem Hirten Barontio hinein zu werffen. Das Feuer aber getrauete sich diesen tapferen Bekenneren Christi kein einiges Leyd zuzufügen, sondern wurde durch übernatürliche Kraft ausgelöscht, an dessen statt ein kühles Windelein den Ofen durchwähete. Die Heiligen singten und preyseten GOtt ihren Schöpfer auf jene Weiß, wie einstens die drey Knaben in dem Ofen zu Babel zu thun gepflegt.

Alsdann tratten die Henkers-Knecht hinzu, und da sie selbige unbeschädiget, und in dem Lob GOttes fröhlich beschäftiget angetroffen, hinterbrachten sie alsobald dem Stadt-Richter, welcher auf diese Nachricht auch herzu geeylet, und selbsten alles mit Augen gesehen. Auf dieses hin zeigte er mit denen Martyreren ein Mitleyden zu haben, und sprache zugleich: Schaut die Götter thun euch noch Barmherzigkeit erweisen, auf daß ihr diese Gutthat erkennet, Christum verlassen, und zu ihrem Dienst euch einmal bequemen sollet. Barontius ob er schon als ein geringer Mensch sonsten nicht scheinte viel beredt zu seyn, empfande ob dieser gottlosen Red, und Blindheit des Stadt-Pflegers einen heiligen Widerwillen, und mit Christlichen Eifer entzündet, brache er in diese Wort hervor: O du armseeligster Mensch! bist du dann annoch so gar stockblind, daß du jenes Wunder des allmächtigen GOttes deinen Götzen ja denen teuflischen Wirkungen zuschreibest? Austerius, der ihme sonsten auch nicht viel liesse an den Bart greiffen, konnte noch weniger gedulden, daß ihme ein einfältiger Ochsen-Knecht die Wahrheit so frey solte in das Angesicht hinein sagen, erzürnete sich häftig darwider; befahle ohne weiters denen Henkers-Knechten, sie sollen ihne aus seinen Augen hinweck reissen, und auf

eben

eben dem Feld, auf welchem er zu ackeren gepfleget, den Kopf herabschlagen.

Also führten sie ihne fort auf das bestimmte Feld, vor Zeiten das Feld Buccaronis genannt, anjetzo nach Meynung unserer Niederländischen Geschicht- und Lebens-Verfasseren der Heiligen, solle es der Flecken Borroni seyn. Da der heilige Chrysolitus seinen lieben Knecht auf dem Weeg zur Martyr sahe, sprach er zu ihm: Mein Sohn, ich erfreue mich, daß du anheut den Freuden-Weeg zu dem Reich der Himmlen antrettest, aber ich bedaure andrer seits den Verlurst des Trost der Kirchen welcher auch zugleich bey mir durch deinen Hintritt aus diesem Leben verschwinden wird. Aus diesen Worten erhellet, was Barontius für ein gottseeliges Leben müsse geführt haben, als durch dessen heiligen Wandel die übrige Christliche Heerde, und Gemeinde, ja Chrysolitus selbsten, sehr auferbauet worden. Barontius antwortet hierauf: Mein allerliebster Herr, und Vatter, wann es dir beliebet, noch länger zu leben, kannst du es thun: mich anbelangend, tritte ich das End meines Lebens an.

Die Henkers-Knecht gelangten mit ihme entzwischen auf das angewisene Feld, Barontius strecket mit Freuden seinen Hals und Kopf her, welcher ihme durch das Schwerd abgeschlagen worden, nahend bey einem Flüßlein, wo der heilige Chrysolitus vorhero Wunder gewürket hatte.

Hiebey ist eine absonderliche Schickung GOttes zubeobachten, daß nemlich Barontius dieser heilige Knecht auf eben dem Platz sein Blut für Christo vergossen, und das Martyr-Kränzlein darvon getragen, welchen er vormals mit seinem Schweis in harter Arbeit befeuchtet, als wolte der allweise se GOtt uns gleichsam zu verstehen geben, wie gefällig es ihne seye, und wie grosse Frucht einer ihme sammlen kann von der Hand-Arbeit, wann solche mit reiner Meinung verrichtet wird.

Bald darauf hat auch der heilige Chrispolitus doch durch grössere Martyr seinen Kampf vollendet; gestaltsam Austerius ihne unmenschlich geißlen liesse: als aber die Gerichts-Diener von dem Schlagen ganz ermüdet: Chryspolitus hingegen durch Göttliche Kraft im geringsten nicht verletzet worden, raseten sie vor Unwillen, schneideten ihne endlich auf Befelch des Stadt-Halters mitten entzwey.

Bey der Martyr dieser zweyen Helden Chryspoliti des Herrens, und Barontii seines Knechts hatte es noch kein Verbleiben; die Schwester des heiligen Bischofs, Teutela mit Namen, in Gesellschaft noch anderer zwölf Weibsbilder giengen zu dem Kampfplatz hinaus, das End ihres liebsten Bruders zu sehen. Ohne weiters wurden sie auf der Stell angehalten, denen Götteren zu opferen; weilen sie aber dessen sich weigerten, seynd sie alle gleichfalls getödtet worden auf einen Tag, das ist den zwölften May unter der Verfolgung Maximiani; wiewohl es andere unter der Regierung des Kaisers Nero, ja auch des Wüterichs Domitiani setzen.

Vor dem Beschluß der Beschreibung dieser herrlichen Martyr unsers heiligen Knechts Barontii, muß ich noch etwas seltsames herbey bringen, welches nach reiffer Erwegung aller Umständ sich mit ihme, und keinem anderen kann zugetragen haben. Es erzehlet die Geschicht, daß zu selber Zeit auf nächst gelegnem Berg gar viel Wölf sich aufhielten, welche so gar die Menschen auffrassen: eines Tags erhaschen sie einen Knecht, der eben mit denen Ochsen auf besagtem

Buccaronischen Feld dem Acker-Bau, allwo zwey Flüßlein zusamm stossen, abwartete. Dieß Unglück wurde dem heiligen Chrispolito hinterbracht, welcher nicht weit darvon mit etlichen Christen sich in der Still, und verborgner aufhielte, der Verfolgung des Kaisers Maximiani in etwas zu entweichen. Chrispolitus eylet herzu, und befahle dem Wolf im Namen der allerheiligisten Dreyfaltigkeit den Knecht wider aus seinen Klauen und Goschen zu entlassen, welches auch das gefräßige Unthier alsobald gethan, und seine vermeynte Beuth fahren lassen.

Wer nun diese Begebenheit mit dem obigen, was ich von der Martyr des heiligen Barontii gemeldet, betrachten wird; vorderist das der wilde Stadt-Halter Austerius befohlen ihme sein heiliges Haupt abzuschlagen an eben dem Ort, allwo Barontius vorhero zu ackeren pflegte, so da das Buccaronische Feld ware, und wo der heilige Chrispolitus Wunder gewürket, der wird unschwer meiner Meinung beypflichten, es habe sich dieses mit keinem anderen, als unserem heiligen Ackers-Knecht Barontio zugetragen, wann schon die Geschicht ausdrucklich von seinem Namen nichts hinzusetzet. Es wolte nemlich der fürsichtige GOtt nicht zugeben, daß derjenige denen gefräßigen wilden Thieren solte zu Theil werden, auf welchen das herrliche Martyr-Cränzlein wartete.

Acta Sanctorum Maii Tomo 3. ad diem 12. Ejusdem de SS. Chryspolito, & Barontio illius Bubulco, & sociis.

## Leben des heiligen Martyrers Odrani eines Stall-und Fuhr-Knechts.

Das laß ich mir einen ausbündig, getreuen, und lieben Dienst-Botten seyn, welcher seinem Herren, und Haus-Vatter das

das Leben zu erhalten, sich nicht gescheuet das seinige aufzusetzen, und in die Schanz zu schlagen; ein solcher ist gewesen der heilige Odranus, welcher bey jenem unvergleichlichen grossen Wunder-Mann, und Irrländischen Apostel dem heiligen Erz-Bischof Patritius, als ein Stall- und Fuhrknecht, in Diensten stunde.

Was für ein heiliges, eingezogenes, und tugendsames Leben Odranus in seinem, vor den Augen der Welt geringen Stand, geführt, das hat er am allerbesten gezeiget in seinem letsten Kampf, in welchem er ganz ähnlich denen Worten seines Göttlichen Erlösers nachgefolget, da er sagt, daß es eine übergrosse Liebe seye für seine Freund das Leben lassen: darzu hat ihme folgende Gelegenheit Anlaß gegeben.

Als Patritius sein Herr, und allerliebster geistlicher Vatter mit seiner Lehr, und unerhörten Wunderwerken Irrland die schöne Insul in dem grossen Welt-Meer angefüllet, zur Erkanntnuß des alleinseeligmachenden Glaubens zu bringen bemühet ware, auch schon reichliche Frucht in diesem schweren und sauren Weinberg hervor zu kommen begonnten, hat sich seinen heiligen Unternehmungen (wie dann das Liecht allzeit von denen Finsternussen, und Nacht-Vöglen verhasset wird) ein gottloser Bößwicht, und blinder abgöttischer Mensch, den man insgemein den rothen Foilge nennte, hervor gethan, welcher gegen Patritio überaus verbittert ware, und sich noch all seinen Kräften ihme widersetzte, also daß er so gar von diesem heiligen Diener GOttes nichts hören wolte, sondern vielmehr alle Gelegenheit suchte, den Apostolischen Seeleneiferer aus dem Weeg zu raumen, und ihne zu tödten.

Dieser unversöhnliche Haß rührte aus deme her, daß Patritius ein gewises Götzen-Bild zerschmetteret, welches der un-

unglückseelige und blinde Heyd über die massen liebte, und verehrte; weilen aber der albere, und ergrimmte Mensch dem heiligen Erz-Bischof niemalen zukommen, und wie ers im Sinn hatte, ihme selbsten eines versetzen kongte, gedachte er auf eine Gelegenheit auf der Reiß Patritio aufzupassen, und den Garaus zu machen. Einsmals mußte Patritius über Land reisen, Odranus sein Fuhrknecht hatte schon Luft bekommen, was der gottlose Foilge im Schild führe, und er seinen Herren umzubringen gedachte; sagte dahero zu Patritio, den er in dem Wagen führte, liebster Herr, und Vatter! ihr wisset wohl, daß ich bishero allzeit auf eueren Befelch gehorsam gewesen, nun aber bitte ich euch, ihr wollet für dießmal auch mir folgen, und euch würdigen ein wenig mein Stell zu vertretten, mir hingegen verlauben, die eurige auf ein kurze Zeit anzunemmen. Dieses thate der treue Knecht, mit seinem eignen Leben das Leben seines liebsten Vatters, und Herrns Patritii zu schützen, welcher auch das Anerbieten seines Knechts Odrani ihme gefallen liesse; dahero ziehet Patritius die Kleider des Odrani an, und dieser des heiligen Patritii, der sich auch vornen an den Wagen setzte, die Pferdt, als wäre er der Fuhrmann, zu leiten: Odranus aber saffe an dem Ort seines Herrns Patritii, und stellte sich, als der heilige Erz-Bischof zu seyn; mit welchem heiligen, und lobwürdigsten Fund Odranus das Leben seines Herrns erhalten, er aber das seinige für diesen, und für GOtt, nicht ohne unsterblichen Ruhm verkohren. Foilge sahe sie auf dem Weeg daher fahren, und weilen er vermeynte, jener, so in dem besseren Theil des Wagens sitze, und also angekleidet seye wäre Odranum grimmig und rasend an, reisset ihne von dem Sitz herab, auf die Erden, und erdrosslet ihne jämmerlich im Angesicht des heiligen Patritii, welcher wohl sahe, auf wenn ein solcher Mordt gemünzet wegen Verlurst eines so getreuen Dieners müsse empfunden haben, kann ein jedwederer ihme selbsten leichtlich einbilden.

Der

Der unglückseelige Foilge merkte aber nicht, daß, da er dem unschuldigen Knecht Odrano aus Haß Patritii das Leben benommen, er ihme selbsten auch das seinige abgekürtzet; sintemalen Patritius über diese schändliche, und grausame That des Mörders mit billichem Zorn von GOtt angeeiferet, liesse er den gerechten Fluch wider ihne ergehen, durch welchen Foilge, gleichsam als durch einen Pfeil getroffen, noch selbigen Tag seine vermaledeyte Seel ausgespyhen, und verreckt; hingegen hat Patritius die Seel des Knechts Odrani in das himmlische Paradieß hinauf flügen gesehen, und wie sie der Zahl der heiligen Martyrer und Blut-Zeugen beygesellet worden: dessen glorreicher Todt sich zugetragen in dem fünften hundert jährigen Welt-Gång: die jährliche Gedächtnus aber fallet ein den neunzehenden Hornung.

Im übrigen ist dieses so herrliche, und ausbündige Liebs-Stuck des Nächstens, als da ist sein Leben für den anderen dargeben, bey dem heiligen Odrano um so viel mehrers noch hoch zu achten, um wie viel weniger man zu jetzigen Zeiten ein dergleichen Beyspiel bey denen Dienst-Botten nur von weitem spühren mag; an dessen statt aber für den schuldigen Gehorsam und Ehrenbietigkeit, oft manche Haus-Vätter, und Mütter von ihren Ehehalten nichts anderst, als Grob- und Unhöflichkeiten einnemmen müssen.

Vor dem Beschluß dieser Geschichts-Erzehlung kann ich mit Stillschweigen nicht umgehen, was sich mit dem Cörpl deß todten unglickseeligen Foilge zugetragen. Den Teufel verdrosse es über die massen, daß aus gerechter Rach GOttes ihme einer aus seinen getreuesten Leibeygnen und grosser Eiferer des Götzen-Dienst durch Patritium aus dem Weeg geraumet worden; dannenhero dem heiligen Ertz-Bischof ein Possen zu reisse, und ihne samt seinen Wunderen bey dem

Volk verdächtlich, und verhaßt zu machen, schlosse der höllische Geist in des Foilge entseelten Cörpl hinein, oder nahme vielmehr des Todten Leib an sich, gienge mit und in demselben in die Alte Wohnung, und Behausung dieses gottlosen Heydens, asse, tranke, und ordnete alles im Hauß an, als wann der Verstorbene annoch beym Leben, dergestalten daß seine Haus-Leut auch nichts minders gedachten, als daß es nicht ihr noch lebender Haus-Herr Foilge sein solte. Nach etlichen Tägen truge es sich zu, daß Patritius seinen Weeg vor dem Haus des verdammten Foilge nahme, da rufte der heilige Mann einem aus dem Haus-Gesind dieses unglückseeligen Menschen, und fragte ihne, wie es mit seinem Herrn stehe, und wo er wäre? darauf der Dienst-Bott antwortete: Sein Herr wäre zu Haus, und lebe gantz wohl. Aber Patritius widersetzte ihme und sprach: Nein, nein, auf keine Weiß, dann du solst wissen, daß die Seel des Foilge, weilen er meinen Fuhr-Knecht unschuldig umgebracht, sobald sie den Leib verlassen, ist sie unverzüglich in den höllischen Flammen begraben worden, ausgerechter Straf und Rach GOttes, der sich um meiner annahme: der Teufel aber hat nur entzwischen dem Leib des verstorbenen angenommen, als sein Eigenthum; dieser Höllen-Geist regieret seine Glieder, und den Leib, euch und andere Menschen hinter das Liecht zu führen, als wann er noch lebte, und nicht schon verreckt wäre. Nachmals gebotte Patritius dem Teufel, daß er sein Nest nemlich den Cörpl des verdammten Foilge verlassen, und sich in die Höll hinab trollen solle, welches auf Befehl des Heiligen alsobald geschehen: und der entgeisterte leblose Cörpl fiele wie ein Block auf den Boden, gabe ein unleydentliches Gestanck von sich, die Würm krochen allenthalben hervor, und hiermit wurden die Hausleut gezwungen nur fein geschwind dieses stinkenden Höllen-Aas aus dem Weeg zu.

zu raumen, und, wo sie nur konnten, einzuscharren, bis dieser verdammte Cörpl den verdienten Lohn mit seiner Seelen in der unglückseeligen Ewigkeit nach allgemeiner Urständ zu empfanden wiederum wird vereiniget werden; da hingegen Odrani dieses heiligen Fuhr-Knechts herrliche Liebe des Nächsten in Ewigkeit der Jahren niemalen genugsam wird geprisen werden; dann wann Christus so sehr belobet jene Liebe, daß der Hirt sein Leben für seine Schäflein aufsetzet, so ist es gewiß ein Ausbund der Liebe, wann das Schäflein für seinen Hirten das Leben lasset, der Knecht für seinen Herrn.

Acta Sanctorum Bollandi in vita S. Odrani 19. Februarii: item ex vita S. Patritii Hiberniæ Apostoli, Authore Jocelino, c. 8. n. 63. fol. 555. Tom. 2. Martii ad diem 17. ejusdem Mensis apud eundem Bollandum, & Successores.

## Der heilige Emeterius, oder Madinus, ein Ackersmann, und Martyrer.

Selten ist eine Ketzerey aus der Höllen-Gruben hervorgeschloffen, welche nicht auch ihr Gottloßigkeit mit dem unschuldigen Blut der rechtglaubigen Christen beschmützet. Als der Gothische König Euricus in Hispanien die Arianische Schwärmerey, welcher er über die massen zugethan war, und hartnäckig behauptete, in seinem ganzen Reich durchaus wolte empor gerichtet haben, wütete er grausam gegen diejenige so sich seinem gottlosen Begünnen widersetzen, oder aber zur Arianischen Ketzerey nicht verstehen wolten.

Unter anderen verfolgte er gar häftig den heiligen Severus Bischofen zu Barcellona in Catolonien, eine der besten Saulen und Beschützeren des Catholischen Christenthums. Der

Der heilige Mann, als er wahr genommen, daß die ausgeschickte Schergannten nach Barcellona kamen, ihne zu tödten, nahme er die Flucht aus der Stadt zu einem etlich Meil davon entlegenen Ort Castrum Octavianum oder des Octavii Burg genannt: Solches thate Severus nach dem Rath Christi, den er seinen Apostlen gegeben, auf das er nemlich seinen betrangten Schäflein länger beyspringen möchte, als welche seiner Hülf, und Zusprechens bey dieser Verfolgung nöthig hatten. Das ware zugleich auch eine verborgene Anordnung GOttes, gestaltsam hierdurch unserem heiligen Ackersmann Emeterio die Gelegenheit an die Hand gerathen, sein Blut zu Bestättigung des wahren Glaubens zu vergiessen.

Sein schlechte Bauren-Hütten stunde hart an der Strassen, allwo den heiligen Bischof der Weeg vorbey truge: daran lage ein kleines Aeckerlein auf welchem Emeterius als ein fleißiger Baursmann mit Arbeit beschäftiget, Bohnen aussäete. Als ihne Severus erblickte, grüßte er ihne ganz freundlich, und sprache, daß so fern etwann die ausgeschickte Gerichts-Diener allhier vorbey streichen, und nach Severo dem Bischof fragen wurden, solte er ihnen nur keck, und frey sagen, er wäre daselbst vorbey gangen zur Zeit, da man eben die Bohnen, so sie sehe-ten, ausgesäet hätte, und wann sie seiner verlangten, könnten sie ihne in nächst gelegener Octavii Burg einhollen. Dieses redete der heilige Bischof, und siehe ein grosses Wunder! in einem Augenblick wachseten die Bohnen dergestalten, daß sie in häufige Blühe hervor brachen.

Kurz hernach, da dieses zwischen Severus und Emeterius vorbey gienge, flogen gleichsam die nacheylende Gerichts-Diener daher, und fragten den heiligen Baursmann, wo der Bischof Severus wäre? er aber gabe hurtig zur Antwort, was ihme der heilige Severus befohlen, und zeigte ihnen zugleich an.

n das Ort, wo sie ihne finden könnten. Die ausgeschickte Schergarten aber vermeinten, Emeterius wolte ihrer nur spötten, und weilen sie auch wahr nahmen, daß er gut Catholisch wäre, schleppten sie ihne auf der Stell gefangner mit sich an das Ort, wo Severus sich befande, an deme sie auch gleichermassen Händ anlegeten, und beyde mit Bley-Kolben grausamlich erschlugen. Weilen aber die unmenschliche Henkers-Knecht die tapfere Martyrer unbeweglich in ihrem Glauben erfuhren, haben sie dem heiligen Bischof einen grossen Nagel durch das Haupt getrieben: dem heiligen Emeterio aber selbiges mit dem Schwerdt gar von dem Leib abgesönderet, darzu er mit Freuden seinen Hals hergestreckt, und durch Enthauptung also das Martyr-Cränzlein darvon getragen, um das Jahr vier hundert und achtzig.

Die Catholische Innwohner besagter Burg, oder Schlosses haben die Leiber dieser edlen Blut-Zeugen in einem daselbst befindlichen Kirchlein beygelegt.

Dieser heilige Ackersmann, und heldenmüthige Bekenner Christi Emeterius wird sonderlich in einem Dorf Sanct Nadin genannt, den dritten Tag Merzens, als gemeldten Dorfs Schutz-Patron, fast verehret, welches den Namen von dem Heiligen solle ererbet haben; dahero etliche diesen Heiligen Sanct Madin, oder Matin, auch einige St. Mair nennen. In dem Kloster des heiligen Cucuphatis in Spanien werden unter anderen Seltsamkeiten zwey Bohnen gewiesen, welche, wie man glaubwüdig darvon ausgiebet, von denen jenigen seyn sollen, die der heilige Emeterius ausgesäet, und auf so wunderliche Weiß auf einmal, wie oben gehöret worden, aufgewachsen seynd, oder welche wenigist nach der Zeit in des Heiligen Aeckerlein angebauet worden, und zu seiner Gedächnuß ehrwürdig aufbehalten werden.

Ueber das so schreibet ein Geschicht-Verfasser, daß auch bey mehr besagtem Aeckerlein ein Bronnen, und kleines Kirchlein zu sehen, zu einem ewigen Angedenken des herrlichen Miracels, so sich mit denen Bohnen zugetragen: aber weit mehrers hat Emeterius seine Glori in dem ganzen Königreich Spanien durch seinen so Sieg-reichen Martyr-Todt verewiget, dessen sonsten gewißlich, als eines von Geburt schlechten Baurs-manns die Nach-Welt niemalen mehr gedacht hätte.

Bollandus in actis Sanctorum Martii Tom. 1. ad diem 3. ejusdem.

## Heldenmüthiger Martyr-Kampf vierzig heiliger Baurs-Leuten, tapferen Blut-Zeugen Christi.

Auch unter einer geringen Bauren-Joppen kann eben sowohl ein tapferes Herz, als unter Panzer und Harnisch verborgen seyn, das sich nicht scheuet den Todt für die Christliche Wahrheit großmüthig aus-zustehen. Dieses zu erweisen ziehe ich auf einmal nicht vierzig heldenmüthigen Blut-Zeugen aus dem Bauren-Stand auf die Bahn, deren glorwürdige Martyr gar wohl verdienet hat, daß selbe von der hocherleuchten, und vortreflichen Feder des grossen Pabstens des heiligen Gregorii selbsten aufgezeichnet worden.

Es ist schon genugsam bekandt aus denen alten Schriften, was gestalten die Longobarder ins Welschland eingefallen, und über die massen barbarisch gehauset, sonderlich mit denen GOttgeweyhten Personen und anderen rechtglaubigen Christen. Dieses wilde Volk kame aus Ungarn hervorgeschlossen,

wur-

wurden Longobarder genennet, nicht wie viel von denen Geschicht-Schreiberen vermeynen, von ihren langen Hängebären, sondern von dem Wort longa Barda, das ist, wegen ihren langen Spiessen, und daran gehäften Hacken, die sie zum Kriegen gebrauchten: welche Gattung des Gewöhrs man heut zu Tags annoch mit eines Wörtleins Zusatz, oder vielmehr Verwechslung langen Barthen, Hölleparthen heisset. Solches behauptet gar bündig unser Pater Bollandus, und dessen Nachfolger in jenem berühmten Werk von denen Leben aller Heiligen GOttes.

Diese Longobarder hatten sich nach und nach in dem Welschland dergestalten vest gesetzet, daß sie unter ihrem Namen ein grosses Reich aufgerichtet, darvon noch einem guten Theil dieses herrlichen Lands der Namen Lombardey, (ist meistens das heutige Herzogthum Mayland) erblich verbliben: aber durch das Blut-Bad so dieses Volk bey denen Welschen angerichtet, haben sie eine weit häßlichere Gedächtnuß in denen Geschicht-Bücheren von ihnen hinterlassen. Meines Thun ist nicht weitläufig darvon zu handlen, bleibe allein bey unseren vierzig heiligen Baursleutlein, und standhaften Bekenneren Christi, welche diese wilde Longobarder ihrer Wuth aufgeschlachtet haben.

Um das Jahr fünf hundert neun und sibenzig haben sie im Welschland (das Ort kann man nicht eigentlich nicht wissen) nebst anderen auch vierzig Christ-eyfrige, und fromme, gottsförchtige Baurs-Leut gefangen genommen: diese zwangen sie mit grosser Ungestümme den Gaiß-Kopf, den sie zuvor dem Teufel aufgeopferet, zu verehren, und anzubetten, auch das Fleisch des jenigen Viehs, so zu diesem Opfer geschlachtet worden, zu essen. Die heilige Baurs-Leut entsetzten sich über diesen Greul, und abscheulichen Begehren, und wolten sich, wie billich, auf keine Weiß hierzu verstehen.

Die gottlose Longobarder troheten ihnen mit dem Tod, wann sie nicht alsobald den Gaiß-Kopf anbetten, und ihme aufopferte Fleisch verkosten wurden. Allein alle vierzig herzhafte Kämpfer Christi zeigten ihren Verfolgern, daß sie mit solchen eines zu wagen hätten, welche zwar am Ansehen einfältig, aber mit Muth und Herz genug begabet wären, Leib und Leben für das Gesatz GOttes aufzusetzen, als von ihrem gefaßten Schluß zu weichen. Diese Standhaftigkeit der heiligen Martyrer brachte die verbitterte Rott erst recht in Harnisch, daß sie nach ihren Schwerdteren griffen, und alle vierzig auf der Stell grausamlich niderhaueten.

Ich zweifle nicht, daß unter dieser edlen Schaar auch das weibliche Geschlecht sich werde befunden haben, ja vielleicht auch die zärtere Jugend, welche saumentlich mit gleichem Muth, und Begierd für Christo, und den allein-seeligmachenden Glauben zu sterben, ihr Blut vergossen. Dieser herrliche Sieg ist fünfzehen Jahr zuvor, als es der heilige Pabst Gregorius, wie er selbsten aufgezeichnet hat, vorbey gangen, das ist nach Zeit-Rechnung des fürtreflichen Cardinals Barroni, ungefähr im Jahr fünf hundert neun und siebenzig, wie wir gleich Anfangs erwehnt. Das Römische Martyr-Buch setzet ihren Geburts-Tag, an welchem sie dem Himmel zugeflogen, auf den anderten Merzen. Auf eben diesen Tag gedencket die Catholische Kirchen mehrer anderer, die gleichfalls von diesen unmenschlichen Longobarden umgebracht, mit gleicher Ehr des Martyr-Palms seynd begabt worden.

Ex libro 3. Dialog. S. Gregor. Pap. apud Bollandum in act. Sanctorum Martii, Tom. 1. ad diem 2. ejusdem Mensis. Item ex Baronio, & Ferrario.

Der

# Der heilige Martyrer Lambertus, oder St. Lamprecht, ein Ackersmann.

Unter so vielen glorwürdigen, und nahmhaften heiligen Blut-Zeugen, deren hellschimmerende Martyr-Kronen auf einen Tag in der berühmten, und uralten Stadt Saragossa, zu Latein Cäsaraugusta, in Spanien ansehlich leuchten, wird auch Lambertus, oder St. Lamprecht, ein heiliger Baursmann, und Martyrer gezehlet. So gewiß es aber ist, daß dieser kühnmüthige Held Christi, für den gecreutzigten Heyland, und den wahren Glauben sein Blut vergossen, so ungewiß ist die Zeit, zu welcher er dasselbe samt dem Leben dargegeben: desgleichen auch der Tyrann, oder Glaubens-Feind und Wütterich, unter welchem er gelitten. Einige zwar geben vor, und wollen behaupten, er habe unter dem Wütterich Daciano dem Spanischen Land-Pfleger, welchen Diocletianus der Kaiser dahin abgefertiget, durch Enthauptung den Martyr-Kranz erlanget, zusamt denen jenigen heiligen Blut-Zeugen, von welchen ich bereits Meldung gethan. Allein unsere Niederländische Geschicht- und Lebens-Verfasser aller Heiligen wollen solches, nicht ohne gründliche Ursachen, die alldorten mögen gelesen werden, keines Weegs bejahen. Sondern seynd der gänzlichen Meinung, daß sein herrlicher Todt weit späters hinaus zu setzen: dieses muthmassen sie nicht uneben auch aus dem Wort, und Namen Lambertus, dergleichen Art, und Gattung der Worten von selbigen ersten Zeiten, zu welchen Spanien unter dem Römischen Joch lage, in keinem einzigen Buch, oder alten Schriften zu lesen: sondern gleichwie der Nam, also müsse auch die Herkunft dieses heiligen Baursmann von denen Franken gewesen seyn, und daß er aus de-

denen Provinzen, welche die Franken in dem Narbonensischen Gallien (ist anheut ein sehr guter, und edler Theil des Französischen Reichs) schon besassen, etwann als ein Sclav, oder Leibeigner von denen Spanieren, so an diesen Länderen angränzten, hinweg geschleppet, und einem Alaner, oder einem Gothen, die damals Spanien beherschenten, aber der Arianischen Ketzerey zugethan, waren, verkauft worden, von welchem der heilige Mann zum Acker= und Feld=Bau gebraucht wurde, eintweders weilen er schon zuvor, als ein Baursmann denselben wohl verstunde, oder als ein Leibeigner darzu sich genöthiget sahe. Allhier ist zu besserem Bericht zu merken, daß diese Franken teutsche Völker waren, darvon annoch Franken=Land das Römische Reich zieret, welche aus ihrer Haimath fremde Länder zu bewohnen gezogen, nicht allein in dem Narbonensischen Gallien sich niedergelassen, sondern noch darzu dem ganzen Französischen Reich den Namen mitgetheilet, daß es von ihnen Frankreich, das ist, Frankenreich, bis heut zu Tag genennet wird.

Weilen nun Lambertus in seinem Vaterland, das gut Catholisch ware, im Glauben wohl unterrichtet, und darinn auferzogen worden, wird er nicht minder denselben auch in seiner Gefangenschaft standhaftig bekennet, und mithin konnte ihme dieser Ursachen halber gar leicht ein Ketzer das Leben benommen haben. Und auf solche Weiß treffete sein glorwürdiger Todt zu, ungefähr auf das sechste Jahr hundert.

Wenn aber gefallet die Martyr deises heilgen Baursmann noch späters hinaus zu ziehen, da nemlich die Fränkische Wörter, und Nämen auch in Spanien besser im Schwung gekommen unter denen Gothen, einem an dem Baltischen, oder teutschen Meer entsprungenem Volk, welche ebenfalls mittler Zeit das edle Spanien ihnen unterworffen, der mag,

auch,

auch glauben, das Lambertus nicht ein Ausländer gewesen, sondern in Spanien gebohren seye. Etwann um dieselbe Zeit, als das Gothische Volk nach abgeschwornem Arianischen Ketzerthum der Catholischen Glauben angenommen: da aber hernach die Mohren, und Saracener in Spanien eingefallen, etlich hundert Jahr mit grausamen Joch dasselbige belastet, auch sehr viel eifrige Christen, die das Machomets schändliche Gesatz verachteten, unbarmherzig um das Leben brachten hatte vielleicht auch damals dieses Glück unsern heiligen Lamprecht getroffen, daß er unter die Zahl solcher Martyrer kommen.

Diesen aber seye, wie ihme wolle, so wird der heilige Baursmann Lambertus von denen Spanieren, vorderist zu Saragossa, in sehr grossen Ehrn gehalten: und obwohlen das Römische Martyr-Buch seine Gedächtnuß nebst so vielen anderen Martyreren zu gedachtem Saragossa, auch unseren heiligen Lambert auf sechszehenden Aprils zu gleich setzet, pflegt man nichts destoweniger daselbst in mehr gedachter Stadt seinen Ehren-Tag auf den neunzehenden Brachmonats zu verschieben, einzig darumen, auf daß die Spanier ihme eine besondere Ehr beweisen mögen, welches wegen Menge der anderen Heiligen an dem sechszehenden April so füglich sonst nicht geschehen konnte: zu welchem ihnen Ursach, oder wenigstens einen grossen Zusatz mag gegeben haben das sich im Jahr tausend fünf hundert zwey und zwanzig mit seinem heiligen Gebeinen zu getragen.

Der Hochwürdigiste Cardinal Hadrianus, welcher mit eben diesem Namen Hadrianus der Sechste zum Pabstthum gelanget, als er in besagtem Jahr aus Spanien, allwo er des Kaisers Carls des Fünften auf eine Zeit Stadt-Halter gewesen, auf der Reiß nacher Rom begriffen ware, langte er

auch

auch zu Saragossa an, und weilen dem heiligen Lambert überaus zugethan, gienge er nach der Kirchen der heiligen Encratiä, allwo die Gebein des heiligen Lamberts ruhen: als nun der Cardinal dieselbe ehrenbiethigist verehret, eröffnete er auch den Heiligthums Kasten darinn sie verschlosen, name ein Stuck von dem Kühnbein, und vier Finger, welche noch mit ihrem Fleisch überzogen waren, mit sich hinweck und verwahrete diesen kostbaren Schatz in einem Trüchl, oder Schreinlein von purem Silber, welches der Stadt-Rath zu deisem Ende dem Cardinal verehret hat: worbey überaus seltsam, und von darumen sehr merkwürdig, daß aus diesem Kühn-Bein des heiligen Leibs, viel Bluts hervor tropfete, so man in ein silbernen Beck aufgefasset, und, nachdem es zusamm gestockt, in ein Crystallines Gefäß gethan, das bis heut zu Tag ganz ehrenbietigist verehret wird.

ein Theil von diesem wunderbahrlich-hervorgeflossenem Blut ist in St. Lamprechts-Kloster gebracht worden, welches die Burger zu Saragossa für den Orden der allerheiligisten Derysaltigkeit von Erledigung der gefangenen Christen unter denen Unglaubigen, auf eben dem Ort, Feld auf bauen lassen, so vor Zeiten der heilige Lambert mit seinem Schweiß durch saure Hand-Arbeit, hernach mit seinem Blut in der Martyr befeuchtiget, hat welches auch vorgedachter Pabst Hadrianus der Sachste annoch als Cardinal bey seiner Verweilung zu Saragossa zum öfteren andächtig besuchet: daselbst auf diesem Feld ein Dorn-Hecken, oder Stauden bis zur selben Zeit gestanden, welche wie man darvon haltet von dem heilige Baursmann solle gepflanzet worden seyn.

Acta Sanctorum Godefridi Henschenii Tom. 1. Aprilis ad diem 16. ejusdem de S. Lamberto Agricola, & Martyre.

Von

# Von dem heiligen Irmund, einem Vieh-Hirten.

Nicht unweit der vesten Stadt Gülch, von welcher, als dem vornehmsten Ort ein ganzes Herzogthum unsers werthisten Teutschlands, gleichen Namen führet, liegt ein wohlbenamster Flecken Mundt mit Namen, in dessen nechst gelegener Gegend, und annehmlichen Auen, waidete für gemeldten Ort Mundt das Vieh der heilige Hirt Irmundus. Er führete ein überaus gottseeliges, unschuldiges, und Tugend-volles Leben, wormit er verdienet hat, das ihne GOtt mit der Gnad Wunder zu wirken angesehen.

Als einstens ein sehr heisser, und trockner Sommer ware, auch Menschen und Vieh wegen der übergrossen Hitz, und aus Abgang des Wassers schier verschmachten, oder aber den Durst zu löchsen selbes von weit entlegenen Orten, nicht ohne äußeriste Beschwernuß herhollen musten, schöpfte der heilige Mann ein lebhaftes Vertrauen zu GOtt, stoßte darauf mit seinem Hirten-Stab in die Erden, und sihe! also bald strudlete ein häufige Wasser-Quell hervor, die noch bis heutigen Tags fliesset, und von dem wunderthätigen Hirten den Namen St. Irmunds-Pfitz, oder Bronn behaltet. Dieses Wasser ist auch gar heilsam allerhand Uebel, und Krankheiten so wohl der Menschen, als des Viehs zu vertreiben, sonderlich wann man zuvor die heilige hinterlassene Gebein, und Reliquien des heiligen Irmunds andächtig verehret.

Man hat es aus der Erfahrnuß, daß obschon dieß Waßer in die zwölf, ja dreyzehen Monat in denen Geschirren für

Menschen und Vieh aufbehalten wird, verbleibet es nichts destominder also frisch, als wann es erst kürzlich von dem Wunder-Bronnen wäre hergehollet worden.

Anbelangend die vorbemeldte Reliquien, und Gebein des heiligen Irmunds, so hat sich mit denenselben folgende Sach zutragen. Im Jahr tausend sechs hundert und zwey, seynd die Holländische Soldaten, nach deme sie das Luxenburgische Gebiet verhörget auch in das Clevische Land eingefallen, darinn sie, nach Ketzerischem Gebrauch, alles, was heilig ware, geschändet; unter andern auch das Gotts-Haus zu Mundt ausgeraubet, die heilige Bilder, und anders entunehret absonderlich die Bildnus des heiligen Irmunds, und dessen Grabstatt, in welcher seine heilige Gebein verschlossen lagen: sie legten Feuer an, in willens alles zu Aschen zu verbrennen; allein dieses hatte wohl die Truhen, in welcher gedachte heilige Gebein waren, verzehret, den heiligen Gebeinen aber, samt deren kostbaren seidenen Zeug, darinnen sie eingewicklet gewesen, konnte die fressende Flamm nichts abgewinnen, sondern müste solche unbeschädiget lassen: als getrauete sich das Feuer solches Heiligthum nicht einmal zu berühren. Hingegen hat ein Magd, Catharina mit Namen, etwas von diesen Gebein, zwar aus Andacht hinweck gezwackt, solches in ein Cappelein verschlossen, und an den Hals gehänget. Sie hatte aber weder Tag noch Nacht einige Ruhe, bis sie das entfremdte Gut wiederum zugestellet.

Wann der heilige Irmund aus diesem leben Abschied genommen, ist wegen oberzehlten Holländischen Einfahls, und Ursach des verwüsteten GOttes-Haus zu Mundt, nicht möglich etwas gewisses darvon zu geben, gestaltsam auch deshalben alle schriftliche Urkunden verlohren gangen. Sein Fest-Tag fallet auf den acht und zwanzigsten Jenner.

Acta Sanctorum Bollandi, Tom. 2. Mensis Januarii, ad diem 28. ejusdem.

# Der seelige Wintirus, ein Sämer, und Baursmann.

Daß dieser seelige Mann Wintirus von mir unter die Zahl der heiligen Bausmänneren gezehlet wird, ob er zwar ein Sämer gewesen, wird es mir niemand mißbillichen; weilen es ja bekanndt das solche Leut von dergleichen Lebens-Art, wie wir es noch heut zu Tag sehen, zu Haus dem Bauren-Weesen obligen, wann sie nicht auf dem Land mit ihren Säm-Rossen, oder Last-Thieren sich befinden: ja sie seynd insgemein keines anderen, als Bauren-Stands: und habe ich bey diesem Seeligen noch ein andere Ursach denen Baurs-Leutlein ihne zu zurechnen, alldieweilen, wie sein kurze Lebens-Verfassung zeiget, er selbst unter denen Bauren in einem schlechten Hüttlein sich niedergelassen, mit ihnen gelebt, und sein Leben bey ihnen geendet. Den Bericht, so hiervon unser fleißige Pater Raderus aus anderen Urkunden giebet, ist dieser.

Neuhausen ein Dorf nicht weit von München entlegen, von welchem auch ein Thor dieser Stadt den Namen hat, zeiget uns ein nicht unholdseelige Kirchen, in welcher Wintirus begraben, und verehret wird. Mehr weißt man doch von ihme nicht, als was von denen Vor-Elteren der dasige Innwohner gehöret, und heut noch erzehlen: es habe Wintirus, nach deme er lang, als ein Sämer sein Stücklein Brod zu suchen, sich bemühet, in diesem Dorf sich niedergelassen, und allda in einem schlechten Hüttlein sich aufhaltend dem gemeinen Mann das Christliche Gesatz, welches damals begonnte im Bayren bekannt zu werden, mit aller Leib und Sorgfalt ausgelebt: und weilen die aufrichtige Einfalt mit nicht geringer Erfahrenheit in allen, was die Glaubens-Lehr antrafe, ihme ein Ansehen gemacht, hat er gar merklichen Nutzen mit seiner treulichen Unterrichtung geschaffet. Wie die unendliche Weißheit GOttes gern der Einfältigen und schlechten, die es aber mit ihme ganz aufrichtig meynen, sich bedienet, auch grosse Sachen zu würken, wie wir das mehr als klare Beyspiel an denen heiligen Apostlen haben, welche bekannt aus was vor einer hohen Schul sie herkommen.

Woraus aber sonderlich die Göttliche Allmacht, die mit einem jeden Instrument, und Werckzeug machen kann, was sie immer will, erscheinet, und jedermann zu verwunderen ist. Wintirus hat also in diesem Neuhausen sein Leben beschlossen, und was er bey Lebs-Zeiten gethan, auch nach dem Todt nicht unterlassen, sondern gleichwie vorhero mit der Lehr, und heiligen Lebens-Wandel, also nach dem Todt mit allerhand Wunderwerken seinen guten Neuhauseren gar viel gutes erwisen. So viel gedachter Pater Raderus.

Die Wunderwerk, so der heilige Mann gewirket, seynd nemlich, daß er durch seine Fürbitt vielen Stummen die Red, denen Blinden das Gesicht, denen Krummen und Lahmen gerade Glieder, den mit Fieber behaften beständige Gesundheit widerbracht, über das, welches denen Neuhauseren sehr ersprießlich gewesen, und allen lieben Baurs-Leuten erwünschlich wäre, ist die beständige Sag, es habe auch so lang er gelebt, in selbigen Dorf das Hochgewitter niemalen sondern Schaden gethan, niemalen der Donner eingeschlagen, auch niemalen einige Sucht unter denen Menschen, oder Vieh eingerissen. Wann aber der seelige Wintirus dieses Zeitliche geseegnet, ist nichts sicheres vorhanden, doch vermeynet mehr erwehnter Raderus, es möchte das Jahr seines Hinscheidens etwann

eines

eines zwischen dem sechsten und siebenden hundert jährigen Weltlauf gewesen seyn.

Raderus in Bavaria sancta, Tom. 2. de B. Wintiro.

## Von der heiligen Jungfrau und Martyrin Florina einer Bauren-Tochter.

Zu Matzoria einer Dorf-Gemeinde Arverner Gebiets in Frankreich, wird auf den ersten Tag May-Monats gar feyrlich gehalten die Gedächtnuß einer heiligen Florinä, welche mit doppletem Ehren-Cränzlein der Martyr, und Jungfrauschaft gezieret zu ihrem Bräutigam in Himmel gefahren.

Nechst an dem Matzorischen Grund siehet man ein zerfallenes Gemäur von einer Kirchen, welche, wie glaubwürdig darvor gehalten wird, vor Zeiten die Pfarr-Kirchen, etlicher herumliegenden einschichtigen Dörflein, Weilerlein, und Baurn-Höfen gewesen seyn solle, darbey auch einige alte Grab-Stätt, und steinerne Todten-Begräbnussen vorhanden: dieses alte Gemäur stehet im äussersten Theil eines kleinen Thäleins, in welchem ein gäher Felsen anzutreffen: neben diesem Felsen streichet ein Flüßlein vorbey, Cousa mit Namen. Sowohl diese alte zerfallene Kirchen, als das ganze kleine Thal, und Gegend haben von Sanct. Florina den Namen ererbet.

Nun von gedachter Pfarr Matzorit pflegt man alljährlich an erwehntem ersten May-Tag unter Zulauf einer grossen Menge Volks der herumliegenden Baurschaft einen schönen Umgang anzustellen, und die heilige Gebein Florinä zur oben beschriebenen zerfallenen Kirchen zu tragen, und dieses geschihet folgender Ursachen halber.

Nachdem von diesem Gottshauses, welches etwann durch eine Brunst, oder anderen Unglücks-Fall völlig unbrauchbar worden, auch glaublich aus Abgang zulänglicher Mittel nicht mehr hat mögen ergänzet, und wiederum erbauet werden, nachdeme sage ich, von diesem alten Gottshaus die Pfarrs-Gerechtigkeiten nacher Matzoria überbracht, und mithin auch zugleich die heilige Reliquien, und Gebein der heiligen Florinä dorthin übersetzt worden, sollen dannoch diese durch Englische Hand allzeit wiederum in ihr vorige Ruhe-Statt, das ist, zur öfters benamsten alten Kirchen zuruck gekehret seyn, welches so lang getauret, bis man zu Rath gangen, und beschlossen vermittelst einer offentlichen Procesion, oder Creutz-Gang ihre heilige Gebein Jährlich an das von der Heiligen so geliebte Ort zu bringen: und man hat es nunmehro von Erfahrnuß, daß wann dieser Creutzgang anfangt von Matzoria auszurucken, wann schon der Himmel regnerisch, oder das Gewülk mit dickfinsteren Hagel, und Schaur beladen, viel Unheyl antrohen, nichts destominder wird alsbald durch erwünschlichen Wind alles auseinander getrieben, und das schönste Wetter hergestellt; welches ein klares Anzeigen, wie sehr GOtt und der Heiligen diese Andacht gefalle.

Anjetzo aber von der heiligen Martyrin etwas ausführlicheres zu reden, ist zwar von ihr sehr wenig zu melden, und allein, was schon von undenklichen Zeiten her beständig gesagt, auch von denen herumliegenden Lands-Leuten als eine von Alters her gebrachte Sach erzehlet wird, welches in Abgang anderer Kundschaften bey allen Gelehrten grosse Glaubwürdigkeit findet. So sagen dann die Innwohner selbiger Gegend, und Orten, daß diese Heilige allda gebürtig, und ins-

soninsonders solle das Bauren-Dörfel, oder Weilerlein, so die Franzosen Estourgoux nennen, ihr Geburts-Ort gewesen seyn; dahero ich mit vestem Grund schliesse, daß Florina von Baurs-Leuten gebohren, ja alles Herkommen verschweiget, liegt solches doch genugsam am Tag aus deme, daß sie in einem so schlechten Bauren-Dörflein gebohren, und wohnhaft, von gleichmäßigen Eltern müsse erzeiget worden seyn: gewißlich vornehmere, auch reiche, oder ansehnlichere Leut lassen sich nicht in so schlechten Hütten nieder.

Belangend nun die Martyr, und dessen Ursach, sagen fernes die dortige Innwohner, daß Florina nicht allein Glaubens halber, sondern auch aus Liebe der Jungfräulichen Keuschheit mit der Martyr gecrönt worden, eintweders von denen Heyden, oder anderen Verfolgeren des Christlichen Gesatzes. Sie pflegte durch Düstel und Dorn, durch unweegsame Felsen, von ihrer Heimath und Vätterlichem Haus in obenernanntes kleines Thals, so von ihr den Namen tragt, zu entflühen, denen unlauteren, gailen Menschen, wann sie ihr nachsetzten nicht in die Klauen zu gerathen, damit sie die Lilgen ihrer Reinigkeit besser unter denen Dörneren, als unter denen Menschen erhielte.

Einsmals, da sie denen Händen der unkeuschen Buhleren, die ihr auf dem Fuß nachfolgten kaum mehr entflühen konnte, hat sich die heilige Jungfrau von vorbeschriebenem Felsen, der bey die vierzig, oder fünfzig Elen hoch ist, über des Flüßlein Cuosa auf einen andern niedrigeren Felsen gegen einem Wäldlein durch die Luft geschwungen. Diesem zum ewigen Angedenken, und zugleich zu glaubwürdiger Zeugnus siehet man noch auf beyden Felsen die Hinterlassene eingedruckte Fuß-Stapfen: auf dem höheren zwar des linkens, auf dem niedrigeren des rechten Fusses: dar bey an beyden diesen Orten heutiges

ges Tags ein Creutz-Bildnuß aufgesteckt worden. Aber wie mehr sollen diese hinterlassene Fuß-Stapfen allen Christlichen Jungfrauen, und Töchteren, ein ewiges Angedenken seyn, was sie sich kosten lassen sollen den Schnee ihrer Jungfräulichen Reinigkeit vor dem unlauteren Feuer der Unzucht zu erhalten, also daß sie sich nicht scheuen, alles, ja auch das Leben, zu verliehren, wann sie nicht wöllen an jenem grossen Tag des allgemeinen Gerichts, von solchen zu schanden gemacht werden die ihnen in gleichem Stand, und Alter in dieser Engel-reinen Tugend vorgegangen. Von der Zeit, und Jahr ihrer Martyr, und glorwürdigen Tods können wir bey weitem nichts gewises auf die Bahn bringen, als allein, daß sie wahrscheinlich schon um, oder vor tausend Jahren nach der Gnadenreichen Menschwerdung unsers Welt-Erlösers mit so schönem Martyr-Geschmuck zu diesem ihrem Göttlichen Bräutigam abgehollet worden, in alle Ewigkeit mit ihme das hochzeitliche Fest im Himmel zu genüssen.

Acta Sanctorum Maii R. P. Henschenii Tom. 1. ejusdem Mensis ad diem 1. de S. Florina, Virg. & Mart.

## Von dem seeligen Eberhard, einem Schaaf-Hirten.

Das Hirten- und Bauren-Volk pflegt oftermal ihre Einfalt, und Geringfähigkeit vorzuschutzen, als wann sie hierdurch verhindert, und nicht tauglich wären die Tugend-Straffen zu wanderen, oder sich auf ein recht frommen und gottsförchtigen Lebens-Wandel zu begeben, da sie doch entzwischen, und zwar diejenige sonderbar, welche die Einfältigere zu seyn scheinen, sich gar wohl auf das Zeitliche zu verstehen

wis-

wissen, ja das Böse nach der Kunst fassen, und erlernen. St. Eberhard ein einfältiger Schaaf-Hirt zeiget allen seines gleichen Stands, daß nicht minder die Einfältige, als Weise, und Gelehrte zu hohem Staffel der Tugend, und Heiligkeit gelangen mögen: sonderlich weilen GOtt, wie die Schrift redet, mit denen Einfältigen gern Sprach haltet, sie unterweiset, und ihnen zu Herzen redet.

Zwar ist von dem seeligen Eberhard gar wenig, ja schier nichts, was sein Leben anbetrift, aufgezeichneter vorhanden, doch ist das schon genug, obiges zu bekräftigen, wann wir nur wissen, daß er, der seelige Mann auch in seinem einfältigen Leben, und Waidung seiner Schaaf-Heerde zu grosser Heiligkeit gelanget, und also ein solcher hier auf Erden verehret, und dorten in der himmlischen Glori bey dem Göttlichen Lämmlein sich ewig erfreuet.

Das wenige so uns das Alterthum von ihme zur Gedächtnuß hinterlassen, ist in kurzem Begrieff dieses: Zu Duntenhausen in dem Churfürstenthum Bayrn gelegen, ist eine Bey- oder Zu-Kirchen (sonst insgemein Filial-Kirchen genannt) welche dem Gotts-Haus des Hochgelobten Klosters zu neuen Cell bey St. Peter zu Freysing der Bischöflichen Residenz-Stadt, einverleibt, und zu Ehren des heiligen Ertz-Engels Michaels eingeweyhet ist, allda, sage ich, in dieser Kirchen zu Duntenhausen wird das Grab gezeiget dieses heiligen Eberhards, wie auch seine heilige Bildnuß. Dieser vor Zeiten zwar einfältige, aber mit der Weißheit der Kinder GOttes begabte Mann hatte in gemeldtem Dorf Duntenhausen denen Innwohneren ihre Schaaf gehütet: aber ein so frommes, und auferbäuliches Leben darbey geführet, das ihne die Duntenhauser nicht allein nach seinem Todt, wegen dem hinterlassenen Ruff der Heiligkeit mit diesem Grabmahl in dem

Gotts-Haus beehret, sondern es wird selbes schier täglich so wohl von denen Benachbarten, als von denen weiters entlegenen besuchet. Man pflegt auch die Erden von diesen Grab hinweck, und in die Häuser und Ställ zu tragen, welche als dann für das Vieh dienet, die vergifte und erbliche Seuchen zu vertreiben. Darbey dieses billich auch fü ein Wunder zu halten, das erst besagte Erden in solcher Menge hinweck genommen wird, ohne merklichen Mangel des Erdreichs selbsten. Der Tag des Ableibens St. Eberhards, wie auch das Jahr ist gänzlich unbekannt geblieben: doch wird seine Gedächnuß, und Verehrung um das Fest des heiligen Michaelis mit gröstem Zulauf gehalten. Das Baurs-Volck selbiger Gegend erzehlet von diesem heiligen mehr andere wunderwürdige Sachen, weilen sie aber mit genugsammer Zeugnuß nicht mögen bewisen werden, thut sie der Geschicht-Schreiber umgehen.

Raderus in Bavaria sancta Parte 3. sive Bavaria pia de B. Eberhardo Pastore, ex Monumentis & Litteris Cœnobii Freising. ad sanctum Petrum novæ Cellæ.

---

## Der heilige Simeon, ein Baursmann.

Ins gemein tragen wir eine grössere Zuneigung zu jenen Heiligen, welche vor Zeiten mit uns gleichen Stands, und Lebens-Art gewesen, gleichsam als wann sie unsere Anligen besser wusten zu beherzigen, weilen sie etwann selbsten solche vorhin erfahren, ausstehen musten, wann darüberhin ein solcher Heiliger in Ausspendung der himmlischen Gaaben, und Gnaden sich freygebig erzeiget, als dann zehlet er vor anderen mehr andächtige Verehrer, die sich um seine Altär herum einfinden; dergestalten seynd wir Menschen auch gegen denen Heiligen GOttes, also zu reden, eigennützig, das wir auch die Verehrung, und Andacht, so ihnen erwisen, gleichsam nicht umsonst verkaufen. Beydes lasset sich ersehnen an St. Simeon, einem heiligen Baursmann zu Acuela in Spanien, allwo dieser Heilige ein allgemeine Zuflucht ist der lieben Baursleuten der herumliegenden Gegend, sonderlich wann der erzürnete Himmel denen ausgetrückneten Felderen, und Wisen den erwünschten Regen versaget. In welchem Stuck GOtt der HErr sehr viel Guthaten immerfort durch die Fürbitt seines Dieners des heiligen Simeons denen Christglaubigen verleyhet.

Allein was ich wiederum allhier vorderist betaurte, ist sonderbar dieses daß uns von dem Lebens-Wandel, und Wunderwerken dieses heiligen Baursmann so wenig, und schier gar nichts von denen Geschicht-Schreiberen hinterlassen worden. Und mus ich abermal, wie vorhero meinen günstigen Leser wenigist mit dem befriedigen, was ich von obgemeldten Geschicht-Verfasseren kürzlich aufgezeichnet gefunden, es bestehet in folgenden:

Die Gedächtnuß (oder wie es nach dem lateinischen Wort lauten soll) die Beylegung des heiligen Simonis eines Baursmann, welcher mit Wunderweken ansehlich in dem Calaguritanischen Bisthum im HErr entschlaffen ist.

Und wiederum folgendes:

In der grösseren Capellen der Pfarr-Kirchen zu St. Georgen zu Acuela einem Marktflecken wird verehert der Leib des H. Simeonis, eines Baursmann, so aus dem Flecken Cabreda gebürtig: dieser Heilige ist der Baursleuten Zuflucht, damit er ihnen von GOtt für ihr Getraid den Regen erbitte, von dem täglich mehr Wunder erzehlt werden. Sein feyrliche Gedächtnuß wird gehalten den 1. Heumonat, an welchem neun Gemeinden der herumliegenden Dofschaften dahin kommen, und sein Fest feyrlich alldorten begehen.

So viel schier von Wort zu Wort berichten uns von dem heiligen Simeon dem Baursmann die Geschicht-Schreiber, mit deme wir uns müssen begnügen lassen. Es wird so gar auch von dem Jahr seines Tods nicht das mindiste angezogen: alles wird jener grosse Tag entdecken, an welchem der Richter aller Menschen den heiligen Simeon samt denen übrigen Auserwählten vor der ganzen Welt wegen ihren Verdiensten herrlich und glorreich machen wird.

Ex Tamayo, qui citat verba Ægydii Gonzalvi Davila Regii Chronographi Hispani, ut videre est apud Conradum Janningum in actis Sanctorum, Julii Tom. II. ad diem II. ejusdem, ubi hunc Sanctum Agricolam inter Sanctos quidem prætermissos, & in aliam diem *rejectos* numerat, sed exinde solum, quia nec de die obitus nec de anno constat.

# Von der heiligen Paula, einer Baurn-Tochter.

Die Jungfräuliche Reinigkeit muß in Wahrheit ein edles Perlein, ein kostbares Kleinod seyn, weilen manches keusches Herz so diese zarte Tugend zu schätzen weißt, sich nicht scheuet eintweders das Leben, oder anderes, was ihme sonst angenehm ist, darfür aufzusetzen, und darzugeben: und wann es einer noch nicht zu schätzen wußte, konnte er es von Paula dieser heiligen Baurn-Tochter erlehrnen, dero kurze Lebens-Beschreibung wir allhier anmerken.

Paula ist in einem Spanischen Dorf, Cardegnosa genannt, unter dem Bisthum Abula gebohren von gemeinen

Baurs-

Baurs-Leutlen, es müssen aber diese ihre liebe Eltern in ihr zartes Herz gleich in der ersten Jugend-Blühe ein überaus grosse Hochachtung der Tugend und Frommkeit eingepflanzet haben, weilen dieselbe vorderist die Englische Reinigkeit, in ihr ein sehr veste Wurzel gefaßt hat, wie es nachmals ihr fernerer Lebens-Lauf bewehret. Ansonsten hat sie weiters von denen Elteren an zeitlichen Güteren wenig ererbet: aber die Natur hat unsere Paula mit einer ausbündigen Liebs-Schönheit aufgeziehret: allein eben dieses ware ein Eck-Stein, daran sich andere stoßten, obwohlen wider den Willen dieser keuschen Jungfrauen, wie es oft manchen reinen Herzen ergehet, dessen Schönheit der Tugend die Leibs-Gestalt noch mehrer an Tag giebet.

Es pflegte Paula schon von ersten Jahren ihres reuferern Alters öfters nacher Abula zu gehen zu dem Ort, an welchem der heilige Abulensische Bischof, und Martyrer St. Secundus ruhet, daselbst das Gebett zu verrichten, damit dieser Glorreiche Blut-Zeug ihr Fürsprecher, und Beschützer seyn möchte. Bey solcher Gelegenheit hat ein unflätiger Jüngling an der sonderbaren Schönheit dieses Bauren-Mägdleins dermassen sich vergaffet, daß er mit unreiner Liebe gegen ihr häftig aufbranne. Er setzte an die keusche und fromme Paula, sie zur Ungebühr zu bringen, bald mit Bitten, bald mit Versprechungen, ja gar mit vergossenen Zähren (so weit verleitete diesen unverschamten Weiber-Liendl die verblendte Liebe) jedoch vermöchte alles nicht das mindeste das reine Jungfräuliche Gemüth der standhaften Paula zu biegen: hingegen wachsete nur noch mehrers das verbottene Liebs-Feuer in dem losen Gesellen, der sich entschlossen, weilen alles anderes vergebens also wolle er List und Gewalt brauchen.

Er verhülte sich in Jägers-Kleideren, passete ihr auf in aller Fruhe, wo sie der Weeg nacher Abula vorbey truge; als er sie erblickte, vermeynte er schon das Wild in denen Händen zu haben, gehet ihr derohalben eylends auf dem Fuß nach: aber Paula, die wohl wuste, was der heilige Paulus von Verhütung des Lasters der Unlauterkeit schreibet, das wer da obsigen will, müsse die Flucht ergreiffen, also hat sie keinen Schritt gespahret, sondern lauft eines Laufens darvon, damit sie nicht unter die Klauen dieses Sperbers geriethe: hingegen verdopplete auch der gaile Gesell den Lauf, also das Paula gezwungen wurde, ehe sie noch Abula die Stadt erreichte, in eine nechst an denen Stadt-Mauren stehende Kirchen des heiligen Martyrers Lorenz, zu flühen, und Hülf zu suchen: hat auch solche gefunden; massen sich Paula vor einer Crucifix-Bildnuß niedergeworfen, die Füß des gecreutzigten Heylands umfangen, und ihne zwar mit wenig, aber mit so inbrünstig, und herzlichen Worten, als es die Gefahr, und die Liebe zu Reinigkeit erheuschete, inständig gebetten, er wolle sie von aller Schand erretten, und ihre schöne Leibs-Gestalt, welche der einzige Zundel, wiewohlen wider ihr Verlangen, der unreine Liebe dieses Jünglings ware, hinwecknemmen, und das Angesicht also verstalten, das er forthin nicht allein kein Wohlgefallen an selbem spühren lasse, sondern vielmehr sie verabscheuete.

Eben das jenige hat sich alsobald an Paula ereignet in Spanien, was sich zugetragen in dem benachbarten Reich Portugall mit der heiligen Wilgeforth, die wir sonst insgemein bey uns Teutschen St. Kimmernus nennen. Inmassen Paula kaum das kurze Gebett vollendet, siehe! da schosse ihr ein mannlicher Barth hervor, die Wangen wurden voller Runzlen, denen auch die Stirn gleichete, also das nichts mehr von dem schönen Jungfräulichen Angesicht übrig blibe, sondern alles verstaltet wurde. Ent-

Entzwischen kame auch der liederliche Buhler in das Gotts-Haus hineingeloffen, mit gänenden Maul, schaute herum, fragte die heilige Paula, die er auf keine Weiß mehr kennete, und also nicht vermeynte, daß sie diejenige wäre, so er suchte diese, sage ich, fragte er, wo das Mägdlein seye, welches kurz zuvor hiehero in die Kirchen geflohen? Paula widersetzte, es wäre kein Mensch in der Kirchen, als sie allein, hätte auch sonsten niemand gesehen. Darauf der Jüngling sich eylends aus der Kirchen machte, alle Weeg und Steg durchstriche, seine vermeynte Beuth, wiewohl vergebens, zu erhaschen.

Paula sagte ihrem Göttlichen Bräutigam höchsten Dank, gehet alsdann, wie sie gewohnt ware, in die Stadt zu St. Secundo, suchte ihr neben dieses heiligen Blut-Zeugens Kirchen eine schlechte Wohnung aus, darinn sie bis an das End des Lebens verharret mit dem Ruhm eines unschuldigen, und sehr heiligen Wandels; endlich nachdeme sie GOtt auch durch Wunderzeichen, so sie gewürcket, ansehnlich gemacht, wurde sie von Christo zu denen himlischen Freuden abgehollet.

Die Christen haben den heiligen Leichnam nechst dem Leib St. Secundi zur Erden bestattet, bey welchem sie viel Jahr Hundert sowohl von denen Burgerin der Stadt Abula, als von Auswendigen verehret worden, bis Ihro zu Ehren endlich ein besondere Capellen erbauet worden, allwo anjetzo die heilige Gebein ruhen: diese ganze obangeregt, Geschicht siehet man auch darinnen abgemahlet; sie aber selbsten wird wegen so seltener Begebenheit, insgemein Paula Barbata, das ist, die gebarthete Paula benamset. Ihr jährliche Gedächtnuß fallet ein den zwanzigisten Hornung. Das Jahr ihres Ableibens ist gänzlich unbekannt. Einer aus ihren kurzen Lebens-Verfasseren ist der Meynung, der Todt dieser lieben Braut Christi habe sich zugetragen etwann in dem vierten

ten

ten hundert jährigen Welt-Lauf, unter dem Wüterich Diocletiano: mich aber bedunket wahrscheinlicher, das selbiger spätherս sich ereignet, sonderlich auch darumen (andere Ursachen zu umgehen) weilen Paula theils wegen so seltsamer Begebenheit, theils auch wegen nachmals ofentlich geführten so heiligen Lebens-Wandel nicht hätte können also verborgen bleiben, das Diocletiano, oder seinen grausammen Land-Pflegeren, und Stadt-Halteren, solches nicht zu Ohren kommen wäre, mithin sie ihrem Blut-Schwerdt hätte müssen zu theil werden. Wir lassen es aber bey diesem bewenden, setzen noch allein hinzu, das Paula diese heilige Baurn-Tochter uns nicht allein ein vortrefliches Beyspiel gegeben, wie hoch die Englische Reinigkeit zu schätzen, sondern auch wohin die jenige zu flühen haben, wann sie wegen der Lilgen der Reinigkeit angefochten werden, nemlich zu denen Füssen und heiligisten Wunden des Göttlichen Welt-Erlösers, alldorten wie die unschuldige Täublein in denen Felsen-Ritzen Sicherheit zu finden.

Ex variis Authoribus, quos citat Bollandus in actis Sanctorum Tom. 3. Februarii ad diem 20. ejusdem.

Zusatz:

# Zusatz.

## Zu dem ersten Theil der heiligen Hirten und Bauren-Leben.

### Anmerkung.

Da dieses Werklein eben unter der Druck-Preß lage, geriethen mir ungefehr noch einige heiliger Hirten und Bauren-Leben in die Hand, welche wegen ihrer Seltsamkeit, und Leß-würdigen Thaten ich auf keine Weiß allhier einzumengen unterlassen noch wolte, konnte, weilen aber selbige nach Ordnung der eit nicht mehr Zmöchten unter denen übrigen eingemischet werden, habe ich erachtet so wohl den ersten, als anderen Theil, dahin sie gehören einen Zusatz oder Anhang b yzulegen; bin mithin auch versicheret, der Leser wird mir solches nicht mißbilligen, und selbsten erachten, in Ablesung dieser schönen Leben, daß ich nicht wohl daran gewesen wäre, so fern ich dieselbige für jetzt mit Stillschweigen umgangen, und auf eine andere Zeit, an welcher sie villeicht nach ihrem Rang ein Ort bekommen wurden, verschoben hätte: so viel zur nothwendigen kleinen Nachricht.

## Von dem herrlichen Martyr-Kampf des heiligen Barlahams, eines Baursmann, und gar tapferen Blut-Zeugens Christi.

Das alt-Heydnische Rom macht ein grosses Prallen mit jenem Mutio Scevola, daß er die Hand, welche sich an dem jenigen geirret, deme der Stoß, die Seel aus dem Leib zu jagen, vermeynet ware, so lang diesen Fehler zu rächen, ober dem Feuer gehalten, bis von selbiger das Fleisch herab flosse, und die kahle Bein übrig blieben: Das liebe Christliche Baurn-Volk kann in diesem Stuck mit einem weit fürtreflicheren und glückseeligeren Helden aufziehen: alswelcher nicht um ein zeitliche Ehr, und Nachruhm, sondern für denjenigen etwas gleiches gewagt, für dene gar zusterben ein unsterblicher Ruhm ist; und dieser ist der Heil. Barlaham, ein Baursmañ: obwohlen er schlecht von Herkommen, ungestalt von Ansehen, ungeschlacht an Sitten, wie es bey denen Baursleutlein an der Art: nichts destominder einen edlen Geist, ein tapferes Herz, und grossen Muth im Leib herum truge sein, Blut für den Christlichen Glauben aufzusetzen: darumen wohl werth, daß seine ritterliche That so gar von der Feder eines grossen Kirchenvatters Basilii belobet, und angerühmet worden, wann andere, solche nach Genügen herporzustreichen, nicht erklecken wurden.

Die Catholische Kirchen verehret noch einen anderen heiligen Barlaam, gleichen Namens, welcher von unserem ganz unterschieden, darvon der heilige Damascenus schreibet, wie er den Königlichen Prinzen Josaphat in Indien zur Erkanntnuß Christi gebracht, und mit demselbigen ein Einsidlerisch Leben geführet.

Dieses heiligen Barlahams, von deme wir allhier melden, glückseelige Vatterland ist, allem Ansehen nach, das Land Cappadocien gewesen, allwo er auch seinen Kampf vollendet: daß aber seine Elteren geringe Baurs-Leutlen waren, zeigen genugsam an, die schon oben beschriebene Sitten, und Leibs-Gestalt; welche ja nichts anderes, als einen gleichmäßigen Stammen an Tag geben; folglich ist er auch von der Geburt darzu gewidmet, mithin aber auch zu einer grossen Martyr mit starken Kräften versehen worden. Die Zeit des angenommenen Christlichen Glaubens anbelangend, scheinet es wahrscheinlicher zu seyn, daß er sich nicht erst vor seinem glorwürdigen Martyr-Kampf, sondern schon früherst zuvor in die Roll der Christglaubigen durch das heilige Tauf-Wasser habe einverleiben lassen; in Bedenkung, daß eine so auserordentliche

Stark-

Starkmüthigkeit, ohne besondere Gnad GOttes, seinen Ursprung nicht anderst haben kann, als aus einem schon tief eingewurzleten, und von mehrer Zeit hero gefaßten heiligen Glauben; gestaltsam was noch jung, und auch zart, von keiner grossen Thaur zu seyn pflegt.

Nachdeme Kaiser Diocletianus das Reich aufgegeben, auch unter anderen, wie einige sagen, wegen deme, daß er das Christenthum nicht habe ausreutten können, übergabe er die Beherrschung desselben in Orient Maximiano mit dem Zunamen Galerio, sonsten aber auch von einigen Maximinus, jedoch fälschlich genannt. Der Beynamen Galerius ist ihme zum Unterschied zugelegt worden, Ursach des anderen Maximiani Herculei, der des Diocletiani Mit-Regent im Reich ware, und, wie er, auch dasselbige freywillig dem Constantio Chloro abgetretten. Nun dieser Galerius fuhre nicht allein in der Grausamkeit wider den Christen fort, sondern liesse seinen Flammen aus schon längst angebohrnem, und unversöhnlichem Haß wider das Gesatz Christi, noch mehreren Lauf. Die Stadt Cäsarea in Cappadocien, welche schon von seinen Vorfahreren mit häufigem Christen-Blut benetzet worden, muste auch mit gleichem Blut von diesem Wüterich befeuchtet werden. Nebst vielen anderen heiligen Martyreren, hat man auch um das Jahr drey hundert und vier diesen heiligen Baursmann Barlaham seines Glaubens halber ergriffen, solchen aber wiederum zu verlassen ganz streng angehalten. Es vermeynten die Widersacher, es brauche mit ihme nicht viel Weesens, als einem einfältigen Bauren: aber er ware mit der Weißheit der Kinder GOttes angefüllet, und hierdurch allen angemasten Gegenstellungen gewachsen.

Die angethanene Martyr, durch welche sein heiliger Leib ein lautere Wunden worden, hat seiner Beständigkeit

 nichts

nichts abgewinnen können; dahero die Peyniger, wie der heilige Basilius schreibet, und einander sagten: Weilen wir mit unzalbahren Wunden sein Gemüth nach unserem Willen nicht biegen können, so lasset uns mit der Quall des Feuers seine Hand nach unserem Verlangen zu neigen zwingen. Es wurde auf dem Götzen-Altar ein grosses Feuer angezündt, darzu rissen sie den heiligen Baursmann, nöthigten ihne seinen rechten Arm auszustrecken, und in der Hand den Weyhrauch über das Feuer zu halten: auf solche Weiß hoften sie gewiß, er werde vor Hitz und Schmerzen den Weyhrauch in die Glut fallen lassen: welches, wann es geschehete, solte es eben so viel seyn, als wann er ihren falschen Götteren opferen, und sie anbetten wurde. Allein Barlaham, ob zwar schon ein einfältiger Baur, vermerkte den teuflischen List, und durch GOttes Gnad gestärket, *haltet* er die Hand, und Arm also unbeweglich oben denen Flammen, als wann sie von Aerz gegossen, und nicht eines Menschen gewesen wäre, ohne das er den Weyhrauch entfallen liesse. Das Fleisch wurde alsgemach von dem Feuer verzehrt, Barlaham hielte nichts destoweniger ganz steif ob der Glut, auch da es schon anfienge die Bein, und das Mark zu gelten: bis endlich das Feuer, und seine gottlose Peyniger überwunden, und zu Schanden worden.

Ueber diese erstaunungs-würdigste That kann sich mehrbelobter heilige Kirchen-Vatter Basilius, wie billich nicht genugsam verwunderen, preyset selbige mit ausgesuchten Worten, die Länge halber nicht anziehen kann: er spricht unter anderen: Das Eisen wird von dem Feuer erweichet das Aerz zerschmolzen, die Härtigkeit der Stein aufgelöset; und diese Helden-Hand des H. Martyrers hat das scharfbrennende Feuer nicht einmal biegen können, welches das doch alles überwendet. Und mit diesem unvergleichlichen

Stuck

Stuck einer sonst wenig erhörten Standhaftigkeit hat Barlaham, sagt der berühmte Cardinal Baronius, gleich einer Sonnen die Stern, also auch die von denen Heydnischen Römeren so hoch anzohene That des Mutii Scevola überstigen: weilen hierinfalls nicht zu thun ware um etwas Zeitliches, sondern um das Ewige, um die Liebe unsers Erlösers, und Seeligmachers: zu welchem auch noch kommet, das Mutius mit gesundem, hingegen Barlaham mit allenhalben zerfleischten Leib, eine solche herrliche That der Welt gezeiget. Es solle auch der heilige Chrisostomus von diesem Helden-Stuck eine zierliche Lob-Red, seinem Brauch nach, gehalten haben. Der gestalten hatte sich dieser, dem Stand nach, geringer Baurs-Mann durch seine Christliche Tapferkeit bey der rechtglaubigen Welt berühmt gemacht.

Auf was weiß er endlichen sein Leben beschlossen, hab ich aus denen Geschichtschreiberen, so mir unter meine Händ gerathen, nicht erörtheren können, muthmaßlich ist das durch den Schwerdt-Strich geschehen. Das Römische Martyr-Buch auf den neunzehenden Tag Winter-Monats saget allein folgendes, das ich aus dem Lateinischen, in unserer Sprach giebe: Zu Cäsarea in Cappadocia des H. Barlahams Martyrers, welcher, obwohl er bäurisch und ungeschlacht doch mit der Weißheit Christi bewaffnet, hat den Tyrann obgesieget und das Feuer selbst durch die Beständigkeit des Glaubens überwunden; an dessen heiligen Geburts-Tag der Heil. Basilius ein herrliche Lob-Red gehalten. Also gedachtes-Buch. Es konnte der heilige Baursmann, aber recht heldenmäßige Blut-Zeug, gar wohl mit einem heiligen David sagen Psalm 72. Du hast meine rechte Hand gehalten, und hast mich in deinem Willen geleitet, und mich mit Glori aufgenommen. Zu einer solchen Glori, allwo dieser so starkmüthige Arm leuchten wird in Ewigkeit der Jahren.

S. Basilius Orat. in Barlaham apud Baronium annal. Ecclesiast. ad Annum 304. Item Martyrologium Romanum ad diem 19. Novembr.

## Von der heiligen Georgia einer GOtt ergebenen Jungfrauen auf dem Gay.

Ich möchte gleich diese heilige Jungfrau Georgia, der Anzahl der heiligen Hirten und Baurs-Leuten beyrechnen, oder nicht, so hat sie doch nicht allein mit ihrem Namen (der von dem Bauren-Weesen lautet) sonderen auch so lang sie gelebt, in der Sach selbsten erwisen, wem sie sich beygeselle, und für wenn sie verlangte geachtet zu werden: Da sie unter denen Baurs-Leuten wohnen, und das Leben beschliessen wolle. Obwohlen Georgia allem Ansehen nach auch sonsten keines absonderlichen Herkommens scheinet gewesen zu seyn, ausser deme, was ihr die ausbündige Frommkeit und Tugend beygelegt, dardurch sie auch verdienet hat, von einem grossen heiligen Kirchen-Vatter Gregorio Bischof zu Turon gelobt, und seinen Schriften eingetragen zu werden; aus denen wir auch einen kurzen Lebensverlauf von ihr geben, so im folgenden bestehet.

Zu Avergne, oder Arvern in Frankreich hielte sich anfänglich Georgia auf: weilen sie aber der Andacht, und Einsamkeit sehr zugethan ware, verliese sie dieser Ursachen halber das Geräusch und Getümmel der Stadt, und schluge ihr Wohnung bey denen Baurs-Leuten auf: Sie führete ein sehr heiliges Leben, und ware der Andacht, Gebett, wie auch Fasten und Abbruch sehr ergeben: in welchen heiligen Werken sie auch das Leben geendet. Als es nun an deme gewesen, daß man ihren todten Leichnam zur Erden zu bestatten, damit

mit der Stadt zugienge, ist ein grosse Schaar schnee-weisser Däublein daher kommen, welche ober der Baar, in dero der heilige Leib lage, in den Luft schwebte, und der Leich, wohin sie getragen wurde, nachfolgete. Nachdeme man endlich in das GOttes-Haus mit selbiger angelangt, schwingten sich diese glückseelige Geleiths-Vögel auf das Tach, verweilten so lang darauf, bis die Heilige begraben: Worauf sie wiederum dem Himmel zugeflogen, und aus den Augen der Zusehenden verschwunden. Wer diese schnee-weise Tauben gewesen, lasset sich leicht erachten, wo es uns auch nicht ein anderer Geschicht-Schreiber andeutete, nemlich lauter Englische Geister, welche durch Annehmung dieser Gestalt die grosse Reinigkeit dieser heiligen Jungfrauen haben beehren wollen; massen auf ihrem Grab-Mahl in der Kirchen des heiligen Cassius zu lesen, Georgia von vielen Ehe-Weiberen zur Heyrath von ihrem Vatter begehrt worden, so sie aber aus sonderbarer Liebe der Jungfräulichen Keuschheit verschmähet, und dergleichen fernern Anfällen zu entgehen, sich auf das Feld, besser, und sicherer bey den Thieren, der Lilgen der Reinigkeit zu bewahren, hinaus gemacht. Das Römische Martyr-Buch gedenket ihrer den fünfzehenden Hornungs: wann sie aber zu leben aufgehört auf Erden, und das bessere angefangen, ist darvon nichts gewises zu geben; jedoch wird man nicht weit fehlen, wann man das End des fünften, oder den Eingang des sechsten Jahr hunderts bestimmen wurde, an welchem diese Silber-reine Lilgen von dem irrdischen Feld der Welt, in das allzeit grünende Paradieß der ewigen Glückseeligkeit übersetzet worden.

S. Gregorius Turonensis c. 34. de Gloria Confessorum apud Bollandum in actis Sanctorum Februarii, Tom. 2. ejusdem Mensis ad diem 15. Item Martyrol. Rom. eadem die Alii.

## Leben der heiligen Jungfrauen, und Martyrin Solangia, eines Reeb-Manns Tochter.

So vortreflich schimmeren bey Solangia, die zwey Ehren-Cränzlein aus Lilgen und Rosen, verstehe, der Reinigkeit, und der Martyr, daß man wohl zweiflen mag, welchen aus beyden den Vorzug gebühre; wo man nicht jenem der Jungfräulichen Keuschheit der Vorzug zuurtheilen solle, weilen selbige des anderen einzige Ursach und Gelegenheit, auch folglich der Ursprung gewesen, und ich wohl sagen kann, daß die Rosen der Martyr, aus den Lilgen der Reinigkeit erwachsen.

Solangia ist in Frankreich in einem sechs bis sieben Meil Weegs von der Stadt Bituric entlegenem Dorf Vilemont mit Namen von Christlichen Elteren gebohren; Der Vatter ware ein Baur, und Reeb Mann, die Natur hatte sie mit einer auserordentlichen Schönheit gezieret, oder besser zu reden, die Schönheit ihres Gemüths glanzte gliechsam aus dem Angesicht heraus, und gabe der äusserlichen Leibs-Gestalt alle Annemlichkeit. Die liebe, und sehr fromme Elteren haben der kleinen Solangia eine solche Begierd zur Tugend, und hingegen ein grosses Abscheuen von der Sünd, über alles von der Tod-Sünd, in dem zarten Alter schon eingedruckt daß sie vor selbiger ein grossen Schauder und Schröcken jederzeit im Herzen herum truge: der Tugend aber sich gänzlich preiß gabe. Vermittelst dessen sie sich nach und nach vieler, und auserordentlicher Gnaden GOttes theilhaftig machte.

Schon in dem siebenden Jahr ihres Alters entbranne sie mit einer gar hitzigen Liebe zu Christo JESU, und truge seinen,

hei-

heiligsten Namen stets mit der tiefisten Ehrenbietigkeit, und Süsse in dem Mund; als wann er ihr gleichsam in dem Herzen eingepregt wäre, und aus dessen Völle der Mund übergienge. Eben dazumalen hat sie ihne für ihren Bräutigam erwählet, zugleich die Jungfräuliche Reinigkeit diesem Göttlichen Gespons ganz und gar auf ewig geschinket, und aufgeopferet: daß seynd nemlichen die allerredliste Früchten einer erwünschten Kinder-Zucht, welche nothwendig bey der kleinen Solangia bey so früh-zeitiger Einpflanzung der Tugenden zuerwarten waren.

Solangia pflegte oft, und vielmal von ihrer Haimeth in ein einsames, mit Gesträus, und Waldung überwachsenes Ort zu gehen, welches heutiges Tags St. Solangiä Feld benamset wird; daselbsten zur ewigen Gedächtnuß der heiligen Martyrin ein Creutz aufgericht zu sehen, darvon das Andächtige Volck die Splitterlein hinweg traget; das Fieber damit zu vertreiben: dahin dann sage ich, pflegte Solangia oft zu gehen, und was ihr von der Zeit, zu welcher sie die Schaaf hütete, übrig ware, das brachte sie alles daselbst in dem Gebett zu, und in einer gar zart- und anmuthigen Unterredung mit ihrem Göttlichen Bräutigam. Der Weeg so dahin führete, wird noch von dem anderen Graß-Boden ganz unterschieden; massen auf selbigem so breit; als etwann ein Wagen, das Graß viel schöner und dicker; auch um einen halben Schuh länger, als das neben bey zu sehen, aufwachset, mit vielen Feld-Blümlein gezieret: als prangete gleichsam annoch die Erden, daß selbige von so zarten und Jungfräulichen Füssen einer so reinen Gespons Christi betretten worden, welche nunmehro mit dem Göttlichen Lämmlein auf der Waide der ewigen Hüglen der Himmlischen Freuden herum geführet wird.

Der Göttliche Bräutigam hat aber auch nicht unterlassen seine Braut mit seltenen Gnaden hervor zu schmucken. Sie triebe die Teufel aus der Leibern der Bessenen: Sie heilete die Kranke, wie einstens der Heilige Petrus, nur mit dem einzigen Schatten seines Leibs, also dieses keusche Mägdlein allein durch das Ansehen, wann sie ihre Augen nur auf die Presthafte geworfen; welche so besondere Gnad vielleicht der Leser noch niemalen von einem Heiligen wird gehört, oder gelesen haben, daß dergleichen Kraft von dem Anblick eines grossen Diener GOttes hervor kommen, welcher allein genug wäre, einen Presthaften zu heilen. Ueber das stilte sie die gar heftige Wind, und Ungewitter, und was dergleichen noch mehr ist. Wann eines von ihren Schäflein auf der Waid etwann anderen zu Schaden gienge, so brache sie nicht in Schelt-Wort heraus, sie schluge auch nicht unbarmherzig mit ihrem Staab, oder Geissel darein, wie es sonsten die meisterlose Hirten-Bursch machet, soderen mit ganz gelinden Worten zeigte sie dem unschuldigen Thier ihren Willen an, und alsobald gehorchte dasselbige der Stimm des Mägdleins, so es an solcher erkennte.

Noch ein anderes wiederum nicht leicht gelesenes Prob-Stücklein der Liebe Christi, das er seiner Geliebten erwisen, ist auch dieses; daß er ihr vom Himmel, theils ihre innerliche Klarheit, und Glanz der Seelen wie der Geschicht-Schreiber saget, auch durch ein äusserliches Zeichen an Tag zu legen, theils seine Liebe ihr zu zeigen, einen helleuchtenden Stern zugeschicket, welcher sie sichbarlich so wohl bey dem Tag, als bey der Nacht begleitete, oder vielmehr ihr vorgienge, und das Gemüth ihr immerdar zu ihrem Bräutigam zu erheben aufmunterte, damit sie mit vollen Begierden, wie vor Zeiten die heilige drey Weise König durch das Stern-Liecht angemahnt zur Krippen, also Solangia durch ihren vorhergehenden Stern auch den Heyland stets zu suchen trachten solte.

Zu

Zu Biturie wurde einstens dem Sohn des Ober-Herrns selber Stadt (einige nennen ihn einen Fürsten) die ungemeine Schönheit dieses Bauren-Mägdleins zu Villemont hinterbracht. Der junge Herr, entweders aus Fürwitz einer solchen Schönheit ansichtig zu werden, oder, weilen er schon vom Anhören allein mit Liebe gegen ihr verwundet ware, setzte sich zu Pferd, und, unter dem Vorwand der Jagd, ritte er Villemont dem Dorf zu; da er sie aber darinn nicht erfragt, begabe er sich nach dem vorgeschriebenen einsamen Ort, allwo er sie bettend, mit einer geringen Hirt- oder Bauren-Joppen angethan, erblücket. Das Ansehen, und mit neuen Liebs-Flammen angezündet werden, ware bey dem jungen Herrn eines. Er eröfnet ihr alsobald ihren Willen, sie zur Ehe zu nemmen: sagte ihr, wie sie aus einem schlechten Bauren-Mägdlein, ein so grosse Frau, aus einem armen Reeb-Manns Töchterlein eine reiche Prinzeßin auf einmal, vermittelst solcher Ehe-Verbündnus, seyn könnte. Neben dem wurde er nicht allein, sondern denen Eltern, ja der ganzen Anverwandtschaft zu grossen Ehren, und Nutzen gereichen, wann sie nur in sein, auch in der Sach selbsten denen Gebotten GOttes, so ja den Ehe-Stand eingesetzt, keines weegs zuwider laufende Begehren einwilligen solte. Er schmeichlete ihr nach all seiner Red-Kunst, scheuete auch sich nicht, vor ihr als einem geringen Mägdlein, er als eines so vornehmen Herrns Sohn, sich zu demüthigen, und einen Diener, sie aber seine Frau zu nennen. Also kann oftermal die verblendte Liebe solche grosse Hausen erniedrigen, und von ihnen zu wegen bringen, was sonsten ihrem stolzen Hochmuth schnuer gerad zuwider laufet.

Das reine Mägdlein Solangia, wie sie vom Heyrathen hörete, erschracke sehr, und mit ernsthaftem Angesicht und Worten schluge ihme das Begehren fein rund ab, mit vermelden, sie habe schon längsten ja in der ersten Jugend, einen anderen, und besseren Bräutigam erwählet, JEsum Christum, der aus der reinisten Jungfrauen gebohren: könnte also diesem nicht mehr Meynendig werden, einem andern ihre Liebe anhängen: und mithin solle er einmal vor alle mal wegen ihrer Vermählung mit ihme die Gedanken fahren lassen.

Der von Lieb schier bezauberte Jüngling verwunderte sich anfänglich, setzte alsdann auf ein neues an, so gar, weilen sie nicht wolte den Willen darein geben, legte er Gewalt an. Solangia namme in diesen Umständen, als das beste Mittel, die Reinigkeit zu erhalten, die Flucht, allein, weil er ihr im Laufen überlegen, hat er sie bald eingehollet, und auf das Pferd, von deme er gleich Anfangs abgestigen, überzwerchs hinauf geworfen, und folglich mit der vermeynten Beut, oder auf dieser angestellten Liebs-Jagt, erhaschtem Gewild sich schleinig der Stadt zugemacht. Sie mußten aber durch ein kleines Flüßlein setzen, Gravelle mit Namen, allwo er etwas breiters, Ursach des Fahr-Weegs, der allda durchleitete, sich ergießte; die Heilige ersahe gähligen ihren Vortheil bey solcher Gelegenheit, schwingte sich vom Pferd herab, und namme das zweytemal die Flucht.

Die unschuldige Tauben vermeynte schon dem Sperber aus den Klauen entkommen zu seyn; aber der gottlose Jüngling eylte ihr auf dem Fuß nach, und weilen die verschmächte gar zu häftige Liebe, auch insgemein in gleichmäßigen Zorn verkehret wird, und ohne dem der Jüngling von hitziger, und gäher Natur ware, zucket er vom Leder, und hauet der Heil. Jungfrauen auf der Stell den Kopf vom Leib hinweck. Sie namme stehender, wie er sie nemlich ertappet, das abgeschlagene Haupt in ihre Händ mit denen sie es angefangen, und sprache zu dreymalen noch den Namen JEsus aus. Alsdann truge

sie

ste es mit ihnen eigenen Jungfräulichen Händen, weilen hierzu gewißlich auf Erden keine reinere möchten gefunden werden, durch Englische Anleitung zu St. Martins Gotts-Haus, daselbst sie ihr die Ruhe-Statt, und Begräbnuß erwählet: darbey nach der Hand sehr viel Wunder geschehen, und Gotts-Haus von ihr den Namen überkommen.

Forderist aber pflegt man diesen werthisten Schatz ihres heiligen Leibs, welcher nachmals erhebt, und gar prächtig in einer kostbaren Sarch, oder Truhen eingeschlossen worden, bey ereigneter Trückne, um einen erwünschlichen Regen in einer feyerlichen Proceßion, oder Umgang herum zu tragen, nicht ohne augenscheinlichen Nutzen, eines solchen verlangten Regens. Doch ist auch dieses wunderlich, daß, wann diesen Heiligthum-Kasten zu tragen sich einige anmassen, welcher Gewissen mit Sünden besudlet ist, so wird er dergestalten schwer, daß sie ihne von der Stell nicht hinweck bringen mögen, bis gleichwohl andere herzu kommen, von denen sich dieß heilige Pfand aufheben, und herum tragen lasset.

Die heilige Fest-Begängnuß der glorreichen Solangia wird jährlich den zehenden May gehalten, wie auch den andertern Pfingst-Feyr-Tag, als an dem Tag der Uebersetzung ihrer heiligen Reliquien, und zugleich der Kirch-Weyhe: Zu dieser doppleten Freuden-Zeit kommen wohl zu weilen gegen vier bis fünf tausend Menschen zusammen: Man traget den heiligen Leib abermal in einem sehr andächtigen Bett-Gang zu dem vorhero schon erwehnten St. Solangia Feld, darbey sich ein andere seltsame Sach zu ereignen pflegt, nemlichen obschon ein so grosse Menge Volcks, wie leichtlich zu erachten, der Weeg dahin nicht fasset, und folglich der meiste Theil, da und dort über die angesäete Aecker zugehen bemüßiget wird, auf welchen bis weilen nach der Gestalt der Zeiten

ten, das liebe Geträyd um Pfingsten herum schon zimmlich in die Höhe gestigen, und also von den vorbeygehenden starck zertretten wird; nichts desto weniger innerhalb zweyer Tägen stehet alles wiederum empor, als wann es niemalen von einigem Fuß-Tritt wäre beschädiget worden. Dieses Wunders, welches bey jedermann schon eine bekannte Sach, wolte auch der Durchleuchtigiste Prinz Henricus von Bourbon im Jahr tausend sechs hundert siben und dreysig den Augenschein einnemmen; Dahero begabe er sich von Bituric hinaus; und sahe ein Anzahl Menschen von vier bis fünf tausend Menschen, welche dem feyrlichen Umgang beywohneten, und das liebe Geträyd starck zertretteten, nichts destoweniger sahe er es nachmals mit seinen eigenen Augen wiederum also schön da stehen, als wie es vorhero gestanden.

Hingegen ist einem Jüdischen Geitz-Hals in diesem Stuck seine Kargheit sehr übel gelungen: Dann als einstens bey dem einer gleichen feyrlichen Proceßion einige von dem beywesenden Volk über seinen, mit Flax angesäeten, und schon zimlich grünenden Acker giengen, widersetzte sich der Jud nach allem Vermögen, und wolte so gar darwider Gewalt brauchen: Einer der Pfarr-Herren, legte sich ins Mittel, und vermöchte das Christliche Volk, daß es sich zuruck zoge, und des Judens-Acker unbetretten liesse: GOtt aber hat des Judens Schäbigkeit nicht ungerochen gelassen; massen gleich darauf ein kleiner Mühl-Thau von dem Luft auf den Platz gefallen, und die Sonn schluge mit ihren Strahlen darzu, womit das ganze Gewächs brändig worden, und gänzlich abgedorret, da entzwischen auf denen benachbarten Felderen herum alles, was zertretten worden, frisch aufgestanden: zur theuren Warnung, daß, was man GOtt, und seinen Heiligen zu lieb in die Schanz schlage, nur doppelten Gewinn trage: im Widerspiel aber die gegen ihnen erwisene Kargheit auch das Eigene verliehre.

Wer

Wer nun zu wissen begehret, in was für einem Jahr diese so fürtrefliche heilige Solangia (also wird sie anjetzo, vor Zeiten aber Solangia genannt) zu dem Lilgen-Cranz, auch das Lorbeer-Cränzlein der Martyr empfangen hat, ist es zwar auf ein oder das andere Jahr nicht eben zu errathen, doch vieler Umständen nach, hat sich solches zugetragen über die Helfte des neunten Jahr hunderts. Wie groß nunmehro die Glori dieser Jungfräulichen Braut Christi im Himmel seyn müsse, lasset sich in etwas erwegen aus deme, daß sie von Christo ihrem Gespons auf Erden schon vorhero ihrer absonderlichen Reinigkeit halber mit solchen Gnaden angesehen worden, die man auch bey anderen seinen Gesponsen wenig, oder gar nicht finden wird: als da ist allein mit dem Anblick die Presthafte und Kranke heilen; einen Stern ihr zu schicken, welcher immer seine Braut begleithe; den Fußsteig, auf deme sie gehete, mit so häufigem Graß fortwehrend zu bekleiden; das zertrettene Geträyd jederzeit in besten Flor wiederum aufzurichten, ihr abgeschlagenes Haupt selbst in die Kirchen und Ruhe-Stadt zu tragen, und was von solchen Gnaden oben nach Genügen angedeutet worden.

Godefridus Henschenius in Act. Sanct. Maij Tomo II. ejusdem ad diem 10. in vita St. Solongiæ. Virg. & Mart.

# Leben des Heil. Cuthmanns Beichtigers und Schaaf-Hirtens.

Das kleinere Britanien, wie vermuthlich, hat diesen Heiligen Cuthmannus, oder wie wir ihne nach teutscher, und denen Baursleuten mehr üblicher Redensart abzukürzen, Cuthmann der Welt gegeben. Das Jahr der Geburt ist von

den

denen Geschichtschreiberen nicht angedeutet worden. Die Elteren waren mehr an Tugenden und auferbäulichem Wandel, als an dem zeitlichen Vermögen, reich. Der liebe Vatter dieses heiligen Kinds hatte ihme gleich im ersten Alter ein sehr grosse Forcht GOttes eingeflösset, welche in dem Herzen des kleinen Knäbleins, das auch von sich selbsten zu allem Guten sehr geneigt ware, so stark eingewurzlet, daß er in der zartisten Unschuld wie auch des Leibs, und Herzens Reinigkeit die sonst so gefährliche Jugend-Jahr zugebracht. So viel nemlich liegt daran, was die fromme Elteren ihren Kinderlein in der ersten Blühe der Jahren einpflanzen, welches allzeit mit ihnen aufwachset, und nachmal in gute oder böse Frucht hervor schiesset, nachdeme sie ihnen das Gute, oder das Böse in dem zarten Alter eindrucken.

Als Guthmann an Jahren etwas zugenommen, und an den Gliederen ein wenig erstarket, mußte er die Schaaf des Vatters hüten, welches er dann mit grosser Sorg, und Obacht thate: darbey sich einstens ein gar merkliche Begebenheit zu getragen: dann Guthmann auf ein Zeit, auf gemessenen vätterlichen Befehl, nacher Haus zu dem Mittag-Mahl zu gehen bemüßiget wurde: die Stund kame schon an: weilen aber das gehorsame Kind die Heerde nicht allein lassen, noch minder selbe heim zu treiben sich getrauete; indeme der Vatter nur ihme, und nicht zugleich die Schaaf um Mittag herum, nacher Haus zu kehren gebothe, wußte er diesen Handel nicht zu entscheiden: allein GOtt tratte in das Mittel, daß Guthmann sowohl dem vätterlichen Befehl nachkommen, und seine Heerde dannoch nicht ohne Obsorg gelassen werden möchte. Er nahme seinen Hirten-Staab, mit deme gienge er um seine Heerde herum, und machte damit einen Crayß, und sprache beynebens: Im Namen unsers Herrn JEsu Christi befehl ich dir, mein Heerd! daß du vor Zuruckkunft ausser

die-

sem Crayß nicht hinaus schweiffest. Ein Wunder-Ding! das unvernünftige Vieh kame dem Verbott fleissig nach, also so das kein einziges Schäflein, bis zur Ankunft ihres lieben Hirtleins ausser dem gemachten Crayß andere Waid suchte. Da er wiederum seine Heerde beysammen antrafe, lobte und dankte er GOtt darumen. Und dieses Wunder erneuerte sich so oft, als oft der Vatter auf obbedeute Weiß seinem lieben Guthmann nacher Haus zu gehen befahle. GOtt wolte halt durch den Gehorsam des unvernüftigen Viehs theils den Gehorsam des folgsamen Guthmanns, als eines wahren Spiegels eines frommen Kinds belohnen, und crönen; theils durch eben dieses folgsame Vieh den Ungehorsam, Widerspänstigkeit, und unnützes, ja verbottenes Ausschweiffen der ausgelassenen Kinderen straffen, und zu schanden machen.

Obwohlen nun die Tugend des Heil. Schaaf-Hirtens genugsam bewehret ware, beliebte es doch GOtt, ihne auch mit Widerwärtigkeit heimzusuchen. Er name ihme erstlich durch einen glückseeligen Tod seinen lieben Vatter hinweck; nachmals, da das vätterliche Vermögen, welches ohne deme, als eines schlechten Baurens sehr schmahl gewesen, völlig aufgezehret worden, geriethe unser Guthmann samt seiner Mutter in die höchste Armuth: darzu schluge sich auch eine wehemüthige Unpäßlichkeit der Mutter, welche das gute Weib des Gebrauchs aller Glieder beraubte, alsozwar, daß sie ganz lahm, nicht mehr zur Arbeit tauglich ware. Da solte nun einer gesehen haben, wie Guthmannus die schuldige Pflicht eines rechgeschaffenen Kinds auf alle möglichiste Weiß erfüllet an seiner kranken und schon alt-betagten Mutter. Unter anderen Hilfs-Mittlen, die er zum Nutz und Unterhalt seiner armen Mutter erdenket, richtete er ihme ein Kärrlein zusamm, in welches er ein schlechtes Bethlein hinein steckte, und darauf die baufällige alte Mutter legte; diese dann führte der sorgfältige Guthmann vor sich daher, und suchte solcher Gestalt hilfreiche Händ bey den mitleydigen Christen, welche in Ansehung einer so ausbündigen Liebe des Sohns gegen einer armseeligen Mutter, ihme ja gutes Allmosen werden mitgetheilet haben. Wolte GOtt! es thäten sich, sonderlich auf dem Gay, viel seines gleichen an einer so stattlichen Liebe eines Kinds gegen seiner Mutter spieglen, so wurden die liebe Elteren an ihren unartigen Kinderen keine solche grobe Abentheur erleben müssen.

GOtt hat auch die Treu seines Guthmann gegen der nothleydenden Mutter mit einem schönen Wunder belohnet; dann, als er einstens mit selbiger über eine Wisen, da man eben das Heu abmähete daher fuhre, brache ihme unversehens der Gurth, so von der Achsel überzwerchs herab hienge, damit er das Schub-Kärrlein desto leichter fassen, und mit minderer Beschwerde und Mühe herumführen konnte. Der einfältige Guthmann verwunderte sich darob, wie die Geschicht austrucklich meldet, und wuste ihme weder zurathen, noch zu helfen: endlich nachdeme er sich lang besonnen, was zu thun, setzte er sein Vertrauen zu GOtt, schneidet von nechst stehender Holder-Stauden eine lange Ruthen herab, drähet selbe, als wie eine Wasser-Waiden herum, und gebrauchete sich solcher anstatt des vorigen Stricks, oder Gurths. Die Mäher, welche sothane Einfältigkeit des frommen Guthmanns sahen, lachten über laut hierüber; allein sie musten dieses theur genug bezahlen; gestaltsam alsobald der Himmel mit dickfinsteren Wolken sich überzohen, und einen so häufigen Platz-Regen herobgegossen, daß sie gezwungen worden, über Hals und Kopf nach Haus zu laufen: und damit man nicht bemeynen möchte, es wäre dieses nur ungefähr geschehen, neben dem, daß für dießmal auch alles Heu verderbt worden so wird bis heutigen Tag (sagt die Geschicht zu selber Zeit,

als

als sie dieses aufzeichnete) alle Jahr, wann man gedachte Wisen, oder Maden abmähen solle, ein starkes Regen-Wetter einfallen zum ewigen Angedenken, daß es mit denen einfältigen, und zugleich frommen, sehr tugendsamen Menschen nicht leicht zu scherzen, massen der Himmel sich in ihr Thun und Lassen einzumischen pfleget.

Guthmann, als er die augenscheinliche Straf GOttes wider seine Spöttler sahe, hat er auf der Stell GOtt dem HErrn ein Gelübd gethan, daß er ihme ein Kirchen erbauen wolle, wann es sein Göttlicher Willen wäre; diesen aber zu erkundigen, solle folgendes Zeichen dienen; daß nemlich alldorten die Kirchen aufgerichtet werde, wo dieser holderne Strick entzwey brechen wurde. Nach gethanem Gelübd fuhre er wiederum mit seiner Mutter weiter, und nach langem herum wanderen, gerathet Guthmann zu einen Ort Stanning genannt, sihe! da brichet gähling ersterwehnter Strick, und das Kärrlein wo es der Strick haltete; platzte mit Gewalt auf die Erden; also, daß Guthmann besarchte, es möchte durch diesen Stoß die alte Mutter etwas gelitten haben. Wie er aber vermerkte, daß sie unbeschädiget verblieben, erkannte er unverzüglich den Willen GOttes, daselbst ein Kirchen zu erbauen, danckte darumen herzlich, und batte zugleich zu solchem Werk um seine Gnad und Hilf.

Anfänglich richtete Guthmannus für ihne, und der lieben Mutter ein schlechtes Huttlein auf: es ware ein zimmliche Einsamme, und von dem Getümmel der Menschen fast entfernete Gegend herum, hart an einem abhängigen Berg, mit Gehölz und Stauden übersäet, und mit zweyen herabrauschenden Bächlein eingeschrankt. Nach und nach hat der fromme Guthmann auch sein Vorhaben daselbsten ein Gotts-Haus aufzurichten, denen Nachbaren eröfnet, welche ihnen sol-

solches gefallen lassen, und ihme mit reichlicher Beysteur an die Hand giengen; er aber selbsten liesse gar nichts an unermüdetem Fleiß, und Arbeit zu diesem Werk ermanglen. Währendem Baus hat sich wiederum gar etwas seltsames zugetragen. Guthmannus hatte mit einem Paar Jochochsen allerhand zum Bau nothwendiges zugeführet; eines Tags, als die gute Thier gar ermattet, spannte er sie vom Joch und Wagen ab, und triebe sie auf die Waid. Zwey Gottlose Gesellen, und zugleich Gebrüder, sahen die Ochsen auf der Waid, und dachten, es wäre für einen solchen fremden Landfahrer kein Schad, wann sie die Ochsen hinweck, und in ihrer Mutter-Güthlein, welcher Namen Fippa heissete, geschwind hinein trieben; es werde sich dieses Einfalts neimand annemmen. Und also haben sie auch gethan. Da nun Guthmannus die Ochsen auf seiner Waid nicht mehr fande, und sorgfältig herum suchte, triffet er beyde Böswicht an, die ihm sagten, er mög seine Ochsen wohl umsonst suchen, sie hätten dieselbe schon zu Haus eingesperrt. Der sanftmüthige Heilige sagte hierauf: Nicht also, meine Kinder! thut doch nicht das Werk GOttes hinderen: sondern wann euch meine Ochsen in etwas zu Schaden gangen, zeigt es mir an, und ich will euch, was recht ist, darvor bezahlen. Allein die lose Gesellen liessen es beym nechsten bleiben. Guthmannus sprache abermal zu ihnen aus besonderer Eingebung GOttes: Damit nun das für GOtt angefangene Werk nicht im Stecken gerathe, für welches ihr bey dem strengen göttlichen Richter einen erschröcklichen Ausspruch zu gewarten habt, so gebiethe ich euch in Kraft unseres HErrn JEsu Christi, daß ihr, ohne weiters, die Stell der Ochsen vertrettet, und GOtt also dienet, wie die Ochsen entzwischen wurden gedienet haben. Und siehe! es überfiele die Armseelige ein solcher Schröcken, der, Zweifels ohne, auch durch übernatürliche Kraft ihnen ist eingejagt worden, ben, daß sie Luthmannus ohne Weigerung an das Joch und Wagen spannen konnte, und mit ihnen, wie es ihme beliebte, bald mit beladenem bald ungeladenem Wagen daher fahren, ohne daß die zwey Brüder, und neue seltsame Zug-Thier das mindiste darwider einwengten, oder sich beklagten.

Die Sach kame zu den Ohren ihrer Mutter, welche wie eine Höll-Fury zulaufte, und ganz rasend über den Heil. Mann wischte, der aber sittsam zu ihr sprache: Mein Weib, glaube mir sicherlich, das Werk, so ich unter Handen habe, wirke nicht ich, sondern die Kraft Christi, die in mir wohnet; diese wirket solche Ding, welche, wenn sie in GOtt gemacht werden, mögen sie auch nicht zerstöhret werden, du aber wirst wie ein Rauch zu Grund gehen, und wie ein Staub, den der Wind vom Angesicht der Erden hinweck wähet, damit die Nachkommenschaft lehrne, durch deine Bestraffung, das man denjenigen, so von GOtt geseegnet seynd, nicht müsse maladeyen, noch ein Werk zerstöhren, das er angefangen, und unternummen. Allein das erwildte Weib liesse sich nicht geschweigen (wie es dann ein harte Sach ist, einem erzürneten, und grißgrammenden Weibsbild allzeit auf der Stell das Maul zu sperren) sondern fuhre fort allerhand Läster-Wort wider GOtt, und seinen Diener mit schaummenden Goschen heraus zustossen: es erfolgte aber alsobald die Straf GOttes, wie der Heilige vorgesagt; indeme sich gähling ein erschröcklicher Sturm-Wind erhebte, die Gottlästerin in die Höhe risse, und ob einen hohen Berg truge, alldorten auf die Erden riderplatzen liesse, welche sich in einem tiefen Abgrund zerspaltete, und das gottlose Weib verschluckte: dannenhero selbiger Schlund des eröfneten Bergs, der Zippa Abgrund annoch genennet wird. Luthmann hingegen entliesse beyde

Brüder von dem Joch, und Wagen, an deme sie bishero angespannt waren, gabe ihnen zugleich einen guten Verweiß, sprechend: Saget nur GOtt Danck, daß er euch nicht eben also gezüchtiget und dem Tod überantwortet hat! wie eure gottslästerliche Mutter: gehet hin im Frieden, und wanderet hinfüro behutsamer in dem Weeg der Gebotten GOttes: und auf daß ihr ein ewiges Angedenken habet euer Arbeit, so ihr verrichtet, werden euch und euren Nachkömmlingen auf den Hälsen zum immerwährenden Zeichen allzeit unterschiedliche Runzlen verbleiben, die euch durch das angehäfte Joch, und durch die feuchte Witterung des Lufts seynd verursachet worden. Alsdann hat sie Luthmannus entlassen. Diese Begebenheit wurde allenthalben doch nicht ohne heilsamen Schröcken, ausgebreitet, und zoge eine Menge Volks zu dem H. Mann, so von ihme das Wort GOttes anhörte.

Unter Tags lage er mit grosser Emsigkeit der Arbeit und dem Bau ob; die Nächt hingegen wurden dem heiligen Gebett gewidmet. Wann er beym Tag in die Kirchen sich verfügte, hängte er seine Handschuh, die er bey der Arbeit brauchte, und etwann durch das Wasser benetzte, an denen Sonnen-Strahlen täglich auf, als wann er sie an einen Nagel häftete, solche zu trücknen; darvon wir ein gleiches von dem heiligen Lucano, einem Bischof zu Brixen in Tyroll lesen, welcher seinen Wettermantel ebenfalls an denen Sonnen-Strahlen zum trücknen aufhängte, aber hierdurch, gleichwie auch Luthmannus, sein Heiligkeit nur klarer an Tag legte.

Es waren aber bey diesem Bau der Wunder noch nicht genug. Ein grosser Balken, oder Thram, wolte sich zum Gebäu gar nicht schicken, welches den Heiligen, und andere Werkleut sehr betrübte: als sie unter einander berathschlagend,

gend, einer dem anderen die Noth klagte, da kame unvorsehens ein Fremdling daher, und sprache zu ihnen: Was seyd ihr so traurig unter euch? Cuthmann erkläret dem Fremdling die Ursach wegen des Balkens, der sich nicht zur Sach schicken wolte. Darauf sagte der Fremde; Denen, die GOtt förchten, wird nichts manglen: befahle alsdann dem Cuthmann die Händ anzulegen, welches auch der unbekannte Fremdling gethan; und der Baum liesse sich dem zu dem bestimmten Ort, und Absehen der Baumeisteren auf das beste an. Hierüber erstaunte der liebe Cuthmannus, und warfe sich dem seltsammen Fremdling zu Füssen, bittete ihn auch demüthig, anzudeuten, wer er wäre: von deme er folgende Wort hörte: Ich bin der jenige, in dessen Namen du gewärtiges Gottshaus erbauest: du wirst in diesem einer ewigen Gedächtnuß, und Glori in demselben theilhaftig werden. Dieses ausgeredt, verschwande der Fremdling plötzlich aus den Augen mit unbeschreiblichem Trost des heiligen Manns, wie leichtlich zu erachten, wordurch er zu fernerer Fortsetzung seines Baus aufgemunteret worden.

Nachdem selbiger endlich zu End gebracht, und in vollkommenen Stand gesetzt ware, stunde nichts destoweniger Cuthmann dem Gotts-Haus, in Erhaltung desselben, und in Beyschaffung des nothwendigen Unterhalts, als ein fleißiger Schaffner, noch lange Zeit vor bis GOtt wegen so vielfältiger Mühe seinen getreuen Diener zur hundertfältigen Belohnung in die ewige Ruhe abgeforderet.

Zur völligen Erleutherung dieses Lebens des heiligen Hirtens Cuthmanns, wird vonnöthen seyn, dem Leser noch einen kleinen Bericht beyzusetzen. Das Dorf, oder der Flecken Stanning, liegt in der Normandey, einer sehr berühmten Französischen Landschaft, welche an einer anderen gleichfalls namhaften hafften Provinz des Frankreichs, Britannien stosset: diesem Britannien haben die Engelländer von ihrem Vatterland, Groß-Britannien (dann also wird auch Engelland genennet) den Namen gegeben, und zum Unterschied des grösseren, das kleinere Britannien benamset. Nun so scheinet es weit glaublicher, daß Cuthmann nicht aus Engelland selbsten mit seiner Mutter auf dem Kärrlein zu mehr gedachtem Stanning in der Normandey, angelangt, gestaltsam es nicht so leicht zu vermuthen daß er mit ihr zu Schif über das Meer von Engelland in Frankreich gesetzet; indeme ihme das damahlige sehr Christliche Groß-Britannien mit barmherziger Hand auch gar wohl wurde beygestanden seyn, daß er destwegen nicht ein so beschwärliche Reiß zu Wasser samt der baufälligen Mutter hätte nemen dörffen; sondern er ist mit selber nur aus dem kleineren Britannien in das nechst gelegene Nordmandische Gebieth gerathen. Daß ihne aber die Geschicht einen Engelländer nennet, mag darum geschehen seyn, entweders weilen er von einem Engelländischen Vatter, oder einigen Vor-Elteren, die sich daselbst aus Engelland häußlich niedergelassen, welches sein mehr Engelländisch als Französischer Namen Cuthmann anzeiget, gebohren worden, oder weilen man vielleicht die vom kleineren Britannien zuweilen noch Engelländer nennete, aus Ursach, daß sie selbes besitzten; darvon unsere Niederländische Geschicht-Verfasser der Heiligen mögen gelesen werden, welche das Jahr seines glückseeligen Hinscheidens ungefähr auf das neunte, oder zehende Jahr-Hundert setzen.

Auch etwas von seinen heiligen Reliquien, und Gebeiner anzufügen, so ruhen selbe in seiner von ihme erbauten Kirchen, wormit er ihme selbsten auch zugleich ein herrliches Grabmahl aufgerichtet: und bin ich gänzlicher Meynung, es werden sich auch daselbst die Aschen seiner lieben Mutter be-

befinden, damit sie von dem Sohn, auch nach dem Tod, nicht abgesönderet verbleibe; obschon von ihr in der Geschicht, ausser deme, was wir schon gehöret, nichts weiters zu finden. Es zieret besagtes Gotts-Haus der heilige Hirt Cuthmann (den das Volk insgemein St. Cuthmen heisset) nicht allein mit seinen hinterlassenen Gebeineren, sonderen auch mit vielen Wunder-Werken, die GOtt in Ansehung seiner Verdiensten denen Andächtigen verlenhet, und würket; ja sogar den Stein, auf welchem vormals der heilige Hirt bey der Waid seiner Schäflein sasse, glänzet annoch gleichfalls mit Wunder-Gnaden; zinfolglich, wann sonsten Niemands den Ruhm seiner Heiligkeit ausbreiten solte, wurden darvon die Stein durch die Miracel genugsam reden.

Bollandus in Actis Sanctorum Febr. Tom. 2. ad diem 8. ejusdem Mensis de Cuthmanno Confess.

# Heiliger Hirten und Bauren-Leben

## Zweyter Theil.

### Leben des heiligen Niclas, eines Bauren-Sohns.

An diesen zwar noch jungen, aber grossen Diener GOttes haben wir zu danken dem vor Zeiten so edlen Griechen-Land, welches aber anjetzo unter dem Türkischen Joch seufzet: daselbst in der Landschaft Achaja wurde er gebohren in einem Dörflein, das dem Kloster, so von St. Lucas dem Styliten benamset ware, und nicht weit darvon entlegen, zugehörig. In dem heiligen Tauf gabe man ihme dem Namen von jenen grossen Welt-bekannten Wunder-Mann dem heiligen Nicolaus Bischof zu Myra.

Die Elteren dieses gebenedeyten Kinds seynd arme schlechte Baurs-Leutlein gewesen, welche nicht einmal vermöcht ihren kleinen Nicolaus (den wir auf Baurn-Art auch Niclas nennen) in der Leß- und Schreib-Kunst unterrichten zu lassen: wohl aber da er kaum das achte Jahr erreichet, mußte der kleine Niclas auf Befelch seiner Mutter schon die Schaaf hüten; so aber nicht lang gedauret; inmassen das heilige Schaaf-

Hirt-

Hirtlein gähling durch die Kraft GOttes auf einmal ganz verändert worden.

Unter andern Würkungen dieses Göttlichen Geists, war auch diese; daß nemlich unser acht-jährige Knab von dieser Zeit an stäts, und immerfort im Mund das Kyrie eleison führete; bald aber auch selbiges mit heller Stimm sange: in welchem Brauch er sein ganzes Leben hindurch fortgefahren. Und weilen Nicolaus, wie gesagt, schier nichts anders, als die heilige Wort (die auf Teutsch so viel als: GOtt erbarme dich meiner heissen) von sich hören liesse, wurde sein Mutter darob dergestalt verdrüßig, daß sie den kleinen Niclas gar aus dem Haus gejagt. Er aber gehet geraden Weegs auf einen sehr hohen Berg, auf deme er eine Hölen antrafe, die für ihne, wie er vermeynte, gar tauglich wäre. Allein da er hinein gehen wolte, erblickte er eine wilde Bärin, so schon wider ihne mit schaumender Goschen loß gienge. Er bezeichnete sich stracks mit dem heiligen Creutz, und befahle ihr im Namen JESU, dieses Ort nimmermehr zu beziehen: das Thier gehorsamte unverzüglich der Stimm des heiligen Knabens, trollete sich hinweck, darauf Nicolaus in die Hölen hineingeschloffen, bey Tag und Nacht sein Kyrie eleison anstimmend, mit gegen dem Himmel erhebten Augen, und Händen: währenden diesem Aufenhalt nährete er sich allein mit Kräuteren.

Entzwischen ware doch sein Mutter sorgfältig, wo etwann ihr Niclas hingerathen, und wie es ihme ergehe. Als sie es endlich erfragt, wo er sich aufhielte, liesse sie ihne auffangen; dann sie ware völlig der Meynung, ihr Söhnlein wäre nicht von einem guten, sondern bösen Geist besessen, daß er je, und abermal das Kyrie eleison im Mund hätte; darauf übergabe sie ihne denen Ordens-Männeren obgesagten St. Lucas-Klosters, damit sie ihne von solchen bösen Gast, wie ihr traumen liesse, befreyen möchten. Die Ordens-Männer gäben der irrenden Mutter Glauben, hielten den jungen Knaben sehr hart mit Schlägen. Allein er litte alles mit Gedult, und GOtt um dieses härbe Verfahren der München Dank zu erstatten stimmete er wiederum sein Kyrie eleison an. Darauf setzten sie ihne in einen Thurn gefangen, und walzten einen sehr grossen Stein vor den Eingang des Thurns, damit er nicht mehr entzwischen konnte: um die Mitte der Nacht erschallete gähling ein gar hästiger Donner-Knall, worauf der Stein von der Thür hinweck gewälzet worden; alsdann machte sich Nicolaus aus dem Thurn, gehet geraden Weegs der Kirchen zu, und hebet sein Kyrie eleisen zu singen an. Die Geistliche liessen ihne wiederum ergreiffen, und an Ketten angefässlet in eine der nächsten Cellen werffen, aber auch dieses daurete nicht lang; sintemalen als das Heilige Meß-Opfer vollendet ware, und Nicolaus abermal das Kyrie eleison aussprache, fielen die Ketten, wie das eytle Spinnen-Geweb, von dem Leib auf die Erden.

Mit einem Wort, die Sach kame so weit, daß, weilen man noch keinen Glauben gäbe, das dieses bey dem heiligen Knaben ein Werk des Göttlichen Geists wäre, wurde der Schluß gefält, ihne, als mit einem unbändigen Höll-Geist der so gar mit Ketten sich nicht binden liesse, in das Meer zu stürzen, und zu ersäuffen; fuhren derohalben zu Schif mit dem heiligen Knaben in das hohe Meer hinaus, banden ihme Händ und Füß, und warffen ihne ins Wasser. Allein was vor Zeiten die blinde Heyden von dem Arion erdichtet, das ihne nemlich ein Wallfisch auf seinen Rucken aufgefangen und an das Gestatt getragen, als selbiger gleichfalls aus dem Schif in das Meer gestürzet worden, eben das, und zwar in der Sach selbsten, nicht erdichter Weiß ist an unserem H. Nicolaus durch Schickung GOttes wahr gemacht wor-

worden; gestaltsam da sie den unschuldigen Knaben kaum in das Meer hinaus geworfen, hat sich alsobald auch ein solcher Delphin, oder Wallfisch aus der Tiefe heraus gemacht, dem Heiligen mit seiner Goschen und Zähnen die Band zermahlen, und aufgelöscht; darauf ihne auf seinen Rukken genommen, und an das Ufer getragen; Nicolaus bestige alsdann einen grossen nechst gelegenen Stein, und sange wiederum GOtt zur Danksagung, sein gewöhnliches Kyrie eleison. Hingegen hätten bey einem Haar eben diejenige das Bad austrinken müssen, welche es unserem Niclas zubereiteten; will sagen, daß sie durch ein gähling entstandenes Ungewitter, und daraus erfolgten entsetzlichem Toben des Meers schon anfiengen dem Todt und Untergang zu zueylen; allein der Heilige, alswann ihme von diesen seinen Verfolgeren niemalen einige Unbild widerfahren wäre, rufte ihnen zu, sie solten nur Kyrie eleison aufschreyen, und sie werden alsobald Hülf erfahren: das geschahe unverzüglich, und sie wurden auch glücklich aus der Gefahr errettet, und ans Land gesetzt.

Nach dieser Begebenheit gienge der junge Diener GOttes Nicolaus auf einen sehr hohen Berg, auf dessen Spitzen er hin und wider aus Ceder-Holz gemachte Creutz aufsteckte, und nachdeme er daselbst eine Zeitlang sich aufgehalten, auch sich mit ihme allerhand Seltsamkeiten zugetragen, wurde ihme durch einen Engel angezeigt, daß er von GOtt nacher Trani, einer Stadt in Apulien, so ein Landschaft des Königreichs Neapel ist, berufen seye. Nicht lang hernach gienge er zu Schif, darinnen er ohne Unterlaß, wie er überall pflegte, Kyrie eleison aufrufte. Die Schiffleut seynd ihme deswegen also gehäßig worden, daß sie entschlossen, selben in das Meer zu werfen, damit sie eines solchen Ueberlast erlöset wurden. Der heilige Jüngling, da er darvon Luft bekommen, aus sonderbahrem Geist GOttes angetrieben, wirft sich selbst aus dem Schif in das Wasser. Es eylete aber von dem Himmel, wie Nicolaus selbst einem seiner guten Freunden bekannt, ein Frauen-Bild, ihme zu Hülf, so allem Ansehen nach die Glorwürdigiste Mutter des HErrns MARIA gewesen, welche ihne von der Tiefe des Meers hervorgezohen, und von Griechen ins Welschland nacher Ottranto, auch eine Stadt in Apulien, übersetzet. Allwo gleich Nicolaus wiederum anfienge mit schönen Wunderen zu leuchten, und darbey stäts schier bey Tag und Nacht sein Kyrie eleison hören liesse.

Unter anderen Tugenden, in welchen ihne sein Lehrmeister der Göttliche Geist unterwisen, hat Nicolaus in so jungen Jahren auch schon eine sehr grosse Hochschätzung der Demuth gehabt; dahero wann er von dem Volk wegen seinen Wunderen, die er vielfältig übte, hoch geprisen, und belobt wurde, stellte er sich ostermals, als wann er nicht recht bey Sinnen, und in dem Kopf verruckt wäre, damit nur das eytle Lob, und Ehr fliehete, also zwar, daß er ein und andersmal wegen so heiliger verstellter Weiß übel, ja so gar mit Schlägen hergenommen worden.

Nicht minder ware auch in dem heiligen Jüngling seine Unschuld und Reinigkeit, so wohl des Leibs als der Seel ansehnlich, darvon der Himmel selbsten Zeugnuß gabe. Da auf ein Zeit Nicolaus, die Nacht hindurch dem Gebett obzuligen, sich in einer Kirchen verschliessen liesse, hat sich auch ein Weibsbild, doch in verstellter Kleidung, mit ihme einsperren lassen, Willens den jungen Diener GOttes auszunemmen, und in seiner Reinigkeit zu probieren. Er verharrete meistentheils in dem Gebett, wie er allzeit im Brauch hatte; endlich vor Mattigkeit wolte er seinem schwachen Leib auch ein wenig Ruhe he verstatten; liesse sich dann auf den Boden nieder, jedoch legte er zwischen ihme, und dem verstelten Weibsbild, von welchem dem Engel-reinen Jüngling nicht einmal was Arges zu Sinn kame, zwischen beyden, sage ich, legte er ein Creutz, das er allzeit mit sich truge, und hebte an einzuschlummeren: da sahe das Weibsbild wie das eine schöne ganz feurige Saulen von dem Himmel bis auf das Haupt des heiligen Jünglings herab lange, welche selbes mit Strahlen beleuchtete, aber zugleich anzeigte, was für ein Götliches Feuer ihme sein Herz angefüllet, welches da allem unreinen Liebs-Feuer den Zugang versagte.

Jedannoch hat Nicolaus nicht lang zuvor auch in diesem Stuck denen bösen Zungen nicht völlig entgehen können, dann als er einsmal mit gar aufrichtiger Meynung von einem schalckhaftigen Weibsbild sich bereden lassen, er solte sie, doch in einer anderen Kleydung zu einem Mitgefährten annemmen, hat der gute Nicolaus, als welcher, gleich wie er selbst ganz unschuldig, und rein ware, auch von anderen ihme nichts widriges traumen liesse, dem Weibsbild solches vergünstiget: sie wurde aber erkennet, und deßwegen von anderen mit Worten gestrafet. Das lose Weibsbild hingegen legte alle Schuld auf den unschuldigen Niclas, und sagte: er wäre hieran die Ursach; er seye nur ein Verführer, und heuchlerischer Betrüger; von dannenhero hat man den unschuldigen Niclas nicht allein tapfer ausgemachet, sonderen auch starck abgeprüglet. Allein Nicolaus klagte bey dem Dorf-Richter der angethanen Unbild halber, welcher das Ehr-lose Weibsbild auf die strenge Frag gezohen; welche aber alles redlich bestanden, mithin ist auch der keusche Jüngling von allen Inzüchten für unschuldig erkläret worden. Haben sich an diesem frommen, ja heiligen, und mit so vielen Wunderen schon berühmten Bauren-Sohn die Menschen gestossen, daß er, wietwohl so gut mey-

meynend, in Gesellschaft eines Weibsbilds ein kurze Weil gewanderet, was kann ihme die meisterlose Baurn-Bursch für eine Rechnung machen, daß sie nicht selten solten Aergernuß geben, wann sie stäts um und mit dem andern Geschlecht auf den Gassen und Strassen unnöthiger Weiß herumziehen, und von ihnen wollen begleithet seyn? Wir kehren aber wiederum zu unserm heiligen Nicolaus.

Bevor er nacher Trani, wohin er, schon gehörter massen, von GOtt gewidmet ware, kommen, hat er viel andere Ort nicht allein mit seiner Gegenwart, sondern fast überall zugleich mit grossen Wunder-Werken geheiliget, darbey auch allenthalben schier ohne Unterlaß sein Kyrie eleison erschallete. So oft er in einen Flecken, oder Stadt geriethe gesellete sich eine Schaar der Kinder zu ihme, die er mit Schankungen herzugelocket, welche er angetrieben mit ihm sein Kyrie eleison mit heller Stimm auszuruffen; dann Nicolaus alles, was man ihme zum Allmosen an Geld schenkte, um solches handlete er alsobald Frücht, und anderes Geschleck erwerken, und gabe es denen Kinderen.

Neben deme brinnete auch in seinem Herzen nicht ein geringer Seelen-Eyfer: es predigte der heilige Jüngling dem herzulaufenden Volk die Buß, und Bekehrung zu einem rechtschaffenen Christlichen Leben; allein ebendieses, und sein immerwährendes Aufrufen des Kyrie eleisons hat ihne endlich zum Tod in seinen noch jungen Jahren beförderet. Sintemalen als er nacher Toranto einer Bischöflichen Stadt kommen, und nach seiner Gewohnheit unablässlich Kyrie eleison schrye, auch die Leut zur Buß ermahnte, (welches auch bey nächtlicher Weil geschahe) hat man ihne des Tags darauf ergriffen, und als einen meisterlosen, oder wenigstens im Hirn verruckten Gassen-Vogel, wie sie vermeynten, aso erbärmlich mit schlägen hergenommen, daß das Blut häufig herab geronnen, und die Erden befärbet.

Nichts,

Nichts desstoweniger gehet Nicolaus also übel zugericht, auf angedeuten Befelch GOttes, nacher Trani; daselbst langte er den zwanzigisten May Monats an, hat aber bald hernach gar den Lauf seines Lebens vollendet. Indeme nemlich das Uebel durch die empfangene Schläg dermassen zugenommen, daß er endlich den anderen Brachmonats heilig in GOtt entschlaffen, im Jahr tausend und vier und neunzig, seines Alters im neunzehenden. Das Sterb-Stündlein ist ihme von dem Himmel schon vorhinein angedeutet worden.

Er begehrte in seiner letsten Schwachheit einen frischen Trunk Wasser, man reichete ihme selbigen, von deme er ein wenig verkostet, das übrige aber einem der Umstehenden gegeben: dieser da er darvon getrunken, vermerkte, daß es der beste Wein wäre, in welchen nemlich das Wasser durch die Kraft GOttes veränderet worden.

Ein grosse Menge Volks fande sich bey seinem Hinscheiden ein; ein noch grössere aber laufte zusamm nach seinem Todt, und es nahme des Heiligen Verehrung alsobald gewaltig zu, vorderist wegen seinen Wunderwerken, welche so wohl vor, als nach seinem Todt sich zugetragen. Diese wie vielfältig, und scheinbar sie gewesen, wird der Leser, wie ich nicht zweifle, aus dem vorgehenden, ohne daß ich die Kürze zu überschreitten bemüßiget werde, leichtlich abneinmen können. Dieses will ich noch allein hinzusetzen, daß die Kraft solche zuwirken in diesem heiligen Baurn-Jung der massen groß gewesen, daß er darvon so gar anderen hat mittheilen können: also liese ich, daß er in der Stadt Luppia einem Knaben, so von adelichen Elteren gebohren, Pulexetus mit Namen, diese Gnad auch Wunder zu würken verlyhen, deme Nicolaus nur bloß allein mit dem Zeichen des heiligen Creutzes bezeichnet, und von selber Zeit hebte dieser Knab Pulexeaus Wunder zu thun an die Teufel auszutreiben, die Krankheiten zu heylen, und in allerhand Leibs-Gepresten übernatürliche Hülf zu leisten.

Nicolaus hatte in der Kirchen des heiligen Demetrii, eben selbiger Stadt, sein Wetter-Mäntelein bey der Bildnuß dieses heiligen Martyrers aufgehänkt, sprechend: Der HErr wolle hinfüro niemalen durch dich (er verstunde das Wetter-Mäntelein) aufhören Wunder zu thun an denen die krank seynd, bis zu End der Welt. So auch geschihet bis auf heutigen Tag, sagt der Geschicht-Schreiber; gestaltsamm alle, die mit vestem Vertrauen hinzugehen, dieses Mäntelein berühren, werden von ihrem Unheyl des Leibs erlediget, und befreyet, es mag gleich eine Krankheit seyn, was es für eine wolle. Was noch hiebey zu merken, ja zwar schon genugsam aus obigem zu ersehen ist, so würkte dieser heilige Bauren-Sohn die Wunder meistens in- oder bey Aussprechung des Kyrie eleisons, mit welchem er auch sich selbst von der Anfechtung, und Forcht des höllischen Sathans der ihme sichtbarlich erschinen, alsobald befreyet hat.

Uebrigens waren seine Tugenden, mit denen er ausgeziehret gewesen, fast alle in höchstem Grad. Er fastete ein Tag, und alle Täg; auf den Abend allein genosse er etwas wenigs Brod, und Wasser, damit er nicht gar Hunger und Durst halber verschmachtete. Die Kleidung ware gar schlecht und gering, nur mehrers, wie es seine Bildnus zeiget, die Blösse zuvermeyden, gienge baarfuß, und unbedeckt daher. Die Nächt schenkte er meistentheils dem heiligen Gebett. Von seiner Demuth, Gedult, Seelen-Eyfer, vesten Vertrauen, und Glauben zu GOtt, auch anderen Tugenden sihet der Leser in diesem ganzen Leben der Beyspiel genug. In Erwegung dieses Lebens-Wandel ist es ja kein Wunder, daß GOtt mit, und durch diesen heiligen Bauren-Jung so grosse Wunder gewürket, und annoch würket.

Hen-

Henschenius in actis Sanctorum Junii Tom. 1 ejusdem Mensis ad diem 2. de S. Nicolao Peregrino.

## Leben des heiligen Beichtigers Isidori, des Baursmann.

Unter so vielen heiligen Baurs-Leuten, deren Leben ich bishero beschrieben, und annoch beschreiben werde, dienet fast keines besser diesem lieben Volk zu einem rechtgeschaffenen Exempel und Beyspiel, als eben dieses des heiligen Spanischen, und schon allenthalben bekannten Baursmann Isidori; in diesem haben sie ein wahres Vorbild, wie sie ihr Leben anstellen, und so wohl vor GOtt, als denen Menschen gerecht, und untadelhaft wandlen können: Isidorus zeiget es ihnen, wie sie auch in Mitten des harten, und sauren Baurn-Lebens, mit Verdiensten der Seelen sich bereichen, und einen hohen Staffel der Glori im Himmel erlangen können, damit sie einstens keine Entschuldigung vorwenden mögen, als wäre ihr Lebens-Stand von einer solchen Art, und Gattung gewesen, in welcher eine aus gemachte Tugend und Frommkeit zu erhalten nicht möglich gewesen wäre. Das bin ich allein in gegenwärtiger Lebens-Verfassung besorget, wie ich ein so grosse Menge der fürtreflichisten Dingen, welche von diesem heiligen Baursmann Isidoro andere Geschicht-Schreiber uns hinterlassen, in einen kleinen Begriff zusamm ziehen könne weilen eines theils alle würdig seynd allhier beygebracht zu werden, andern theils aber auch nicht thunlich ist diesem Leben allein so gar viel Raum zu geben, daß es alle übrige weit übertreffe: will also sehen, das ich das Mittel-Punct, so gut es möglich ist, erreiche.

Madritt, jene Welt-berühmte Königliche Residenz-Stadt, das Herz der Spanischen Reichen, ist das Geburts-Ort gewesen unsers heiligen Isidori, daselbsten wurde er von frommen und Christlichen Elteren, doch geringen Herkommens, erzeuget. Schon von Jugend auf gewohnete er sich an die Tugend, und truge von allem deme grossen Abscheuen, was sonst dieses muthwillige Alter so sehr liebet, und verlanget; er lage die meiste Stunden des Tags, und der Nacht dem heiligen Gebett ob, schenkte auch absonderlich die frühe Morgens-Zeit der Besuchung unterschiedlicher Gotts-Häuser, in denen er viel Zeit zubrachte, nicht allein ohne Verdruß, sonderen auch mit Ergötzlichkeit seines Gemüths.

Von so beständig- und versammletem Gebett wendete er sich zu seiner Hand-Arbeit, welche dann wegen göttlichem Seegen, und seines besonderen Fleisses wohl gelingte: und wie konnte es einem solchen fehlen, welcher theils seiner seits an seiner Mühe und Fleisses nichts ermanglen lasset, theils vor allem jenes suchet, was Göttlich, und Ewig ist; deswegen hat ja Christus auch seinen Seegen versprochen, wann man vor hero das Reich GOttes suchet. Vermög dieses Göttlichen Seegens ist es geschehen, daß er nicht allein ihme, sonderen auch andern Leuten die Nothdurft schaffen konnte; ja so gar auch denen lieben Vögelein des Lufts; dahero er einstens bey harter Winters-Zeit diesem armen Feder-Volk, da er eben seinen Traid-Sack in die Mühl zutragen Vorhabens ware, so viel Korn aus eben diesem Sack vorgeworfen, daß sie ihren Hunger zu Genügen darvon stillen konnten. Einige beschnarchten, und tadleten den heiligen Isidori einer Verschwendung; aber GOtt zeigte alsobald durch ein Wunder, daß es ihme nicht mißfällig gewesen; gestaltsam, als Isidorus in der Mühl den Traid-Sack wiederum eröfnet, hat er nicht vermerkt, daß ihme das wenigste, was er zuvor darinn

inn gehabt hat, abgehe: ja es hatte auch in der Mühlen das Getraid also wohl ausgegeben, daß sie merklich mehr Mehl nacher Haus getragen, als sonst ihre Säcklein hätten geben können. Ware also dieses keine Verschwenderey; weilen ohne allen Zweifel Isidorus nicht so fast die Liebe denen Täublein, als denjenigen hat erweisen wollen, deme sie zugehörten: also hat er von GOtt so reichliche Vergeltung gar wohl verdienet.

Der heilige Mann hat sich bey einem adelichen Spanier, Johannes de Vargas benamset, in Diensten aufdingen lassen, in dessen Land-Gut dem Acker-Bau, und anderen Bauren- und Feld-Weesen abzuwarten: nun weilen der fromme Isidorus wegen seinem Verweilen in denen Kirchen, und heiligen Gebett, schon oben verstandener massen, täglich etwas späters zur Arbeit kommen, nahmen seine Beneyder hierdurch Gelegenheit, ihne bey seiner Herrschaft anzuklagen, als wäre er ein untreuer Mann, auch nur ein andächtler, und dannoch nehme er eben so viel des Lohns ein, als andere, so mehr Stund im Schweiß ihres Angesichts der harten und sauren Arbeit oblagen. Nicht anderst, wie es vor Zeiten dem Evangelischen Haus-Halter mit seinen Arbeiteren ergangen. Johannes de Vargas ganz erzürnet, haltet dieses mit härben Worten Isidoro vor und gibt ihme einen guten Verweiß: aber der heilige Ackersmann besänftiget seinen Herrn ganz sittsam, liesse kein einziges polderisches Wörtlein hören. Sein Herr gehet ein andersmal ins Feld hinaus, wolte selbsten den Augenschein einnemmen, wie spath dann Isidorus zur Arbeit käme. Es wolte sich lange Zeit kein Isidorus sehen lassen: endlich kame er daher, und machte seiner Arbeit in GOttes Namen den Anfang, da wischte Johannes de Vargas aus seinem verborgenen Ort hervor, willens abermal seinen Ackersmann mit Worten tapfer herzunemmen: er gienge schon dem Heiligen zu, zu, wendete sich doch im hingehen auf dem Acker herum, da erblickte er, daß neben seinem von Isidoro geführten Pflug noch zwey andere mit Schnee-weissen Ochsen diese Arbeit verrichten: Isidorus nemlich hatte die heilige Engel zu Mit-Gehülfen, welche was etwann durch sein Gebett entzwischen wäre verabsaumet worden, alles ersetzten. Auf dieses hin hat sein Herr ganz erstaunet, nicht allein seinem lieben Isidoro nichts mehr in den Weeg gelegt, sonderen noch darzu denselbigen allzeit in grosser Hochschätzung und Ehren gehalten. Hiemit hat das liebe Bauren-Volk Sonnen-klar zu lernen, daß das Gebett auch ihnen nicht allein von der Arbeit nichts benemme, sonderen selbige befördere, und doppelten Seegen von dem Himmel herab ziehe, zu einer Beschämung der jenigen, welche ihren Eckel zum Gebett zubemäntlen, vorgeben, sie thäten nur durch selbiges die Zeit der Arbeit benemmen, zu welcher sie allein gebohren.

Eben dieser edle Herr Johannes de Vargas hatte durch eine andere seltsame Begebenheit erkennen lernen, wie hoch sein heiliger Ackersmann bey GOtt in Verdiensten, und Gnaden stunde. Einsmal bey sehr heisser, und gar truckner Sommers-Zeit gienge er abermal ins Feld hinaus seinen lieben Isidorum zu besuchen: er befragte den fleißigen Arbeiter, wo doch ein Trunk frischen Wassers zu haben? Isidorus weiset ihme mit der Hand ein Ort, und sprach: Dort ist ein Bronn. Johannes gehet hin, findet aber nichts, als einen trucknen Felsen: beklagte sich deßwegen bey Isidoro, dieser aber nimbt seinen spitzigen Stecken, dessen er sich bey dem Ackeren gebrauchte, und der anjetzo neben seinem heiligen Leib aufbehalten wird, schlaget mit diesem auf den Felsen, und spricht: Allda hätten wir ein Wasser, wann es GOtt wolte: sihe alsobald quellete ein hell-frisches Wasser hervor.

Das Ort, wo sich dieses Wunder zugetragen, wird noch heut zu Tag gewisen, daselbst hat zu Ewiger Gedächtnuß die

Kaiserin Isabella eine Einsidlerey über den Bronnen machen lassen, den man St. Isidori-Bronnen nennet, hat auch niemalen, was immer für eine Trückne eingefallen, zu lauffen nachgelassen; ausgenommen in dem Jahr tausend fünf und siebenzig, da einige aus denen Mohren, deren es in Spanien gar viel gabe, sich unterstanden, solches Wasser zu verkauffen, ja zu ihrem gottsschänderischen, und abergläubischen Waschen und Tauffen zu mißbrauchen, da ihnen aber durch Obrigkeitlichen Gewalt solches ist verbotten worden, hat der Bronnen wiederum, wie zuvor zu fliessen angefangen, und fliesset bis auf heutigen Tag. Man erzehlet noch mehrer dergleichen Bronnen, so dieser heilige Mann an anderen Orten, eben so verwunderlich hervorgebracht.

Es ist aber der Miracklen, welche Isidorus zum Nutzen seines Herrns gewürket, noch kein End: als dieser einstens dem heiligen Mann wehemüthig klagte, es wäre ihme sein Pferdt, welches er seine Güter zu besichtigen zu gebrauchen pflegte, gefallen, gienge Isidorus hin, wo das verreckte Pferdt lage, verrichtete sein eifriges Gebett, darauf stellte er dasselbige seinem Herrn widerum lebendig zu. Dieses Wunder ist in der Einsidlerey, die zu seinen Ehren erbauet worden, abgemahlen zu sehen gewesen, ehe sie eingerissen worden; bleibet aber dannoch in stäter Gedächtnuß bey denen Benachbarten, wie nicht weniger, daß Isidorus die einzige, und liebe Tochter seines Herrns durch sein Gebett, nachdeme sie wegen schwerer Krankheit verschieden, widerum zum Leben erwecket.

Noch fernere Proben der Kraft seines heiligen Gebetts, und Vertrauen zu GOtt an Tag zu geben, ist eine nicht aus denen mindisten diese folgende. Er verrichtete an einem Feyrtag, welchen er, nicht wie viel andere seines gleichen Stands, und Lebens-Art mit sträflichem Wandel, sondern in gottseeligen

gen Uebungen zubrachte, an einem Feyrtag, sag ich, verrichtete er in dem Somer um neun Uhr Vormittags sein Gebett in der Kirchen der heiligen Mariä Magdalenä: da lauften eilend von denen seinigen eine herbey, sorgfältig schreyehd: Vater Isidore, laufet doch geschwind, dann ein Wolf einem eures Viehes nachsetzet: wann ihr nicht geschwind zur Sach thun werdet, ist es hin. Auf dieses antwortet der Mann GOttes nichts anderes, als: Gehet hin im Frieden, meine Kinder, der Will GOttes geschehe. Nachdeme er aber seiner Andacht zu Genügen abgewartet, gehet er gleichwohl zu sehen, wie es um sein Vieh stehe; da fande er den Wolf zu Boden todt liegen, sein Vieh aber unverletzt vor dem Wolf da stehen.

Unter anderen seinen schönen Tugenden glänzte auch fast hervor seine Barmherzigkeit, und Verlangen dem Neben-Menschen beyzuspringen. Es ware der gottseelige Mann in einer gewisen Bruderschaft einverleibt, deren Mitglieder einstens beschlossen ein allgemeines Mahlzeitlein für alle Mitbrüder anzustellen. Zur bestimmten Zeit fanden sich alle ein, ausgenommen Isidorus, der ihme mit betten noch nicht genug den Hunger gesammlet hatte. Endlich doch kommet er auch daher, und damit er nicht ohne Aufwarter bey so ehrlicher Versammlung erscheinete, führet er alle Bettler, die er vor dem Haus angetroffen, mit sich hinein. Der jenige, so bestellet war einem jeden den gebührenden Theil zu geben, da er dieses sahe, sprach er zu Isidoro: Lieber Bruder, ihr kommt wohl zu spat mit dieser eurer Cammeratschaft: aus dem, was zubereitet ware, ist nichts mehr übrig, als das wenige, was ich für euch aufbehalten: für diese andere ist einmal nichts mehr vorhanden. Isidorus antwortet: Lieber Bruder, seyd ohne Sorg: wann es euch nicht unschwer fallet, gebet mir dasjenige, was ihr vor mich aufbebehalten habt: es wird sichs schon also vertheilen lassen, daß auch diesem Bedürftigen etwas zukomme. Als man es herbeygebracht, hat man befunden, daß alle Schüssel und Geschirr, in welchem das wenige, so für Isidoro aufbehalten ward, mit allerhand Fleisch-Speisen ganz angefüllet wären, und haben sich alle daran nicht allein satt gessen, sondern mit aller Erstaunung ist noch so viel übergebliben, daß auch andern Armen darvon hat mögen mitgetheilet werden.

Ein anderesmal hatte Isidorus an einem Sonnen-Abend, alles was er in seiner Kuchel von Speisen an Vorrath gehabt, unter die Arme ausgespendet: es geschahe aber, daß ein gar armseelige Person noch daher kame: Isidorus beherzigte ihr Elend, befihlet seiner gleichfalls heiligen Ehe-Gattin (dero Leben wir bald hernach beschreiben werden) sie solte hingehen, und sehen, ob dann in dem ausgeleerten Zehr-Gaaden für diese arme Person nichts mehr zu finden: sie gehorsamet, ob sie schon vorhinein wußte, daß nichts mehr vorhanden, findet aber mit Verwunderung aus sonderbarer Schickung GOttes, daß die Truhen noch voller Eßwaaren, und mithin sowohl für diese Armseelige als auch für andere übrig genug wäre. Haben also diese zwey heilige Eheleut erfahren, daß keinem besser der himmlische Zehr-Gaaden offen, als welcher den seinigen denen Armen nicht versperret, und daß eben dieses das rechte Kunst-Griflein seye, den Seegen GOttes herab zu ziehen, und das Seinige zu vermehren.

Aus so vielen und schönen Wundern, welche der heilige Isidorus annoch bey Lebs-Zeiten gewirket, magst du, mein lieber Leser! leicht schliessen; erstlich wie vielfältig die Tugenden in diesem Diener GOttes gewesen, andertens auch, was grossen Stapfel der Vollkommenheit ein jede derselbigen in ihme erreichet, und er seinen sonst so geringen Stand darmit ausgezieret habe: darbey auch Isidorus nicht allein bis an sein End beständig verharret, sondern stäts gemehret hat, bis er endlich die Ehren-Cron, zu welcher ihne GOtt von Ewigkeit auserkohren, gänzlich vollendet: zu dieser hat ihne nach mühsamen Leben ungefähr das Jahr tausend, hundert und dreyßig, durch einen glückseeligen Tod beförderet: ich sage ungefähr, gestaltsam nach fleißigem Nachsuchen, hat dannoch das eigentliche Jahr seines Hinscheidens nicht können erörtheret werden. Der heilige Mann, wie er vermerkte, daß sein Ende des Lebens nunmehro vor der Thür, machte er sich zu solcher Abfahrt überaus Christlich bereitfertig, vorderist hatte er ein richtiges Testament aufgerichtet, sein weniges Güthlein weißlich ausgetheilet denen Seinigen, vorderist seiner lieben, und auch heiligen Ehe-Gattin, und seinem Sohn, den er mit ihr erzeuget: heilsame Ermahnungen hinterlassen, auch die allerheiligste Sacrament der Sterbenden andächtigist empfangen, und endlich durch ein Fieberlein verzehret, gabe er seinen gebenedeyten Geist in die Hand seines Schöpfers auf.

Den Leichnam hat man anfänglich auf den Freythof der Kirchen des heiligen Andreas zu Madritt begraben, allwo er bey die vierzig Jahr gelegen hart an der Kirchen Maur, bis endlich der heilige Isidorus zweyen Personen erschinen, und ihnen befohlen darob und daran zu sein, daß selbige erhebt, und in ein ansehlicheres Ort übersetzet werden möchte: so auch alles geschehen: aber ich muß dem Leser eine solche denkwürdige Sach von diesem heiligen Leib beybringen, von dem Leib eines vormals geringen Baursmanns, dergleichen weder er, noch ich niemalen bishero wird gelesen haben. Ich weiß zwar, daß in der Catholischen Kirchen sehr viel grosse Heilige gelebt, deren hinterlassene Leiber, als vormals gewesste herrliche Wohnungen ihrer vortreflichen Seelen, annoch ganz unverweesen verehret werden, deren man Dutzet weiß daher zehlen konnte; diese Heilige hatten aber fast alle ein Jungfräu-

liches

liches Leben geführet: allein von einem Ehemann, als wie der heilige Isidorus gewesen, dessen Leichnam ganz und gar unversehrt, und unbeschädiget so lange Zeit verbl ben, das wird nicht so leicht mir gezeiget werden. Und was erst das Wunder noch mehr erhebet, vierzig Jahr ist das Regenwasser, welches sich von denen Tach-Rinnen, und nechst gelegenem Boden versammlet, durch die Erden des Grabs, wo er lage, bis auf den heiligen Leib, als in eine Gruben hineingetrungen, ohne das es selbigem den mindisten Schaden der Vermoderung zugefügt, ja nicht einmal seine Kleider verderbet: mit einem Wort, alles ware so ganz, als wann erst selbigen Tag der heilige Leichnam darmit wäre bedeckt worden, welche über das einen solchen lieblichen Geruch von sich gaben, als kein Rauchwerk geben kann. Wer hat jemal mit solchen Umständen von einem heiligen unverweesenen Leichnam etwas gehöret? Nachdeme Isidorus dieser Baursmann im Jahr tausend, sechshundert, zwey und zwanzig vom Pabsten Gregorio dem Fünfzehenden dieses Namens heilig gesprochen worden, haben die Goldschmid zu Madrit diesen heiligen Leib zu beehren, und würdiglich aufzubehalten eine Truchen, oder Sarch-Kasten schon zwey Jahr zuvor ohne einzige Besoldung verfertiget, darvon das Gold und Silber allein, so darzu gebraucht worden sechszehen tausend Ducaten ausmachet. Also liesse GOtt einen vormals so geringen Baursmann, der kaum in einem schlechten Hüttlein verlieb nemmen durfte, nach dem Tod wegen seiner Tugend beehren.

Jetzt zu geschweigen die Kaiserlich- und Königliche, Fürstliche, und andere hohe so wohl geistliche als weltliche Personen, welche von Isidoro Gnaden und Hilf zu erhalten ehrenbiethigist vor ihme anjetzo ihre Knye biegen, der vorhero bey Lebs-Zeiten als ein schlechter Ackersmann anderen zu Gnaden leben muste, anjetzo aber selbsten ein grosser Himmels-Fürst ist.

Belangend weiters seinen heiligen Leib, so ruhet selbiger in einer kostbaren Capellen, welche eigens zu solchem Ende zu öfters gedachtem Madritt erbauet worden: und wird Jährlich sein Fest in Spanien den fünfzehenden Tag des Monats May, als eines allgemeinen Schutz-Patronens mit grossem Zulauf des Volks begangen.

Wann ich nun anjetzo zur Erzehlung ferneren Wunderen schreitten solte, welche der heilige Baursmann nach seinem Todt noch fort-wehrend wirket, wurde ich mir selbsten eine beschwerliche Burde auflegen; ich konnte melden von seinen verwunderlichen Gesundmachungen; wie solches unter anderen erfahren ein Stockblinder Mann, mit Namen Benedictus, welcher bey des heiligen Grab augenblicklich das Gesicht erhalten: wiederum von seiner augenscheinlichen Hilf bey anhaltender Trückne, und heisser Sommer-Hitz, wo dann Isidorus seinen Verehreren mit erwünschtem Regen beygesprungen.

Im Jahr tausend zwey hundert, und acht, als die drey Christliche König, der aus Castilien, der aus Arragonien, und der von Navarra denen Mohren eine Schlacht liferen wolten, und mit einander berathschlagten, wie sie an den Feind gelegentlich kommen könnten, ist dem Ansehen nach ein gemeiner, und schlechter Mann daher kommen, und ihnen den Weeg gewisen, auf welchen sie gar kommentlich zum Feind gelanget, denselben herzhaft angegriffen, und einen überaus herrlichen Sieg darvon getragen. Nachdeme der König aus Castilien wiederum nacher Madritt kommen, hat er alldorten den Leib Isidori verehret, wohl besichtiget, auch befunden, daß eben dieses jener dem Ansehen nach schlechter Baursmann seye, welcher denen dreyen Königen den Weeg gezeiget, und die gute Gelegenheit an die Hand geben, denen Feinden des Christlichen Namens einen so treflichen Sieg abzujagen.

We-

Wegen diesen und dergleichen anderen Wohlthaten, mit welchen Isidorus das Spanische Reich von dem Himmel beglückseeliget, wird er hingegen auch von ihnen allenthalben verehret, da mit erbauten schönen, und ansehlichen Capellen, dort mit aufgerichten Altären und Bild-Saulen vorderist auch mit vielen löblichen Bruderschaften, sonderlich unter dem lieben Bauren-Volck, welches sich allenthalben Zahlreich einschreiben lasset. Solche Verehrung aber hat sich ebenfalls ausser Spanien, sonderlich auch in unserem werthisten Teutschland ausgebreittet, allwo er theils mit erbauten Altären, mit Bildnussen, theils mit aufgerichten schönen Bruderschaften, vorderist auf dem Gay, unter seinen lieben Baurs-Leuten verehret wird; allein nicht ohne dieser grossen Nutzen; gestaltsam sich auch der Heilige mit seinen himmlischen Gnaden überaus freygebig erzeiget, und mit Guthaten jedermann gewogen ist, die solche mit rechter Andacht bey ihme suchen.

Hingegen bestraffet er auch die jenige, welche von ihme nicht wie er sich gebühret, reden, oder handlen. König Ferdinand aus Spanien schickte einen seiner Hof-Herren nacher Madritt, eine gewise Steur alldorten einzunemmen. Man erzehlte ihme daselbst von den grossen Wunderen Isidori des heiligen Baursmanns: aber der freylische Welt-Mann sagte: Wann sie von eines Königs Sohn, oder anderen hohen Stands-Person dergleichen Sachen erzehlten, wolt er ihnen gern glauben, aber von einem einfältigen schlechten Baurn, das könne er in seinen Kopf nicht bringen. Allein GOtt hat es ihme bald hinein getriben: indeme er folgende Nacht darauf mit so häftigen Schmerzen am ganzen Leib überfallen worden, daß er mit Wimßlen umd Schreyen die Seinige um Hülf gerufen; ist ihme auch bald zu Sinn kommen, die Ursach so häftiger Schmerzen: befihlet sich alsobald dem heiligen Isidoro, gehet zu seinem Grab, bittet ganz demüthig um Verzeihung: hat auch wiederum von dem Heiligen Gnad erhalten: mithin mit seinem eignen Schaden gelehrnet, auch von jenen Heiligen, die auf der Welt vormals zwar eines geringen Stands gewesen, groß zu sprechen, und selbige hoch zu achten; anerwogen sie in dem Himmel lauter grosse Fürsten seynd, die mit Christo regieren, und insgemein um so viel höher in der ewigen Glori vor anderen König und Fürsten, welche sich auch alldorten befinden, glanzen, je niderer sie auf der Welt gegen diesen grossen Potentaten waren.

Maximil. Rasler in Vitis Sanctorum Tom. 3. sive in Supplement. Ex Actis Sanctorum Henschenii Tom. 3. Maii ad diem 15. ejusdem Mensis.

---

## Leben der heiligen Bäurin Mariä von Cabezza, oder Turribia, Ehe-Gattin des H. ISIDORI.

Wie konnte es wohl schier anderst möglich seyn, als daß alldorten, wo der Ehemann ein heiliges Leben führet, nicht auch das Weib in dessen Fuß-Stapfen trette, und gleichfalls auch heilig werde? sonderlich wann die Herzen und Gemüther verknüpfet, und eins seynd; wie es geschehen bey dem glückseeligen Paar Ehe-Volk, unserem heiligen Isidoro, und Maria, oder Turribia, seiner auch heiligen Ehe-Gattin: und weilen, nach den Worten der Schrift, was GOtt zusamm gefüget, der Mensch nicht solch voneinander scheiden, so gezimmet sich in allweeg, daß wir nach beschriebenen Leben Isidori, auch das Leben seines heiligen Ehe-Weibs beyfügen.

Wo eigentlich diese gebohren, ist ungewiß; doch ist sie muthmaßlich eintweders zu Madritt selbst, oder wenigist in

der

der herumliegenden Gegend von ehrlichen, und Catholischen Elteren zur Welt gebracht worden; dieses haltet man insgemein darvor, daß als Isidorus zu Madritt bey seinem Herrn Johannes von Vargas in Diensten stunde, seye hingegen Maria bey einem anderen ehrlichen Burger, als ein Dienst-Magd, verdingt gewesen.

Sie liessen sich beyde in Forcht-GOttes zur Ehe-Verbündnuß ein: weit ware von ihnen jene ausgelassene Ueppigkeit, und verbottene Gemeinschaft, welche, leyder! bey der ledigen Bursch, so sich zur künftigen Ehe verspricht, im Schwung zu seyn pflegt: wie ist es dann Wunder, daß GOtt nicht auch hingegen eine solche Ehe nachmals mit grösten Creutzen, Elend, und Widerwärtigkeit heimsuche, wann ein dergleichen Ehe-Volk vorhero sein Gebott, sonderbar das sechste, mit Füssen getretten? aber nicht also bey Isidoro, und Maria, welche auch von darumen beglücket gewesen, weilen beyder Sitten, und Wandel ein ander gleichten, und ähnlich waren; kein Mißverständnuß, oder widrige Eigensinnigkeit liesse sich zwischen ihnen nicht blicken.

Dieses aber ware eben darumen dem höllischen Beneyder ein Spieß in denen Augen; dahero bemühete er sich diesen so heiligen Ehe-Stand zu einem Wehestand zu machen; gebrauchte sich also des insgemein bey diesem Handel bekandten, und gewöhnlichen Kunst-Grifleins, und verdammlichen Werkzeugs, nemlichen einer verleumderischen Zungen, welche da das Unkraut des Zwytrachts, und der Eifersucht, ein Pest des Ehestands, einstreuete. Das gottseelige Weib hatte im Brauch, da sie beyde von Madrit nacher Caraquiz gezogen, täglich zu einem kleinen Marianischen Kirchlein, welches jenseits des Flusses Xarama stunde, zu gehen, und zwar ostermals ganz allein, theils ihr Andacht bey der

Mut-

Mutter GOttes allda zu verrichten, theils die Ampel, so vor dem Gnaden-Bild branne, mit dargebrachten Oel, und Dacht zu versehen. Dieses deuteten etliche lose Mäuler ihr sehr übel aus: giengen zu Isidoro, und sagten zu ihme, wie daß sein Ehe-Weib eine verbottene Gemeinschaft hätte mit denen Hirten, so bey dem Felsen Ariaz nechst am Wasser, die Kühe hüten. Ja der Teufel nahme die Person eines von diesen Kühe-Hirten selbsten an, und bekräftigte diese falsche Anklag bey Isidoro.

Der Heil. Ehemann, weilen ihme die Tugend und Frommkeit seiner liebsten Ehe-Gattin nur gar zu wohl bekannt; anderer seiths auch wohl wußte, daß in einem so wichtigen Stuck ein grösseres Fundament, als nur das Reden, und Sagen, vonnöthen, etwas dergleichen von dem andern Ehe-Theil zu urtheilen (gestaltsam offtermals hieraus entsetzliche Traurspiel entstanden durch gar zu grosse Leichtglaubigkeit, und unbedachtsames Uebereylen) gabe zwar deswegen diesem Sagen keinen Glauben, doch aber denen Beneyderen, und Verläumderen vielleicht hierdurch zubegnen, wolte er selbsten den Augenschein einnemmen, ob diesem also, oder nicht. Er versteckte sich (wie man noch vor Alters her vorgiebt) an einem solchen Ort, wo er sie zwar sehen, aber von ihr nicht konnte gesehen werden.

Als nun Maria abermal nach dem Kirchlein gehen wolte, fanden sie den Fluß mit Regen-Wasser dergestalten angeschwollen, das sie selben, wie sonstmalen, nicht durchsetzen konnte: doch liesse sie ihre gewöhnliche Andacht nicht gern aus; derowegen bezeichnete sie sich, und auch das reissende Wasser, mit dem Zeichen des heiligen Creutzes, legt alsdann ihr Mäntelein, daß sie nach Spanischem Weiber-Gebrauch truge, auf den Fluß, und setzet mit trucknen Fuß hinüber, nicht anderst,

derst, als wann sie auf dem ebnen Feld gewesen wäre. Als dieses Isidorus sahe, sprange er aus seinem Winkel hervor, fiele seiner lieben Maria zu Füssen, und batte demüthig seines Argwohns um Verzeyhung. Dieses so satsame Miracel, welches nach dem heiligen Apostel-Fürsten Petro, etwelchen anderen Heiligen, aber allein von besonders grosser Heiligkeit begegnet, solle sich mit unserer heiligen Bäuren noch zu mehrmalen zugetragen haben.

Im übrigen haben viel darüber angehörte Zeugen, die man wegen ihrer Heiligsprechung hierzu besonders beruffen, nicht ohne vesten Grund bekräftiget, daß sie ihrem heiligen Ehemann bey anbrechender Morgenröthe in Besuchung so vieler Kirchen, und Capellen, wie aus dem Leben Isidori bekannt, beständige Gesellschaft geleistet, sowohl zu Madrit, als zu Caraquiz, und mithin auch verdienet, ihres heiligen Ehemanns seltsame, und von dem Himmel verlyhene Gnaden, und Gunst anzusehen, und theilhaftig zu werden; vorderist als die heilige Engel mit ihme in den Acker-Bau der Arbeit oblagen: dessen zur Zeugnuß sihet man noch ein altes Gemähl, wie die heilige Bäurin in einer Hand ein Körblein mit Speiß, in der anderen ein kleines Läglein mit Wein haltend, ihrem arbeitsamen Mann auf dem Feld die Nahrung bringe, da er eben ob der Gegenwart seiner heiligen Engel ganz erstaunend da stunde.

In denen ersten Jahren ihres Ehestands hat sie GOtt mit einem Sohn begabt, welcher einstens in einem Sod- oder Ziech-Bronnen gefallen, und ersäuffet. Als der Vatter Isidorus von dem Feld nacher Haus kommen, vernahme er von seiner höchst-betrübten Maria den traurigen Zufall des Kinds: liessen sich darauf beyde auf ihre Knye nider, und batten GOtt gar inbrünstig für das ersoffene Söhnlein: und siehe grosses Wunder! alsobald hat das Wasser aus der Tieffe auf-zugeschwellen angefangen bis zu dem Ranft des Schöpf-Bronnens, und brachte dennen betrübten Eltern das ersäufte Kind wiederum lebendig mit sich hervor, als wann ihme niemalen was leyds widerfahren wäre. Diese so wunderliche Begebenheit ist zu Madrit in der Kirchen der Mutter GOttes offentlich mit Farben entworfen; der Bronnen aber, bey welchem sich so seltsame Sach zugetragen, wird in dem Haus des Herrn Johannis von Luxar eines Ritters, neben der Kirchen des heiligen Andreas in der alten Mohren-Gassen, noch heutiges Tags gezeiget (also melden die im Jahr tousend sechs hundert sechszehen eingehollte gerichtliche Urkunden) Dieser Herr Johannes von Luxar ist eben aus dem Geschlecht des Johann von Vargas, bey dem der heilige Isidorus in Diensten stunde.

Ferners wird auch darvor gehalten, diese heilige Ehe-Leut haben sich mit beyderseitigen Bewilligung nach erzeugtem vorgedachtem Söhnlein des Ehe-Beths enthalten GOtt mit grösserer Reinigkeit des Leibs zu dienen. Maria hat auch ihren lieben Ehe-Gatt überlebet, ist aber nicht wissentlich, um wie viel Jahr. Nach dem Todt ihres lieben Isidori verblibe sie beständig zu Caraquiz, daselbst sie beyde ein Häuslein, und Güttl sollen besessen haben: dann man noch etliche Aeckerlein zeiget, so die fromme Dieneren GOttes, nach ihrem, und des Sohns Absterben der Kirchen zu unser lieben Frauen, wohin sie fast täglich das Oel zur Ampl hingetragen, geschenkt, und eigen gemacht. Das Haus aber solle in das jetzige Kirchlein des heiligen Isidori seyn veränderet worden, darinn man für die andächtige Baurs-Leut oft das Heil. Meß-Opfer verrichtet.

Nachdem Maria diese Heil. Bäurin mit Todt abgangen: so geschehen beyläufig um das Jahr tausend hundert

und

und vierzig: ist sie erstlich in der Sacristey mehr besagten unser lieben Frauen-Kirchleins bestattet worden; weilen aber die Innwohner zu Caraquiz weißlich beförchteten, man möchte ihnen den Heil. Leib von dannen (massen dieses Kirchlein auf einem einsammen Ort stunde) in der Still anderst wohin tragen, haben sie die Heil. Gebein wiederum ausgegraben, und heimlich unter dem Fundament, und Grund des Kirchleins verstecket, das Heil. Haupt ausgenommen, welches sie unter Verwahrung mehrer Schlüssel auf dem Altar verschlossen, als einer des Orts Patronin, und sonderbarer Helferin in den Kopf-Schmerzen.

Weilen also zu diesem ihrem Heil. Haupt die ganze Gegend eine grosse Andacht truge, ist es geschehen, daß, da man zuvor das Kirchlein die Claußner-oder Einsidlerey-Capellen zu St. Maria nennete, hat man selbes nachmals zu St. Maria della Cabezza, das ist: zu Maria von dem Haupt-Schädl benamset, worvon unten etwas besonderes zu bemerken. Und allda ruheten die Heil. Gebein bis auf das Jahr fünf hundert sechs und neunzig, an welchem man diesen Heil. Reliquien nachgesucht in Beyseyn verordneter Zeugen: unter anderen fanden sie ein Heil. Gebein von ihr, welches schier noch frisch und säftig aussahe; das konnte ein Ordensmann St. Francisci zu Tordelaguna nicht glauben, daß es ein Bein dieser Heil. Bäurin wäre, sondern sagte, es wäre eines andern erst kürzlich verstorbenen Menschen. Die nächstfolgende Nacht darauf erschine ihme die Heilige im Schlaff, versetzte dem hartglaubigen ein gutes ins Angesicht, und sprach anbey: Dieses ist ein wahrhaftes Reliquien der Dienerin GOttes Mariä.

Als einstens etliche Monat lang kein Regen gefallen, gienge die ganze herumliegende Baurschaft nach Caraquiz:

von dort aus truge man das heilige Haupt bis nacher Tordelaguna in einem ansehnlichen Bittgang herum, worbey der Himmel nicht allein einen häufigen Regen herabgegossen, sonderen auch alle Kranke, und Presthafte, so sich zu gedachtem Tordelaguna befanden, wurden auf einmal gesund.

Und zu diesem Ort Tordelaguna hat man endlich sowohl das heilige Haupt, als den übrigen heiligen Leib im Jahr tausend sechs hundert fünfzehen mit Genehmhaltung der hohen geistlichen Obrigkeit Caraquiz übersetzet, weilen zu Caraquiz gedachter H. Leib nicht genugsam verwahret zu seyn erachtet wurde. Uebrigens kann ich abermal die vielfältige Wunder, welche die Heilige so wohl daselbst, als auch an anderen Orten, wo sie um Hülf angeruffen wird, würcket, nicht alle in einem kleinen Bezürk einschranken, nimme allein ein, und anderes heraus: und zwar welche vor anderen seltsamer, und darumen merkwürdiger.

Rochus von Herrebia, als ein Mitglied der Bruderschaft, die zu Ehren dieser Heiligin aufgericht worden, da er nach dem Kirchlein Mariä von Cabezza reisen wolte, dem Jährlichen Fest beyzuwohnen, welches diese Bruderschaft den achten Herbstmonat zu begehen pfleget, geriethe er zu dem Fluß Xarama, fande aber selben mit Wasser für dießmal sehr angeschwollen: allein aus häftiger Begierd bey der Versammlung gegenwärtig zu seyn, wagte er sich mit seinem Maulthier, auf dem er sasse, in das Wasser, an jenem Ort, wo man sonsten pflegte durchzusetzen: aber der häftige Schwall, und Gewalt des Flusses risse schon das Maulthier samt dem Reiter hinweck: in dieser Noth schlosse Rochus ein wenig seine Augen zu, um daß er sich mit innbrünstigem Vertrauen zur heiligen Bäurin wenden möchte: als er gleich darauf seine Augen wiederum eröfnete, da sahe er sich schon in einem Au-

gen-

genblick samt dem Maulthier auf dem anderen Ufer des Wassers; und was das Wunder vermehrte, gar nicht das mindiste benetzet.

Johannes von Escalona ein Wund-Arzt, leydete schon zwey Jahr einen sehr grossen Schmerzen wegen einem Schaden an dem rechten Fuß, hatte auch schon bey zwey tausend Spanischer Ducaten frucht-loß aufgewendet. Seine Hausfrau Catharina ganz bestürzt, wirft sich auf eine Zeit vor der Bildnuß der heiligen Maria von Cabezza nider, bittet eines Bittens, sie wolle doch samt ihrem heiligen Ehemann Isidoro das Heyl ihres lieben Ehe-Gattens ihr angelegen seyn lassen: Catharina fuhre in solcher Andacht eine geraume Zeit beständig fort nicht ohne vergossene Thränen. Endlich hörete sie eine Stimm, die zu ihr sagte: Stehe auf, O Weib! dein Mann wird bald geheylet werden. Sie gehet voll der Freuden und Trosts zu ihrem lieben Ehe-Herrn in das Kranken-Zimmer, und nahme wahr, daß es schon wirklich mit ihme sich bessere, bis er endlich nach und nach die Gesundheit völlig erhalten.

Franciscus Sanchez ein Bader zu Madritt, welcher dem heiligen Isidoro sehr zugethan ware, geriethe im Jahr tausend fünf hundert sieben und neunzig wegen häftiger Fiebers-Hitz in so augenscheinliche Lebens-Gefahr, daß er mit allen heiligen Sacramenten der Sterbenden versehen, schon zur Abreiß in die andere Welt sich färtig machte. Da man nun seines Tods von Stund zu Stund gewärtig ware, geschahe es eben, daß die Bildnuß des heiligen Isidori von Haus zu Haus herum getragen wurde, ein Allmosen einzusammlen, welches nachmals zu Ehren dieses Heiligen pflegte verwendet zu werden, darzu Franciscus täglich, gethanen Gelübds wegen, etwas beyzutragen im Brauch hatte. Seine Hausfrau, welche hingegen zur heiligen Maria von Cabezza, eine sonderbare Andacht truge (die sie aber nicht also, sondern Turribia nennete, weilen sie selbe von Jugend auf niemalen anderst hatte nennen gehört) diese Hausfrau, spriche ich, rufte den Träger des Bilds ins Haus hinein, nimmt solches, und bringet es ihrem kranken Ehemann, leget es selbsten auf jene Seiten, wo der Sterbende den grösten Wehethum, und auch Gefahr verspührete: gehet alsdann mit Zäher ganz überronnen hinweck, und begiebt sich zum Gebett: unter welchem sie immerdar die heilige Turribia anrufte. Nach vollendter Andacht besucht sie ihren kranken Ehe-Gatten voller Vertrauen auf der Heiligin Fürbitt, da sie ins Zimmer hinein getretten, findet sie selben ganz süß schlaffend, der doch vorhero wegen grosser Hitz und Schmerzen kein Aug zu thun konnte: als Franciscus erwachet, befand er sich auf einmal nicht nur allein ausser aller Gefahr, sondern auch völlig gesund, und wohl auf. Diese seltsame Begebenheit ist gerichtlicher Weiß von der geistlichen Obrigkeit erforschet, und als eine die Natur übersteigende Sach, und Kraft, von allen, wie billich, bewunderet worden.

Aus diesem nun, und aus jenem, was ich schon oben erinnert, allheir zu bemerken, entstehet nicht ein kleiner Zweifel, welchen auch so gar die berühmte Lebens-Verfasser der Heiligen GOttes in Niederland beobachten, ob nemlich diese heilige Bäurin, und Ehe-Gattin Isidori, jemalen Maria von Cabezza, oder vielmehr Turribia, oder sonst anderst geheissen; gestaltsam es ja ganz klar scheinet, wie oben angereget worden, dieser Namen Maria von Cabezza seye nicht ihr eigentlicher Namen, sondern des Kirchleins, allwo ihr heiliges Haupt verehret wurde, gewesen: anerwogen dieses Kirchlein erstlich schon vorhero allzeit den Namen von Maria der Mutter GOttes gehabt; nachdeme aber gemeldtes Haupt

die-

dieses heiligen Weibsbild darinnen aufbehalten worden, haben es erst hernach die benachbahrte Land-Leut zum Unterschied mehrer anderer Marianischen Kirchlein und Capellen: Maria della Cabezza, das ist, von dem Haupt-Schädel benamset: welches ja deutlich genug anzeiget, daß dieser Namen mehr dem Kirchlein, als der heiligen Ehe-Gattin Isidori eigenthumlich, und sie viel ehender Turribia oder Torribia vorhin genennet worden seye, wie aus der letsten Geschicht erhellet, da Frau Catharina, welche doch schon lange Zeit hero der Heiligin garzugethan ware, bezeuget hat, sie habe diese niemalen anderst genennet, oder etwas von einem anderen Namen, als Turribia, gewust; und wann der Heiligin ein anderer Namen gewesen wäre, wurde sie solchen gewißlich zu Madritt, daselbst sie von Jugend auf erzohen worden, gehöret, unn vernommen haben. Das Volk auf dem Land bey Caraquiz, und der Gegend herum mag wohl ihren eigentlichen Namen, bey so lang verborgnem Leib, auch in Vergessenheit haben kommen lassen, und dafür, wie es oft bey der Baurschaft geschicht, nach ihrem Gefallen, und Phantasey von dem nechsten besten einen Namen geschöpfet haben. Ich für meinen Theil bin gänzlich der Meinung, daß diese heilige Bäurin nicht Maria von Cabezza, sonderen ehender Turribia geheissen; der Leser mag urtheilen, was ihme gefallet.

Wir wollen uns aber von dem Namen wiederum zu der Heiligin selbst wenden, welche ob sie schon auch vorhin eine schlechte, und geringe Bäurin gewesen, ist ihr doch nicht minder als ihrem lieben H. Isidoro auch von denen höchsten Welt-Häupteren dieser Erden diese gröste Ehr widerfahren, dann diese nicht gezweiflet vor der Dienerin GOttes sich demüthigist zu neigen, sie innbrünstig zu verehren, und um Gnad bey dem Allerhöchsten durch ihre Vorbitt anzuhalten: aus diesen seynd sonderbar gewesen Ferdinandus, und Isabella, Königin in Spanien, Maria die Römische Kaiserin. Der Herzog von Infantado samt seiner Durchleuchtigen Ehe-Gemahlin, und seinem Herrn Bruder haben ein überaus kostbares von Helffenbein ausgearbeitetes Kästlein hergeschenkt, die Gebein der Heiligin darinn zu verschliessen, und zu verwahren, darzu sie sieben Schlüssel machen lassen, welche unterschiedlichen der vornehmsten Personen, als Verwahreren eines so werthen Pfands, eingehändiget worden: Auf so hohen Gipfel der Ehren schwinget die ihrige die Tugend und Heiligkeit, und beschämet zugleich jene, welche von gleichem Stand, und Lebensart, dannoch für unmöglich halten, recht fromm und Christlich zu wandlen, und dardurch eine grosse Kron im Himmel zu erwerben.

Acta Sanctorum Maii Auth. Henschen. Tom. 3. ejusdem Mensis ad diem 15. in Vita S. Mariæ della Cabezza. Item P. Engelgrave Lux Evangelica: Dominic. Septuagesim. §. 3.

---

## Leben und Martyr-Todt des heiligen Wilhelms, eines zwölf-jährigen Baurn-Söhnleins.

Der wunderbarliche GOtt in seinen Heiligen, wann er zu etwas sonderbars mit einer aus seinen Creaturen abziehlet, pflegt er solches aus seiner allweisen Vorsichtigkeit offtermals durch etliche seltsame Zeichen, gleichsam als Vorbotten, schon vorhinein anzudeuten: also geschahe es auch bey diesem heiligen Söhnlein Wilhelmo. Es ward in Engelland zu Norwich, einer sehr berühmten, und nahmhaften Stadt in dem Herzogthum Nordfolk zur Welt gebohren: seine Elteren wa-

waren sehr wohlhäbige Baurs-Leut, der Vatter hiesse Wenstanus, die Mutter Elwina: welche als sie mit diesem gebenedeyten Kind schwanger gienge, hat sie einstens dieses wunderliche Gesicht von ihrer Leibs-Frucht gehabt. Es kame ihr nemlich vor im Schlaf, als sehete sie einen Hecht-Fisch mit rothfärbigen Flossen, als wären sie mit Blut besprengt, und zwar zwölf an der Zahl; welchen Fisch, da sie ihne auf die Schoos namme, hebte er sich an zurühren, und dergestalten groß zu werden, daß selben ihre Schoos nicht mehr fassen konnte: der Fisch name Flügel an, und flohe schnell in die Höhe; trunge die Wolken durch, bis er sich endlich gar in den eröfneten Himmel hineingeschwungen. Diesen artlichen Traum erzehlet Elwina ihrem Beicht-Vatter, einem geistreichen Mann, welcher eine grosse Erfahrenheit hatte, dergleichen seltsame Gesicht auszudeuten, so er auch der glückseeligen Mutter gethan: Du solst wissen, sprache der Beicht-Vatter, mein Tochter, daß du einen Sohn empfangen, und gebähren werdest, welcher auf der Erden die gröste Ehr überkommen, und über die Wolken in dem Himmel im zwölften Jahr seines Alters wird erhöhet werden. Alles hat der Ausgang erwisen, was GOtt auf sonderbare Weiß schon vorhinein angedeutet, und der fromme Beicht-Vatter ausgedeutet hat. Allermassen Wilhelm im zwölften Jahr seines Alters zu einem glorreichen Martyrer worden, und mithin die gröste Ehr sowohl auf dieser Erden, als in dem Himmel erworben. Allein das ware noch nicht genug dieses Kinds Gunst, und Gnad bey GOtt kundbar zu machen.

Westanus der Vatter stellte einsmals seinen guten Nachbaren und Befreundten ein Gastmahl an, darbey liesse sich ein offentlicher Büsser einfinden das Allmosen zu erbettlen. Ich muß dir aber, mein Leser! von der Beschaffenheit solcher offentlichen Büsseren ein kleinen Vorbericht geben.

Es ware vor Zeiten der Brauch, daß man wegen gar grossen, und ärgerlichen begangenen Sünden, oder offentlichen Schandthaten, auch offentliche Buß wirken mußte: sie trugen eisene grosse Ring, oder vielmehr Feßl, mit welchen sie zu unterschiedlichen heiligen wunderthätigen Gnaden-Orten so lang herum wallfahrten, bis sie an einem Ort geriethen, in welchem diese eiserne Band oder Feßl von sich selbsten zersprangen: dieses Wunder ware alsdann ein Zeichen, daß GOtt ihnen die Sünden verzyhen: dergleichen Geschichten mag der Leser in denen alten Lebens-Beschreibungen mehrer finden; vorderist ist sehr annehmlich jene, welche in dem heiligen Bayrland, in dem Leben des heiligen Königlichen Ungarischen Prinzen St. Emericus zu finden.

Nun wiederum zu unserer Geschicht zu kehren; dieser obberührte offentliche Büsser sahe den noch kleinen Wilhelm (der etwann in das dritte Jahr seines Alters gienge) er thate ihme schön, und scherzte mit dem holdseeligen Kind, welches hingegen die eisene Feßl nach Kinder-Art, anfänglich betrachtete, bald gar mit seinen zarten Händlein betastete: aber, siehe Wunder! so bald das heilige Kind dieselbe berührte, im Augenblick zersprangen solche von dem Leib des büssenden Sünders, und hat mithin nicht ohne Erstaunung der eingeladenen Gäst, und Elteren, jene erwünschte Gnad durch die unschuldige Händlein des Kinds erhalten, was er sonst so lang vergeblich bey andern Gnaden-Orten gesuchet.

Von dem siebenden Jahr an seines Alters fastete der heilige Knab schon dreymal in der Wochen, besuchte vielmal die Kirchen, bettete stäts, und erzeigte zu denen göttlichen, und himmlischen Dingen grossen Eifer, und Ehrenbiethigkeit; gewißlich ein seltsame Sach, welche bey so jungen Jahren nicht

we-

wenig zu bewunderen, in Bedenkung, daß solches Alter nicht allein um das Fasten sonst wenig wissen will, sondern im Gegenspiel, dem Naschen immerdar ergeben, auch zum Betten allzeit ein Sporn und Antrieb brauchet. Aber Wilhelm machte sich hierdurch tauglich, und bey GOtt wohl verdient, den herrlichen Martyr-Palm zu erlangen, weit anderst, als wie es heutiges Tags bey der noch kleinen Baurn-Jugend zugehet, welche wegen sorgloser Kinder-Zucht der Elteren, und bösen Exemplen der Hausgenossenen fein fruhzeitig zu aller Muthwilligkeit sich angewöhnet, und des Zorn GOttes würdig machet.

Als Wilhelmus zu stärkeren und brauchbaren Alter gelanget, mithin fähig erachtet wurde ein Handwerk zu erlernen, hat man ihne bey einem Leder-Bereiter zu gedachtem Nordwich gedinget, daselbst solte er in dieser Handthierung unterwisen werden.

Auf eine Zeit, da es um Ostern ware, lockten die treulose Juden, welche in selber Stadt wohneten, den jungen Wilhelm schelmischer Weiß in ihre Behausung; so bald sie ihne darinnen erhaschet, fielen die gottlose Mörder den unschuldigen Knaben, wie die grimmige und rasende Hund, an, verspotteten ihne unter tausenderley Schmachwort, und Gottslästerung; sonderlich aber mußte er eine gar schmerzliche Plag ausstehen an seinem heiligen Haupt, und Angesicht, welches sie ihm mit groben Stricken, die grossen Knotten, oder Knöpfen untermengt, und für den Mund gezohen waren, ruckwerts vest machten, auch sonst noch auf unterschiedliche Weiß bindeten, und quellten. Alsdann schereten sie ihme alle Haar vom Kopf glatt hinweck, zerstachen hierauf solchen jämmerlich mit Dörneren. Nach diesem zogen sie seinen zarten Leib in die Höhe, gleichsam als wolten sie den heiligen Martyrer an einen Creutz-Galgen Christo zum Spott, aufhenken. Ferners verwundeten sie seine linke Seiten so grausamlich, daß der Stich bis in das Herz hinein trunge.

Nach aller dieser unmenschlichen Peyn gossen sie ihme ein siedheisses Wasser von oben über den ganzen Leib herab, damit sie das Blut desto besser heraus zapfen möchten. Unter dieser so schmerzvollen Martyr aber gabe der heilige Blut-Zeug seinen ritterlichen Geist auf. Als nun dieser entsetzliche Mord vollbracht, steckten diese gottlose Schinder den verblichenen Leichnam in einen Sack, eyleten noch an dem Oster-Fest darmit zur Stadt hinaus, dem nechsten Wald zu, selbigen unter dem Gebüsch zu verscharren. Da sie kaum hinein kamen, trafen sie einen Burger an von Nordwich, Cilverdus mit Namen; dieser stunde vor ihnen still, redete sie an, wohin sie giengen, und was sie trugen? gehet nachmals zum Sack, berühret selbigen, und vermerket, das ein Leib eines Menschens darinnen verborgen. Das gottlose Juden-Geschmeis, als es sich auf der That ertappet sahe, rissen dem Cilverdo aus, und fliehen eines Fliehens in das dickere Gebüsch, hengten in der Eil den ermordeten Leib des heiligen Martyrers an einen Baum, und machten sich aus dem Staub wiederum der Stadt zu, daselbst warneten sie die übrige Judenschaft unverzüglich, wie müßlich, und gefährlich der Handel für sie alle stunde; massen sie auf der That ertappet, einfolglich der Straf zuentgehen alle erdenkliche Mittel vorzukehren wären. Der Schluß gienge dahin, weilen in die Sach unfehlbar von Cilverdo dem Stadt-Pfleger zu Ohren kommen werde, und sie es auch, als in der Sach selbst ertappet, solches nicht laugnen könnten; seye es mithin zum rathsamsten dem Uebel vorzukommen, die That fein glatt zu bekennen; und aber zugleich, auf das der Stadt-Pfleger mit der Straf einhalte, ihme mit einer guten Summa Geld die Händ anzufüllen.

Sie

Sie gehen dann zum Stadt-Pfleger hin, bekennen den Mord, so sie begangen, schiessen ihme beynebens hundert Mark Silbers baar auf dem Tisch, mit dem Beding, das er zu dieser greulichen That durch die Finger sehen, und sie vor aller Anklag beschützen wolle. Der armseelige Mann liesse sich durch das Silber dergestalten verblenden, daß er den Burgers-Mann Silverd alsobald zu sich beruffen liesse, und ihn zwange einen theuren Eyd abzulegen, daß er von dem grausamen Mord des heiligen Knabens bis an sein End niemand etwas offenbaren, oder die Juden verschreitt machen wölle.

Aber die Göttliche Vorsichtigkeit hat alles hernach, was die Menschen in der finsteren Vergessenheit zu vergraben suchten, an die helle Sonnen gebracht. Fünf Jahr stunde es an, daß zwar die Sach zimlich unbekannt verbliben; nach verflossener dieser Zeit geriethen Silverdus in ein tödtliche Krankheit, in welcher ihme der heilige Martyrer Wilhelmus erschinen, und ernstlich ermahnet, er solle alles ohne Forcht und und Scheuhen entdecken: welches der Todschwache auch gethan. Entzwischen hat auch der Himmel an jenem Ort, wo der Leib des heiligen Martyrers sich befande mit grossem Glanz, der sich in die ganze Gegend ausbreitete, angezeiget. Es zertheilte sich solches hellschimmerende Liecht vorderist in zwey grosse Strahlen, welche gleich einer Laiter, gegen Aufgang der Sonnen sich in die Höhe schwungen. Ueber das als an dem heiligen Char-Sambstag eine Ordens-Jungfrau mit noch anderen vor Aufgang der Sonnen den dücken Wald durchreisete, siehet sie von weitem an dem Fuß eines Eych-Baums einen Knaben liegen, mit seinen Gewändlein angethan, an dem Kopf völlig abgeschoren: die fromme Ordens-Schwester erschricket hierüber, und getrauete sich nicht hinzu zu nahen: sie nahme aber wahr, wie daß zwey gefrässige Raaben auf den Leib loß zu gehen, nach allen Kräften mit den Flüglen, und Schnabl sich bearbeiteten, wurden doch durch einen unsichtbaren Gewalt abgetriben, daß sie zu beyden Seiten zuruck prelleten.

Dieses erzehlte sie zu Haus, auf welches hin auch die Sach in der ganzen Stadt lautmährig worden, also daß das Volk Haufen-Weiß dem Wald zuliesse, um den erbärmlich zugerichten Leib zu sehen: jederman sagte, es könne so erschröckliche Mordthat von niemand anderen, als von denen Juden begangen worden seyn, wie es auch in der Wahrheit gewesen. Alsdann wurde der heilige Leib in die Stadt getragen, und zur Erden bestattet nechst an einem Kloster, aus deme einige von denen Ordens-Leuten um St. Michaels Fest ein Sträußlein von einer schon längst ausgeblüheten Rosen-Stauden oben bey dem Haupt des Grabs des heiligen Blut-Zeugens gestecket, darauf dieses Sträußlein alsobald anfienge Wurzel zu fassen, und in die schönste Rosen hervor zu brechen, welche doch hernach Ursach des grossen Ungewitters wiederum abgefallen, eine allein ausgenommen, so bis auf den heiligen Weyhnacht-Tag ganz schön und frisch zu oberst in dem Stäudlein fortdaurete.

Noch was Erzehlungs würdiges liesse ich von unserem heiligen Wilhelmo, das ich nicht kann mit Stillschweigen umgehen. Ein sehr kranker Mann, der schon lange Zeit bethligerig gewesen, und nach und nach auf das äußeriste kommen, wurde einsmals verzuckt: er sahe erstlich eine unzahlbare Schaar Menschen in unaussprechlichen Peynen, und Qualen gleichsam vergraben: darunter auch etwelche waren, die er bey ihren Lebs-Zeiten wohl gekennet, diese gaben ihme für einige noch Lebende aus ihren Bekandten etwelche Sachen auf auszurichten, und zugleich sie zu wahrnen, auf daß

selbe

selbe nicht auch in so graußliche Peynen gerathen möchten: damit sie ihme aber Glauben beymesseten, offenbarten diese Unglückseelige ihme etliche verborgene Sachen, und Heimlichkeiten, welche, ausser GOtt sonst niemanden auf der Welt, als ihren vorhero gewesten Freunden, bekannt waren: mit vermelden, daß, wofern sie von solchen Lasteren nicht absiehen werden, für sie ebenfalls dergleichen Martyr zubereitet seye.

Nach diesem führte ihne der Engel in ein überaus annehmliches, lustiges, und schönes Ort, allwo alles in Freuden schwebte: alldorten sahe er den Majestät-vollen GOtt auf einem herrlichen Thron sitzen, darneben seine allerheiligste Mutter, und zu denen Füssen des HErrns einen Knaben, etwann von zwölf Jahren auf einem goldenen Schämmelein sitzend: seine Kleidung ware weisser als der Schnee; das Angesicht glanzte wie die Sonnen, und auf seinem Haupt schimmerete eine goldene Kron mit kostbaristen Edelgesteinen ausgeschmucket. Diesem heiligen Knaben wünschte der ganze Himmel Glück, und die Engel thaten ihne ehrenbiethigist verehren. Da sprache die verzuckte Seel des Krankens, wer dann dieser wäre? darauf gabe der Engel zur Antwort: Dieses seye derjenige, welchen die Juden zu Nordwich zum Hohn und Spott des bitteren Leydens und Sterbens Christi an diesen Tägen vor wenig Jahren um das Leben gebracht, dessen Verdiensten du zu zuschreiben hast, daß dir die vorige Gesundheit wiederum zugestellet wird. Als der Engel dieses ausgeredt, hat die Seel sich mit dem Leib vereiniget, der todtschwache Mann kommet wider zu sich, erzehlet denen Umstehenden alles, was er gesehen; verfüget sich alsdann nacher Nordwich zu dem Grab seines H. wunderthätigen Martyrers, daselbst er die gänzliche Gesundheit des Leibs erhalten: welches ja genugsam erwisen daß dieses Gesicht nicht ein leerer Traum gewesen.

Es

Es hat sich aber des heiligen Knabens Wilhelms Martyr-Kampf zugetragen im Jahr tausend hundert vierund vierzig, den fünf und zwanzigsten Merzen.

Im übrigen umgehe ich andere Mirackel, und Wunderwerk, die GOtt durch heilige Baurs-Söhnlein gewürket; weilen der Leser deren ohne deme in diesem Werklein von gleicher Gattung findet, oder ihme schon sonsten aus anderen Leben der Heiligen bekannt seynd: und wann sonsten keines vorhanden wäre, ist dieses schon an ihme ein trefliches Mirackel der Göttlichen starken Wunder-Hand, daß ein so junges Blut so grausame Martyr und Schmerzen so ritterlich überwunden und ausgestanden.

Acta Sanctorum Martii P. Henschenii ex Joan. Capgravio, ad diem 25. ejusdem Mensis de S. Wilelmo seu Willielmo Puero & Martyre.

## Leben des heiligen Benedicts, eines Hirten-Jungs.

Was einstens der Allmächtige GOtt zu dem König David, vormals gewesten Hirten-Jung am andern Buch der Königin am siebenden Capitel gesprochen, das hat GOtt dem Buchstaben nach auch sagen können zu unserem heiligen Hirten-Jung Benedictus, nemlich: Ich hab dich von der Waid genommen, da du der Heerd nachgiengest, und bin bey dir in allem gewesen, wohin du immer gewanderet, und habe dir einen grossen Namen gemacht. Also sag ich, konnte zu unserem H. Hirten-Jung sagen; gestaltsam auch mit ihme der in seinen Werken verwunderliche GOtt etwas seltsames gewürket, wordurch diesem Heiligen ein

ein ewiger Nam, und Nach-Ruhm verbliben: und insgemein pflegt der Schöpfer aller Dingen, grosse Sachen auszuüben, das jenige zu gebrauchen, was gering, und unansehlich ist, damit er zu Schanden mache, was groß, mächtig, und aufgeblasen ist.

Wo Benedictus gebohren, und wer seine Elteren gewesen, ist uns nicht bekannt; daß sie aber eines geringen Stands gewesen, giebet die Geschicht genugsam an Tag. Von seinen ersten Jahren an hütete er die Schaaf seiner Mutter, einer Wittib (andere schreiben, seines Vatters) und als er sich einsmals auf der Waid mit seiner Heerd befande, da eben eine Sonnen-Finsternuß einfiele, hatte er eine deutliche Stim̃ von Christo dem Herrn zum drittenmal vernommen, die zu ihm sprache: Benedicte, mein Sohn! höre an die Stim̃ JEsu Christi. Der junge Hirt sahe um sich und sagte: Wer bist du HErr! der mit mir redet? ich höre wohl dein Stimm, aber ich kann dich nicht ersehen! darauf widerholte Christus: So höre mich dann an: Benedicte, und förchte dir nicht! ich bin JEsus Christus, der mit einem Wort allein Himmel und Erden, das Meer, und alles, was in diesem zu finden, erschaffen. Benedictus antwortete hierauf, wie vor Zeiten der H. Paulus: HErr, was wilst du, daß ich thun solle. Ich will, widersetzte Christus, daß du hütest, verlassest, weilen du mir ein Bruggen über den Rhodan-Fluß bauen wirst. Der unschuldige und einfältige Benedict gabe ganz redlich, und aufrichtig zur Antwort: HErr! ich weiß nicht, wo der Rohdan ist, und ich getraue mir auch die Schaaf meiner Mutter nicht zu verlassen. Der liebreiche Heyland, welcher gar gern mit den Einfältigen Sprach haltet, wiederum: Habe ich dirs nicht gesagt, du sollst einen vesten Glauben haben? so mache dich dann keck auf, ich will deine Schaaf zu hüten für dich schon Sorg tragen, und dir einen Mitgefährten zugeben, der dich bis zu dem Rhodan führen wird.

Allein unser junge Hirt wolte noch nicht recht zur Sach sich verstehen, sprechend: HErr! ich hab nicht mehr dann 3. Häller, und wie wird ich ein Bruggen über den Rhodan-Fluß bauen? Es wird geschehen: sagte abermal Christus, gleichwie ich dich unterrichten wird. Nach so süssem Gespräch, und Aufmunterung des gebenedeyten Welt-Erlösers ist Benedictus gantz beherzt worden: gehorchet der Stimm Christi, die er zwar hörte, aber Christum selbst noch nicht sahe.

Alsdann kame ihme ein Engel in Gestalt eines Wandersmann, mit einer Pilger-Taschen, und dergleichen Stecken, versehen, der unsern Hirten also anredete: Folge mir nur unerschrocken nach, und ich will dich zu einem Ort führen, an welchem du Christo wirst die Bruggen bauen! will dir auch zeigen, wie du die Sach angehen must. Unter diesem und dergleichen Gespräch gelangten sie gähling zum Gestatt des Flusses. Als aber der Jüngling den grossen Wasser-Strohm sahe, erschracke er auf ein neues, und entsetzte sich darüber, einwendend, er könne einmal für allemal über so Wasser-reichen Fluß kein Bruggen bauen: deme aber der Engel wiederum Muth machte: Fürchte dir doch nicht, sprach er, dann der Geist GOttes ist in dir. Siehe hier Schiflein, in welchem du den Fluß übersetzen wirst, alsdann gehe in die Stadt (in die Stadt Avenion nemlich) dort stelle dich vor dem Bischof, und seinem Volk. Nachdem dieses der Engel ausgeredt, verschwande er vor seinen Augen. Wer solte sich bey Ablesung dieses nicht verwunderen ob solcher liebreichen Freundlichkeit Christi, und des heiligen Engels mit einem einfältigen Hirten-Jung? eine gewißlich seltsame Gnad, und außerordentlicher Himmels-Gunst, so allein widerfährt denenjenigen, die GOtt eintweweders zu seinen sonderbaren Dieneren erkösen, oder vermög ihrer Unschuld sich hierzu tauglich machen.

Bevor wir aber weiters schreitten, wird nöthig seyn von der Stadt Avenion, oder Avignon etwas zu melden. Dieses ist die Haupt-Stadt eines Ländleins, oder Grafschaft gleiches Namens, dem Päbstlichen Stuhl zugehörig: sie liegt in Frankreich, in dem Herzogthum, so den Namen Provinz führet. Nechst an der Stadt selbst fliesset obbenannter schöner, und grosse Wasser-Strom der Rhodan vorbey, welcher in dem Wallisser Land entspringet, selbiges auch nach der Länge durchrauschet, darauf sich in den Genffer-See schwinget, von dannen ein gutes Stuck Frankreichs benetzet, und endlich sich in das Mittelländische Meer ergiesset.

Nun anjetzo wiederum zur Geschicht zu kehren: als der Engel verschwunden, gehet Benedictus zu dem Schiflein, welches ihme der Englische Mitgefährt gewisen, ersuchet die Schif-Leut bittlich um die Liebe GOttes, und Mariä Willen, sie möchten ihne umsonst in die Stadt hinüber führen: deme der Schifmeister: so ein Jud ware, geantwortet: Wann du wilst hinüber kommen, gieb mir drey Silber-Münz, wie andere Leut: Aber Benedictus batte wiederum um GOttes, und Mariä Willen, umsonst hinüber geführet zu werden: Der Jud wolte davon nicht hören, sondern sprache gottslästerlicher Weiß: Was gehet mich dein Maria an, sie hat kein Macht weder im Himmel noch auf Erden: ich verlang vielmehr drey Silber-Münzen, als die Liebe von Maria; es giebt der Marien mehr. Der gute Jüngling, da er dieß hörte, ziehet endlich seine drey Pfenning aus dem Sack hervor, und giebt sie dem Juden: und weil der Geld-gürrige Hebräer wohl merkte, daß Benedictus nicht mehrers an Geld hatte, mithin auch nichts mehrers erpressen konnte, nahme er ihn in das Schiflein, und setzte mit ihme über das Wasser.

Da nun Benedictus in die Stadt zum Bischof gelanget, welcher zum Volk damals eben ein Anred hielte, hinterbringet er demselben, was ihm Christus JEsus befohlen, daß er nemlich über den Rhodan ein Bruggen bauen solte. Der Bischof in Ansehung einer so schlechten, und einfältigen Person, gabe ihme durchaus keinen Glauben: schickt ihne vielmehr scherz-weiß zu dem Stadt-Halter, einem sehr wilden und unartigen Mann, mit Befelch, dieses sein Vorhaben selbigem anzudeuten. Der Hirt gehorsamet dem Befelch des Bischofs ohne weiteres, entdecket auch dem Stadt-Halter ganz einfältig, und aufrichtig, was Christus verlange. Aber der stolze Mann lachte hierüber, und nachdem er auch Benedictum von Fuß auf betrachtet, als ein so geringes, armes und verrächtliches Hirtlein, sprach er zu ihm: *Was? du ein so schlechter Bub, der gar nichts im Vermögen hat, darfst sagen, daß du wöllest ein Bruggen bauen, wo weder GOtt, weder St. Peter oder Paul, weder unser König Carolus (er vermeynte den König in Frankreich) noch ein anderer bishero über den Fluß ein Bruggen hat setzen können: und du wilst es zuwegen bringen? doch aber,* sprach ferners der wilde Mann spötlend; *weilen ich weiß, daß die Bruggen aus Stein, und Kalch muß erbauet werden, so will ich dir ein geben, den ich in dem Pallast habe, diesen, wann du ihne bewegen, und forttragen kannst, so will ichs glauben, daß du die Bruggen bauen wirst.* Benedictus nach solchem Bescheid kehret wiederum zum Bischof, erzehlet ihme, was der Stadt-Halter geantwortet, und daß er bereit seye, den Stein, welchen selbiger ihme zu bewegen, und weckzutragen anbefohlen, allein aufzuheben, und dorthin zu bringen, wohin ers verlange.

Dem

Dem Bischof kame die Sach nicht gar verwürflich vor, weilen er noch was anders unter diesem Hirten-Jung verborgen zu seyn verspühret, so da etwas mehrers, als natürlich zu seyn scheinte; begiebt sich derohalben in Begleitung des gesamten Volks mit Benedicto dem Pallast des Stadt-Halters: der Stein wird dem Jüngling gezeiget, der so groß und schwer ware, daß solchen dreyßig Menschen kaum einmal bewegen konnten: diesen nimmt Benedictus her, hebt ihn auf, und truge solchen mit so grosser Reinigkeit fort, als wäre es nur ein kleiner, ringer Hand-Stein, und setzte endlich selbigen in das Wasser zum ersten Pfeiler oder Stücken für die zukünftige Bruggen. Als dieses der Bischof und Stadt-Halter samt dem beywesenden ganzen Volk gesehen, erkenneten sie alsobald die Kraft, und Macht der Hand GOttes in dem Hirten-Jung Benedicto; preyseten den Allerhöchsten, und machten zu dem völligen Werk mit freygebigister Beysteur der Geld-Mittlen den Anfang. Der allererste, welcher eine gute Summa Gelds Benedicto überreicht, ware der Stadt-Halter selbst, der vorhero nur dessen gespöttlet, anjetzo aber ihne dergestalten verehret, daß er vor ihme, als einem himmlischen Menschen nieder gefallen, seine Händ und Füß demüthigist geküsset. An welchem Tag GOtt noch mehr andere Miracel durch ihne gewirket: inmassen achtzehen theils Gehörlose, theils Blinde und Lahme wiederum ihre erwünschte Gesundheit erlanget.

Bey sothaner Beschaffenheit der Sachen hatte also Benedictus die Bruggen zu erbauen angefangen, da man zehlte tausend hundert sieben und siebenzig. Wann es unter währendem Bau an Steinen fehlete, hat er nur am nechsten besten Ort seine Arbeiter hingeschickt, ihnen zu graben befohlen, und alsobald fanden sie der tauglichen Steinen genug aus welchen die ganze Bruggen bestehet, alles auf hohen Schwibögen, und begreiffet in sich an der Länge bis tausend dreyhundert drey und vierzig Schritt; hat achtzehen Pfeiler, oder gewölbte Stützen, worauf sie ruhet: Aus deme der Leser abnemmen kann die Grösse des von unserem Hirten-Jung unternommenen Werks, und des grossen Wasser-Strohms, so selbiges durchfliesset. Diese herrliche Bruggen kame aber erst im eilften Jahr zum Stand, und hat Benedictus mitten unter dem Bau, ehe seinen Lohn im Himmel von GOtt empfangen, als er selbige auf Erden ausgebauet, gestaltsam er in dem Jahr tausend hundert, vier und achtzig mit Tod abgangen, das im siebenden Jahr des angefangenen Baus.

Allein eben diese stattliche Bruggen dienete hernach unserem heiligen Hirten zu einem fürnehmen Denk- und Grabmahl; weilen man seinem heiligen Leichnam darauf eine Ruhestatt erbauet, wie Benedictus selbsten noch bey Lebs-Zeiten verlanget hat, in einer Capellen, welcher auf dem dritten Pfeiler stehet.

So wohl im Leben, wie wir schon zum Theil erst vorhero vernommen, als nach seinem Todt ware er mächtig in allerhand Wunderwerken; ein grosse Anzahl der Zeugen, welche alles mit Augen gesehen, seynd noch in denen alten Briefschaften, und Urkunden aufgezeichnet. Wann er bey Lebs-Zeiten einem die Gesundheit, oder eine andere übernatürliche Gutthat des Leibs mittheilte, machte er nur das Creutz-Zeichen über sie, und sprache beynebens: Dein glaub mache dich gesund; gabe ihm darauf den Kuß des Friedens, und entliesse ihn in dem HErrn. Es geschahe ebenfalls bey seinem Grab ein grosser Zulauf wegen so vielfältigen Wunderwerken: es haben auch die Römische Päbst sehr viel und grosse Abläß denenjenigen verlyhen, welche gedachte Capellen besuchen, und des Heiligen Grab verehren.

Allein

Allein wie es in diesem sterblichen Leben und Weesen zugehet, so hat nach und nach die schuldige Verehrung dieses Heiligen bey denen Menschen dergestalten nachgelassen, daß er schier gar in Vergessenheit kommen; aber auch der Heilige hat hingegen aufgehört Wunder zu wirken: über das ist auch die Bruggen, obschon Benedictus solche so stark, und herrlich erbauet, da und dort sehr übel beschädiget worden; indeme einige Schwibögen völlig ein und in das Wasser gesunken, auch bishero noch nicht ergänzet worden. Und das zur billichen Straf der menschlichen Nachläßigkeit, und Vergessenheit, welche ihr hierdurch selbsten den Gnaden-Bronnen GOttes und seiner Heiligen sperret.

Und weilen man besorgte, es möchte auch derjenige Pfeiler der Bruggen in das Wasser umgestürzet werden, auf welchem obbesagtes Kirchlein, oder Capellelein stunde, worinnen der heilige Leib Benedicti ware, hat man aus billicher Forcht dieses Schatzes verlurstiget zu werden, wegen etwann entstehendem grossen Gewalt des reissenden Gewässers, selbigen erhebt, und in die Stadt mit grossem Zulauf des Volks übertragen: bey welcher Gelegenheit als das Grab des Heiligen eröffnet worden, hat man den Leichnam dergestalten unverwesen gefunden, daß er noch lebendig zu seyn schine; das Fleisch, das Ingewaid, die Augen, die Zungen, und alles ware ganz unversehrt, zusamt denen Kleideren, mit welchen er bey seiner Begräbnuß ist angethan worden: diese Erheb- und Uebersetzung des heiligen Leibs ist geschehen im Jahr tausend sechshundert, und siebenzig, den achtzehenden Merzen, bey welchem Gepräng abermal allerhand Wunder sich zu getragen. Jedoch ist dieses edle Pfand, der heilige Leichnam, nur zwey Jahr in der Stadt verbliben; dann er hernach wiederum Anno tausend sechs hundert und zwey und siebenzig in seine vorige Ruhestatt, das ist, in das besagte Kirchlein auf

der

der Bruggen mit herrlichem Geprang übersetzet worden.

Ich muß doch meinem gutherzigen Leser noch ein und anders Wunder von diesem Heiligen Hirten zu guter Letst beybringen, damit sein löblicher Fürwitz nicht leer abgespeiset werde. Zwey Burger spielten einstens mit einander, deren der einte in abscheuliche Gottslästerungen hervor brache: Benedictus dieses anhörend, empfande gleichsam so viel Herzens-Stich, als viel er gottslästerliche Wort anhörete; er nahme so dann aus gerechtem Eifer seinen Stecken, und schluge die Schaach-Stein (massen in dem Schaach-Spielen begriffen waren) alle unter einander nieder: einer aber aus diesen Böswichten nicht faul, gabe diesem wohlmeynenden Ermahner eine starke Maulschellen; darzu der Heilige doch keine Rach spühren liesse, nicht aber der Himmel, der diesen gottlosen Spieler wohl gezüchtiget; indeme in einem Augenblick das Maul ihme abscheulich erkrummet, und gegen das Ohr zuruck gezohen wurde. Allein nach Gebrauch der Heiligen, wolte das Böse mit Gutem vergelten, begibt sich in das Gebett, und erhalte von GOtt seinem Beleydiger wiederum Gnad und Hülf, daß sein böses Maul zur vorigen Stell gelanget.

Ein andersmal gienge der Heilige durch ein Dorf, da schrye man ihme zu, er solle doch zu denen Kranken, so darinnen lagen, hingehen, sie besuchen, und ihnen seine Hilf nicht versagen: aus Mitleyden thut er es, bettet, und leget die Händ auf die Presthafte, und alle stunden gesund auf.

Er pflegte seinen Durst zu löschen, nichts anders, als das pure Bronnen-Wasser zu trinken: auf eine Zeit begehret er, man solte ihme einen frischen Trunk Wasser bringen;

da

da er aber das Geschirr zum Mund setzte, verspührte er, daß es ein guter Wein seye: dannenhero begehret er abermal einen Trunk Wasser, und als man ihme dieses zum zweytenmal dargereichet, ist es wiederum der beste Wein gewesen. Daß geschahe zum drittenmal, bis der Heilige erkennet, daß GOtt seine Leibs-Kräften zustärken durch ein Wunder das Wasser in Wein verkehret; hiemit anzuzeigen, wie er auch seine Diener, welche sich seinetwegen abmatten, nicht minder mit leiblichen Erquickungen tröste, und aufmuntere.

Diese und dergleichen mehr andere verwunderliche Ding konnte ich auch von Benedicto beybringen, wann nicht der Leser abermal an ihme selbsten genug zu bewunderen hätte, daß GOtt nemlich sich eines so geringen Hirten-Jungs gebrauchet, so seltsame Sachen auszuwürken.

Ex MMI. SS. authenticis Archivii Avenionensis apud Henschen. in actis Sanctorum Tom. 2. Aprilis, ad diem 14. ejusdem de S. Benedicto Avenionensi. Item ex Theophylo Raynaudo de S. Joan. Benedicto Pastore & Pontifice.

# Leben des heiligen Beichtigers Drogo, eines Schaaf-Hirtens.

Drogo ist zu Espynoy in Nider-Teutschland von adelichen Elteren entsprossen; ehe er aber zur Welt gebohren, hat der unbarmherzige Todt ihme seinen lieben Herren Vatter in die andere Welt entzucket: ja auch hernach seine Frau Mutter, als sie mit dieser Leibs-Frucht zur Geburt kame, mußte darbey ihr Leben einbüssen; doch wurde dieses kleine Kind, ihme selbes noch zu erhalten, aus Mutter Leib heraus geschnitten. In dem heiligen Tauf hat er den Namen Drogo empfangen.

Als dieses Knäblein etwas erwachsen, und einsmals hörete, daß wegen seiner Geburt die liebe Frau Mutter ihme das seinige zu geben, selbsten das eigene Leben eingebüsset, ist der kleine Drogo darob sehr erschrocken, und nicht in eine geringe Traurigkeit gerathen: bedachte sich oftermals, was er doch thun müße, auf daß er dieses Verbrechens halber gebührende Buß wirken möchte; dann das unschuldige Kind bildete ihme gänzlich ein, er, und kein anderer hätte an dem Todt seiner Frau Mutter Schuld daran; dahero bereuet er stäts dieses (wie er vermeynte) sein grosses Verbrechen.

Von Jugend auf beflisse er sich eines heiligmäßigen Lebens: liesse sich gern in denen Kirchen, und GOttes-Häuseren finden, und war begürig dem Wort GOttes beyzuwohnen, welches auch nicht frucht-loß anhörete, sonderen zeigte den Frucht darvon durch seine Werk. Casteyete mit stetem Fasten seinen zarten Leib, und ergabe sich immerfort dem heiligen Gebett. Endlich der weltlichen Zergänglichkeiten völlig überdrüßig, giebet Drogo alles das Seinige denen Armen, verlasset sein Vatterland, Bekandte, und Verwandte, und mit einem schlechten Kleidlein angethan, machet er sich darvon.

Nachdem er unterschiedliche Wallfahrten vorgenommen, gelangte er letztlichen nacher Seeburg, einem Flecken in dem Hennegauischen Gebüth des gedachten Niderlands: allda verdingte sich unser Drogo bey einem sehr gottseeligen Weibsbild, Elisabetha la Hayre mit Namen, dero er ihre Schaaf hütete. Der fromme, andächtige, wie auch eingezogene

Lebens-

Lebens-Wandel dieses Schaaf-Hirtens gefiele denen Nachbars-Leuten sonders wohl; deßwegen schätzte ihne jedermann, und brachte ihme allerhand Gaaben, und Eßwaaren: Drogo aber behielte für ihne nur das schlechtiste, das übrige und bessere gabe er denen Armen.

Sechs Jahr stund er bey diesem tugendsamen Weibsbild in Diensten, und Waidung ihrer Schaaf, gelangete entzwischen zu seinem stärkeren, und mannbaren Alter, stellte hernach eine Wallfahrt an zu denen heiligen Apostlen Peter und Paul nacher Rom, worauf er im zuruckreisen wiederum bey seiner vorigen Haus-Mutter zu Seeburg die Einkehr genommen, und von ihr gar liebreich empfangen worden. Als er sich von voriger schwärer Reiß erhollet, gehet er das zweytemal nacher Rom, und langet auch für dießmal zu Seeburg in seiner alten Herberg, als lieber Gast glücklich zuruck an: weilen er aber theils von so vielem Reisen, und herumwanderen ermüdet, theils wegen seinem grossen und sehr gefährlichen Leibs-Schaden, mit deme er von GOtt heimgesucht worden, zu allem nunmehro untauglich, gedachte die übrige Zeit seines Lebens in der Ruhe zu zubringen, und GOtt allein zu schenken; dannenhero bauete er ihme daselbst nechst an dem GOttes-Haus ein kleines Oertlein, damit er nahend an der Kirchen denen GOttes-Diensten desto fleißiger, und unabläßlich beywohnen könnte. Darinnen führte er ein überaus strenges Leben, asse allein das mit Laugen abgeknöttete Gersten-Brod, und löschte den Durst mit dem puren Bronnen-Wasser. Es brachten ihme zwar die fromme Leut viel von anderen besseren Lebens-Mittlen; Drogo aber behielte nichts vor sich, als das schlechte Brod, das andere theilte er denen Armen aus. Also brachte dieser ehemals geweste Hirt seine Jahr und Zeit zu, zu anderer Arbeit nunmehro ganz entkräftet, und untauglich, nemlich mit heiligen Werken, seine Verdienst, und Glori im Himmel zu vermehren.

In dieser seiner kleinen, und armen Wohnung hielte sich der Diener GOttes dergestalten beständig auf, daß, als einstens das Feuer einen Theil der Kirchen ergriffen, ja auch schon seine Wohnung angesteckt hatte, wolte Drogo, auch auf vielfältiges Zuschreyen der herzu Laufenden dannoch nicht heraus; und da endlich selbige völlig verbrandt, in die Aschen sancke, sahe man doch den Heiligen Mitten darinnen, gleich denen dreyen Knaben in dem Babylonischen Feuer-Ofen ganz unversehrt, knyend, und mit gegen dem Himmel erhebten Augen, GOtt lobend, und Dank sagend.

An diesem Ort hat Drogo bey fünf und vierzig Jahr ein heiliges Leben geführet, nach deren Verlauf hat er auch selbiges ebnermassen heilig beschlossen im Jahr tausend hundert und sechs und achtzig: darzu ihne beförderet die Schmerzen des oberwehnten Leib-Schadens; dann weilen er für dieses Uebel niemalen kein Hülfs-Mittel brauchte, noch zu liesse, hat der Leib inwendig zu faulen angefangen: aus deme der Leser leichtlich urtheilen mag, was der Heilige Mann hiebey gelitten, und ausgestanden.

Den verblichenen Leichnam begehrten zwar seine Bluts-Verwandte, und es wurde ihnen auch solcher zugesprochen: allein wie es zur Sach kame, daß man diesen kostbaren Schatz weckführen wolte konnte es auf keine mögliche Weiß geschehen, und mithin wurde er zu Seeburg beerdiget. Seine heilige Fest-Begängnuß fallet ein den sechszehenden Aprill: er leuchtet mit grossen Wunderwerken, sonderlich in denen Schäden und Brüchen des Leibs, wie auch in denen Stein-Schmerzen weilen er bey Lebs-Zeiten mit gedultiger Uebertragung solcher Wehethum GOtt dem HErrn geprysen.

Martyrologium Romanum ad diem 16. Aprilis. Acta Sanctorum Henschenii Mensis Aprilis Tomo 2. in vita S. Drogonis.

Le-

# Leben des heiligen Albrechts, eines Baurs-Manns.

Auch von denen Distel und Dörneren lasset sich herrliche Frücht, und Trauben sammlen: der gerechte GOtt, den Ungehorsam unsers ersten Vatters Adams, und zugleich ersten Baurs- und Ackers-manns zu bestrafen, befahle ihme, im Schweiß seines Angesichts die Erden zu bearbeiten, welche ihme Distel und Dörner hervor bringen werde; allein es wußte ihme Adam dieses also zu Nutzen zu machen, daß er hieraus aus diesen Distlen, und Dörneren die alleredliste Tugend Frücht gesammlet, wormit er GOtt dergestalt gefallen, daß er ihne wiederum zu Gnaden aufgenommen. In diesem Stuck machen es ihme viel seiner Nachkömlingen, welche zu gleichem Stand beruffen worden, ganz ähnlich, und gleich: aus der sauren Ackers- und Bauren-Abeit, gleichsam als aus so vielen Distlen und Dörneren, mit welchen dieser Stand besäet, und überwachsen ist, wissen sie auch treflich die schönste Frücht der Tugenden, der Verdiensten, und Gottseeligkeit einzuhollen, vermittels des Schweiß ihres Angesichts, wormit sie aus schlechten Baurs-Leuten nachmals unter denen Himmels-Burgeren auf das herrlichiste leuchten und glanzen. Einen solchen kann uns aufweisen die berühmte, und uralte welche Stadt Cremona in der Lombardey, oder Mayländischen Herzogthum an dem heiligen Albertus, oder, wie wir ihne nach teutscher Art nennen wollen, St. Albrecht, einem Baursmann.

Er ist zwar in gemeldter Stadt Cremona nicht gebohren, sonderen in dem Bergomascgischen Gebüth, so der Herrschaft Venedig unterthänig, in einem schlechten Dörflein Ogna genannt, welcher in dem Serianer Thal, zwischen rauchen Bergen gleichsam vergraben lieget. Seine Eltern hatten ihne gar Christlich, und fromm auferzohen, zur harten, und mühesamen Bauren-Arbeit von Jugend auf gewöhnt: aus welcher so guter Zucht ja nichts anderes, als ein Christ-mäßiges Leben an dem Kind zu erwarten ware; gestaltsam das meiste in denen Kinderen an der Auferziehung, und Sorg der Elteren hanget, mit ihrer unbeschreiblich grossen Verantwortung, so fern sie hierinfalls ihrer Pflicht, und Kinder-Zucht vergessen.

An Sonn- und Feyrtägen stellte er sich überaus fleißig ein bey denen GOttes-Diensten, und beflisse sich aus dem Wort GOttes, und denen Predigen, wie auch aus dem geistlichen Lesen, ohne welches nicht leicht ein hoher Tugend-Weeg mag ergriffen werden, möglichen Frucht zu schaffen. Nachdeme er die sonst so schlipferige Jahr der Jugend mit auferbäulichistem Wandel hindann gelegt, hat er sich nach Christlichem Gebrauch verehlichet: allein seine Ehegattin gabe ihme grosse Gelegenheit zur Gedult, und Sanftmuth: ware auch eine, so unter jene Weibsbilder gehören, welche mit des wunder-gedultigen Jobs übelgesinnten Hausfrauen ziemlich übereins kame. Der heilige Albrecht, weilen er aus ihr keine Leibs-Frucht erzeuget, pflegte er deßwegen gegen denen Armen über die massen freygebig zu seyn: was er nicht zum nothwendigen Unterhalt allein für sich, und seinem Ehe-Weib vonnöthen, das übrige spendete er alles unter die Arme, Kranke, und bedürftige Fremdling aus. Das möchte seine Ehe-Gattin gar nicht leyden, eintweders, weilen sie ein gar karger Geitz-Hals ware, oder noch nicht gelehrnet hatte besser auf die Fürsichtigkeit GOttes zu bauen; lage ihme deßwegen immerfort in denen Ohren, schmächte den freygebigen und barmherzigen

und

und barmherzigen Mann, und widersetzte sich dergestalten, daß unser gedultige Albertus ein zimmliches Haus-Creutz an ihr, und ihrem losen Maul, und Sitten zu übertragen hatte.

Er liesse sich dannoch von allem diesem Bellen nichts hinderen seine mildreiche Hand gegen denen Nothleydenden auszustrecken; vorderist da er vermeckte, daß durch ein Wunder alle Speisen, die er denen Armen zugeschoben, wiederum dahin gefunden wurden, als hätte er darvon niemahlen etwas hinweck gegeben: zu einem klaren Beweißthum, daß die freygebig: Barmherzigkeit gegen denen Armen nicht allein nichts verliehret, sondern sich selbsten darmit bereichet; und wer insgemein will reich werden, muß seine Händ stäts gegen die Bedürftige offen haben.

Unter anderen löblichen und Christlichen Andachten pflegte der heilige Diener GOttes zum öftern einige Wallfahrten anzustellen, sonderlich nacher Rom zu denen heiligen Apostel-Fürsten Petrus und Paulus, worbey sich einstens ein gar seltsame Sach zugetragen, welche ich also giebe, wie sie einer aus seinen Lebens-Verfasseren, Marius Mutius mit Namen erzehlet. Auf der Reiß gebrache es diesem Mann GOttes an der Weeg-Zehrung, wie auch an dem Allmosen, daß er anderen mittheilen könnte; und weilen er niemand mit Bettlen begehrte überlästig zu seyn, und ihme als einem Mann, so zur Arbeit stark, und tauglich, auch vielleicht wenig etwas von Allmosen wurde gereichet haben, hatte sich mithin an einem Ort nebst anderen Taglöhneren zum Heu-Maad auf- und andingen lassen, weilen eben zum Heuen-Zeit vorhanden ware. Er ist aber in seiner Arbeit so hurtig und tapfer gewesen, daß es ihme nicht allein im Graß mähen keiner gleich thate, sondern er übertrafe die übrige alle sammentlich: Er ware bey weitem tern nicht aus jener Gattung der Arbeits-Leut, die so liederlich, und träg ihrer Arbeit abwarten, daß man sich verwunderen mag, wie sie oft mit gutem Gewissen das Tag- oder Idlohn sich einzunemmen getrauen.

Die Mitarbeiter unseres heiligen Albrechts verdrosse es über die massen, daß er mehr, dann sie, des Tags abmähete; dahero von dem Neyd angetriben, gedachten sie ihme einen Possen zu reissen; sie steckten ihme heimlich das Stuck-Eisen, auf welchem man die Sensen zu tänglen pflegt, in den Graß-Boden hinein, damit, wann er mit der Sensen an das Eisen gerathen solte, er dieselbe voller Scharten zuruckziehen, und alsdann solche wiederum auszutänglen, und sie zu ergänzen gezwungen wurde, und folglich vermeynten sie, bis Albertus mit Zurichtung seiner Sensen färtig wäre, konnten sie entzwischen, ihme zum trutz, um ein gutes mit der Arbeit fortrucken: aber der Possen ist ihnen nicht angangen, haben nichts anders, als eine gute Nasen darvon getragen, inmassen der fromme Mann des Betrugs ganz unwissend, wie sonsten in das Graß schluge, und als er mit der Sensen an das Ort kame, wo das Eisen verborgen ware, hat er selbiges nicht minder, als wie das Gras von einander geschnitten, gleichsam als wäre es einanderer Kraut- oder Blummen-Stengel, ohne daß die Schneide der Sensen im mindisten verderbt worden. Da solches seine Beneyder wahrgenommen, veränderten sie alsobald den Neyd in eine Verehrung, und ruffen ihne, wie er auch ware, für einen heiligen Mann aus.

Ein andersmal, wie ferners obbenamster Geschicht-Schreiber meldet, da den Diener GOttes die Ruckreiß von gleichem Wall-Gang zu dem Poo-Fluß truge, und er nicht viel Gelds hatte die Ueberfuhr zu bezahlen, name er sein Pilgerger-Mänteleln von dem Hals, legt es auf das Wasser, bezeichnet sich mit dem heiligen Creutz-Zeichen, steigt alsdann darauf, und setzet ganz sicher über den grossen Fluß. Dieses erblickten etliche Einsidel, die dortherum wohneten, kamen eylends herbey, den heiligen Mann zu verehren; er aber gestattete ihnen solches keines Weegs, und gebotte ihnen bey seinen Lebszeiten darvon nichts auszusagen.

Wann Albertus dergleichen Wallfahrten verrichtete, ist nicht auszusprechen, wie liebreich, und barmherzig er mit denen Armen und Kranken in denen Spitälern, allwo er allzeit sein Herberg name, umgienge; tröstete er sie, wartete ihnen aus, gabe ihnen Allmosen, sprache ihnen auch zu, das Gewissen durch ein rechtgeschaffene Beicht zureinigen, und was noch mehr dergleichen geist- als liebliche Liebs-Dienst seyn mögen: wormit uns der heilige Albrecht ein schöne Lehr gegeben, wie ein Wall- oder Creutz-Gang eines Christen beschaffen seyn solle: darbey oft leyder! bey anderen viel Sünden und Laster einschleichen, und ihnen mithin mehr den Zorn, als Seegen GOttes, wegen welchem sie doch die Wallfahrt anstellen, herab ziehen.

Die letste Jahr des Lebens brachte der heilige Diener GOttes zu Cremona zu, als ein Taglöhner in dem mühesamen Amt eines Wein-Trägers, daselbst ist er in Bekandtschaft gerathen mit dem heiligen Burgersmann Homobonus, der seines Handwerks ein Schneider gewesen, welcher ihne oftermals zu Gast geladen: Sie handleten mit einander gar freundlich. Der heilige Homobonus rathete St. Alberto, er solte das schwere Amt eines Wein-Trägers aufgeben, und selbes mit einem besseren, und etwas ansehlicherem vertauschen: allein der demüthige, und arbeitsame Albertus wolte sich hierzu nicht verstehen. Es ist aber dieses Amt in denen

Orten, in welchen das edle Wein-Gewächs hervorgebracht wird, sehr gemein, sonderlich in dem Welschland bey dem Wein-Fassen, wann man solchen von einem Faß, oder Keller, oder Haus in das andere bringen solle, alsdann lassen sich diese Taglöhner, oder Wein-Träger gebrauchen, und tragen den Wein in grossen Geschirren, oder Butten dahin, wohin man es verlanget: bey einer solchen Gelegenheit hat sich abermal ein sehr denkwürdige Sach zugetragen mit unserem heiligen Albert.

Auf eine Zeit solte er in einem Trink-Geschirr einen Wein zu einer Jungfrau bringen: das Geschirr zerbrache, und der Wein gosse sich allenthalben aus. Albertus fiegte die Trümmer zusammen, und das Geschirr wird wider völlig ganz; den Wein aber, auf daß ein Wunder mit dem anderen vermehret wurde, als wann er zu einem Eyß-Schollen zusamm gefrohren wäre, hebte der heilige Mann von der Erden auf, warfe ihn wiederum in das Geschirr, und überbrachte solchen an sein gehöriges Ort.

Endlichen da sich auch sein Sterbstündlein annahete, und er nunmehro sahe, daß ihne GOtt von diesem mühesamen Leben zur glückseeligen Ewigkeit zu beruffen gewillet, legte er eine reumüthige Beicht ab. Als aber der Seel-Sorger etwas verweylete ihme die letste allerheiligste Weeg-Zehrung darzubringen, siehe! da kame in vollem Glanz eine Schnee-weisse Tauben (man haltet darvor, es seye der göttliche heilige Geist selbsten gewesen) von dem Himmel herab geflogen, hielte in dem Schnäbelein ein Particul einer heiligen Hosti, und legte selbige in den Mund des Sterbenden, darauf er seine gebenedeyte Seel aufgegeben, und im HErrn entschlaffen im Jahr tausend ein hundert, und neunzig. Kaum ist er verschieden, alsobald fiengen alle Glocken in der ganzen Stadt von sich selb-

sten

ken (ohne von einiger menschlichen Hand berührt zu werden) an zu leuten, vermittelst denen Gethön die Burger herbey geloffen, dardurch sie auch gleichsam ermahnet worden für diesen heiligen Mann, und ihrem Mitburger ein taugliches Ort zur Begräbnuß auszusehen: und siehe! ein neues Wunder; da sie in die Kirchen des heiligen Mathias kommen, fande man das Pflaster derselbigen für ein Grabstatt hinweck geraumet, ja die Gruben schon ausgeschöpfet, zweifels ohne, alles durch englische Händ, in welche sie den heiligen Leichnam mit herrlichem Pracht eingesenkt, allwo er annoch ruhet, und mit Wunderzeichen glanzet. Pabst Johannes der Ein- und zwanzigste dieses Namens, solle den Diener GOttes wegen diesen so scheinbaren Wunderen, die er vor, und nach seinem Todt gewürket, der Zahl der Heiligen beygerechnet haben.

Sein Fest-Tag wird Jährlich zu Cremona den siebenden May sehr feyrlich gehalten von der Zunft obbeschriebener Wein-Trägeren, als welchen sie ihnen für den Haupt-Patron erwöhlet. Ihre Vorsteher aber pflegen denen armen Töchteren besagter Zunft-Leuten zu einem ehrlichen Heyrath eine erkleckliche Aussteuer mitzutheilen. Die Stadt selbsten vermög eines aufrichtigen Vertrags, verehret zu dem Altar des Heiligen gleichfalls zwey grosse Wachs-Kerzen. Sein Geburts-Ort Ogna rühmet sich mit dem Arm des Heiligen, welche die Stadt Cremona dahin überschicket; der Himmel aber erfreuet sich mit einem so fürtreflichen Mitburger seine Schaar der Außerwöhlten vermehret zusehen.

Marius Mutius, aliique apud Henschenium in actis Sanctorum Maii Tom. ad diem 7. ejusdem Mensis in Vita S. Alberti Agricolæ.

# Leben des heiligen Hirtens, und Beichtigers Alderichs, sonst insgemein St. Telerich genannt.

Der heilige Alderich, oder Aldericus wurde nicht von der Geburt, oder einem geringen Herkommen zu dem Hirten-Stab gewidmet, sondern es hat ihme denselbigen in die Hand gegeben seine ausbündige Tugend, Christo in der Demuth, und Verachtung der Welt nachzufolgen: er ware vielmehr von der Natur außerkusen, Land und Leut zu beherrschen, als das Vieh zu waiden; mehrers einen Scepter, oder Regiments-Stab, als den schlechten Hirten-Stecken zu führen; sintemalen er von hohem, ja wie es eine schon von Alters hergebrachte Sach, und der Heilige selbst bey seinem letzten End dem Beicht-Vatter offenherzig bekennet, von Königlichem Französischen Geblüt abstammete.

Die Welt hat Aldericus (den auch das Volk insgemein St. Telerich nennet) das erstemal begrüsset fast bey Ausgang des zwölften Jahr hunderts: Es ist nicht zu zweiflen, der kleine Prinz müß in seiner zarten Jugend öfters gehört, oder auch selbsten gelesen haben, was massen vor Zeiten viel von denen gekrönten Häupteren, Christo zu lieb, den Scepter, und Purpur hinweck gelegt, ihre Reich verlassen, damit sie eintwebers ihrer eignen Seelen, oder auch Fremde zu gewinnen, und GOtt zu zuführen, desto füglicher und ungehinderter abwarten möchten: als da gewesen waren der heilige Lucius, Richardus, und andere mehr. Von solchem Beyspiel, wie man glaublich darvor haltet, angetriben, und aufgemunteret: (dann die Exempel sehr grosse Kraft in denen mensch-

menschlichen Herzen haben) hat sich auch Albericus zu gleichem günnen und Vorhaben entschlossen. Aus welchem zu ersehen ist, was der Jugend nutzet, wann sie zu Haus mit Erzehlung, oder Lesung geistlicher Dingen unterhalten wird. Wie es aber der heilige Prinz Alberich ihme vorgenommen, also hat er es auch in der That erwisen: er machte in aller Still auf, und giebt dem Hof-Leben, seinen hohen Anverwandten, dem Frankreich, ja aller Welt-Eitelkeiten gute Nacht; verschlieffet in ein schlechtes Kleidlein, und machet sich unvermerkt aus dem Staub, wie ein anderer H. Alexius, oder Johannes Calybita. Reiset also unbekandter herum die heilige Ort, und Gebein der verstorbenen grossen GOttes Beineren zu verehren.

Er kame auch nacher Cöln am Rhein, jener Stadt, die wegen Menge der heiligen Gebein, und anderen herrlichen Seltsamkeiten des wahren Catholischen Christenthums das teutsche Rom genennet wird, als er auch daselbst sein Andacht verrichtet, truge ihne der Weeg nacher Tolbiac, anjezo Zulpe genannt, ein Ort nahe am Rhein, zwo Meil von der Stadt Dürren entlegen: welches Ort, und auch die herumliegende Gegend vor alten Zeiten in verschiedenen Kriegen, die zwischen denen Allemanieren, oder Teutschen, und zwischen denen Gallieren, oder Franzosen vorgefallen, oftermals von der Ermordeten Blut befeuchtet worden: ja es seynd auch einige, alter Geschichten nicht wenig kündige Männer, welche vermeynen, es seye eben daselbsten geschehen, daß Clodoveus der erste Christliche König in Frankreich, als mit denen Teutschen in ein überaus hartes, und gefährliches Treffen einstens gerathen, den Christlichen Glauben anzunemmen mit einem Gelübd sie verbunden, wann er den Sieg erhalten wurde; welches erfolget, und Clodoveus ist auch ein Christ worden. Nun aber hatte Alberich dieses Ort mit einem

nem weit herrlicheren Sieg, als seine Lands-Leut, geadlet, nemlich mit einer ungemeinen Verachtung seiner selbst, dergleichen man wenig an einem Prinzen lesen wird, wie wir gleich vernemmen werden.

Nicht unweit von obbesagtem Tolbiac, oder Zulpe breitet sich mit einer holdseeligen Ebne ein sehr lustiges Thal aus, darinnen ein schönes Kloster der Canonißinen, oder Regulierten Chor-Frauen Prämonstratenser Ordens des heiligen Norberti zu sehen, dieses Ort wird Fussenich benamset, welches schon damahlens wegen auferbäulichister Closter-Zucht, und gottseeligem Wandel überall bekandt ware: dieser Ursachen wegen wurde auch unser Albericus bewogen, sich dorthin zu verfügen, als welches Kloster GOtt durch ihne vermittels seiner, nicht leicht erhörten Demuth, noch berühmter zu machen gewillet ware; sintemalen Albericus sich bey dem Kloster eingedingt, und so gar die Schwein zu hüten angetragen: in Wahrheit ein ungemeines, und Erstaunungs-würdiges Stücklein einer so unvergleichlichen Demuth, und Nidertrachtigkeit eines so hohen Prinzens! was machet nicht, und wie weit bringet nicht oft manches Gemüth die Liebe GOttes, und Begierde zu der Tugend, wann sie dessen Werth recht erkennet! der H. Jüngling ware auch der Ursachen bey seinem Amt wohl vergnügt, wellen er darbey gute Gelegenheit hatte in der Einsamkeit, und auf dem Feld genug dem Gebett zu schenken, welchem er beständig abwartete.

Auf eine Zeit suchte ihne auch GOtt mit einem Fieber heim, das dem jungen Hirten die Kräften zimlich benahme; und als er einstens neben seiner Heerde auf der Waide ganz ermattet da sasse, und wegen grosser Fieber-Hitz von dem heftigen Durst sehr geplagt wurde, gienge eben ein Weibs-

Bild

Bild mit einem bey nechstem Mayr = Hof angefüllten Wasser-Krug vorbey: dieses batte der fieberige, und entkräfte Jüngling, daß sie ihne einen Trunk darvon thun lassen möchte. Aber das ungeschlachte Weibsbild fahrete dem armen Kranken wacker über das Maul; und an statt eines Trunks gabe sie ihme auf bolderisch Weiber = Art einen guten Verweiß, sprechend: Sie habe das Wasser für sich geholt, er seye jung und stark genug, könne ihme selbst eines hollen, wann ihn dürstet: und hiemit trollete sie sich fort. Der gedultige Albericus, weilen er wohl sahe, daß er in diesen Umständen kein andere Hülf mehr erwarten konnte, wendete sich durch ein eifriges Gebett völlig zu GOtt, als dem Bronnen alles Gutens, und batte ihne gar inständig um höchst nothwendiges Wasser, so wohl für sich, als auch für seine Heerde, die er zu tränken wegen äusseristen Leibs = Schwachheit an ein weit entfernetes Ort zu treiben nicht mehr mächtig. Wie kräftig und angenehm dem Himmel dieses Gebett gewesen, das hat ein bishero immerfort daurendes Wunder erwisen. Dann ein Engel stellte sich unvorsehens vor den Kranken dar, sagte zu ihm, er solte nur mit seinem Hirten = Stab in die Erden hinein stechen, er werde alsobald erhalten, um was er so söhnlich gebetten. Albericus kommt dem Befehl des Engels nach, und fluchs springet ein heller, und Crystall = klarer Wasser = Bronnen hervor, so bishero aus einem viereckigen Grüblein heraus quellet, und dergestalten häufig sich ergiesset, daß nicht allein gedachtes Kloster, sondern auch die ganze herumligende Gegend reichlich darvon zugeniessen haben, mit unbeschreiblichem Nutzen der alldorten herumliegenden Innwohneren, welche vorhin mit gröster Beschwärnuß und Unkösten für Menschen und Vieh das Wasser weit herzuhollen genöthiget waren. Nebst deme ist auch dieses Wasser für allerhand Gebresten, und Krankheiten sehr heilsam, vorderist für Fieber, und Engbrüstigkeiten. Man hat mittler Zeit diesen so wundersamen St. Alberichs Bronnen besser zu verwahren einen Schwibogen, ein andersmal aber einen hölzernen Wasser-Kasten darüber erbauet, die Quell einzuschliessen, mithin nicht jedermann gemein machen wollen; und dieses ist zu öfteren geschehen: allein des anderen Tags sahe man durch englische Händ alles hinweck gerissen, und über einen Hauffen geworfen; weilen GOtt, und der heilige Aldericus nicht gestatteten, daß dasjenige, was jedem offen gemein, und zu allen Zeiten zu Nutzen kommen solte, also eingeschrankt verwahret werde.

Doch haben sich einige muthwillige Bößwicht im Jahr tausend sechs hundert fünf und zwanzig erkecket mit allerhand Zaubereyen den Bronnen dergestalt zu verderben, daß das Wasser die Klare, Helle und Güte gänzlich verlohren, schier einer gestockten Milch gleich sahe, mithin zum Genuß völlig unbrauchbar gemacht wurde, mit unglaublichem Verdruß, und Schaden sowohl des Klosters, als der herumliegenden Gegend. Diesem Unheyl hat ein frommer Priester mit St. Alderichs heiligen Reliquien abgeholfen; dann er stellte einen schönen Umgang an zu dem verzauberten Bronnen mit dem Gefäß, in welchem einige von besagten heiligen Reliquien verschlossen waren dauchte alsdann den Fuß, oder den unteren Theil dieses Gefässes in das verderbte Wasser, und machte darmit das Creutz-Zeichen: alsobald verzohe sich alle Zauber-Kunst, und der Bronnen quellte wie ehemals das klare, und liebliche Wasser hervor: einfolglich hat der Heilige auch müssen nach seinem Todt durch seine heilige Gebein die Quell-Ader herstellen, welche er im Leben erwecket.

Uebrigens ist sehr zu bedauren, daß wir von dem ferneren Leben dieses heiligen Hirtens dem begürigen Leser kein sattsames Vergnügen geben können; allermassen der Lebens-Verfas-

ser,

ser, von welchem wir dieses entlehnet selbsten bekennet, daß durch allerhand Kriegs-Unruhen, auch durch den Brand, in welchem obmeldtes Toblac, oder Inlpe gerathen, alle ausführliche Urkunden verderbet, oder im Rauch aufgangen: dahero wenden wir uns zu seinem Lebens-Beschluß. Aldericus da er beyläufig das zwanzigiste Jahr erreichet, hat ihne GOtt zur Belohnung seiner ungemeinen Tugend, und ausgemachten Demuth zu sich in das himmlische Paradieß beruffen, dann daß Aldericus ungefähr in diesem Alter seinen Lebens-Lauf beschlossen, zeigen noch klärlich an seine hinterlassene in seidenen Tüchlein aufbehaltene heilige Gebein, welche nicht eines gestandenen Manns, sondern eines Jünglings zu seyn genugsam an Tag geben.

Vor seinem Hintritt hat er dem Beicht-Vatter seine hohe Geburt, und Königliches Herkommen redlich geoffenbaret, darauf mit grosser Andacht, und Herzens Inbrunst die heilige Sacrament empfangen, und seinen glückseeligen Geist in die Hände seines Schöpfers aufgegeben.

Den Leichnam hat man zwar nach Christlichem Gebrauch doch gering, und als eines gemeinen Bedientens auf offentlichen Gottsacker, oder Freythof zur Erden bestattet; aber des anderen Tags fande man selbigen wiederum ausgegraben, oben auf der Erden liegend: und dieses geschahe das zweyte, und dritte mahl: man sahe auch bey Tag und Nacht an einem Ort in der Kirchen, allwo nemlich der Heilige ruhen wolte, und ihme gleichsam sein Grabstatt selbsten aussteckte, eine Kerzen hell aufbrinnen, ohne zuthun einiger menschlichen Hand. Solchemnach erhebte man das heilige Pfand, und truge es mit feyrlichem Gepäng in das Gottes-Haus, an den Platz, welchen der heilige ihme selbsten erwöhlet: allda wird der heilige Leib in einem erhöchten von Stein ausgehauenem Grabmahl mit eisenem Gegütter bewahret, doch also, daß man durch das vorgemachte Glaß denselben sehen, und verehren kann.

Ein und anderer Bücher-Steller aus dem berühmten Prämonstratenser-Orden des heiligen Norberti behaupten diesen heiligen Alderich für einen ihres Ordens-Genossenen: allein der Geschicht-Schreiber, dessen Feder wir uns allhier zum meisten bedienet, und welcher vom gedachten Hochlöblichen Kloster der Regulierten Chor-Frauen zu Fussenich grosse Wissen- und Kundschaft gehabt, und erhalten hat, wann Aldericus ein Mitglied dieses heiligen Ordens gewesen wäre, wurde ohne Zweifel er solches in seiner Erzehlung eingemenget haben. Zu deme, wie wir kurz vorhero vernommen, so hat man seinen Leichnam, gleich anderen weltlichen Personen und Bedienten des Klosters auf dem allgemeinen, und jedermann freyen Gottsacker, und Begräbnuß-Platz beerdiget, welches abermal nicht wurde geschehen seyn, so fern er ihres Ordens gewesen: und was noch mehrers zur Sach machet, so bezeuget obbemeldter Geschicht-Verfasser, ein Ordens-Mann des heiligen Francisci, daß in ihrem Convent und Kloster zu Dürren, deme er als Quardian vorgestanden, und von dem heiligen Alderich verwunderlich ist gesund gemacht worden, daß, sage ich, in ihrem Convent noch eine alte Bildnuß vorhanden, in welcher der heilige Alderich in einem gemeinen Hirten-Kleid, mit seiner Heerde entworffen. Dieses ist nothwendig anzufügen, auf daß der geneigte Leser nicht vermeyne, als begunnte ich von meinem Versprechen abzuweichen, da ich ihne gleich Anfangs versicheret, kein Leben eines heiligen Hirtens, oder Baurens in diesem Werk ein zu verleiben, welcher in einen Ordens- oder geistlichen Stand eingetretten, und darinnen verschiden.

Wir

Wir wollen aber nicht längers die Red von dem heiligen Leib Alderici unterbrechen, mit welchem sich im Jahr tausend sechs hundert zwey und vierzig was merkwürdiges zugetragen, eben zur Zeit, da noch das Schwedische Kriegs-Feuer in unserem Teutschland in Flammen stunde. Dem Wuth dieser Ketzerischen Soldaten die Gebein des heiligen Alderichs zu entziehen, hat man selbige von Fussenich nacher Tolbiac, oder Zulpe überbracht, und daselbst in einer aus denen zweyen ansehlicheren Kirchen ehrenbiethigist entzwischen verwahret: es kame aber zu Nachts unvorsehens ein Feuer aus, welches alles herum verzehret, die heilige Gebein aber liesse ganz unberühret: gleichsam als getraute sich die Flammen jene heilige hinterblibene Theil dieser Sterblichkeit aus Ehr-Furcht nicht zu berühren auf Erden, dessen glorwürdige Seel nunmehro der Unsterblichkeit geniesset im Himmel.

Ansonsten sagen die von Fussenich, wie sie von ihren Vor-Elteren vernommen hätten, daß nachdem etliche aus denen vornehmeren Französischen Herren, und Feld-Obristen, in Erkanntnuß dieses ihres Vatterländischen Heiligens kommen, sollen sie dem Kloster ein ansehliches Stuck Geld anerbotten haben, wann sie ihnen den Leichnam wurden ausfolgen lassen, selbigen wiederum in Frankreich zu überbringen: allein man wolte sich hierinfalls keines Weegs darzu verstehen, und sich eines so edlen Schatzes auch um viel Gelds nicht berauben lassen als von welchem ihnen so vielerley Gnaden stäts herflüsset.

Zu guter letst setze ich noch hinzu, was im Jahr tausend, sechs hundert und drey und dreyßig, eben hundert Jahr zuvor, als ich dieses Leben jetzt beschreibe, Gedächtnuß-würdiges sich zugetragen: die Chorfrauen zu mehr gedachtem Fussenich haben den fünften Hornung, als an dem Vorabend des Fests des heiligen Alderichs (welches an dem sechsten ersterwehnten Monats fallet) aus sonderbarer Andacht ein halbpfündige Wachs-Kerzen auf das Grab des Heiligen gestellt, und angezündt, welche zwey ganze Täg und Nächt fortbranne, so ja keines Weegs natürlicher Weiß seyn konnte: gestaltsam sich die Kerzen längstens hätte verehren müssen, und mithin, wie billich, jedermann in Verwunderung zohe: doch aber hat der unvergleichliche Glanz der nicht leicht erhörten Demuth dieses ehemals gewesten Prinzens bishero weit mehrers die Augen der Menschen bestrahlet, und in Verwunderung gezohen.

Jacobus Pollius Ord. S. Franc. apud Bollandum in actis Sanctorum Februarii Tom. 1. ad diem 6. ejusdem mensis.

## Leben des seeligen Heinrichs, ein Vieh-Hirtens.

Sage es mir nur niemand, daß der Mensch dergestalten von denen äußerlichen Geschäften, und Arbeit so fast abgehalten, und verhinderet werde, daß er nicht auch der Frommkeit, der Andacht, und Tugenden abwarten könne wann er nur selbst will, und einen Lust hierzu bezeiget; dieser seelige Hirt Henricus, dessen kurzen Lebens-Begriff ich allhier giebe, wird es erwisen, was sich auch bey mühsamen Arbeiten GOtt, und seiner Seelen schenken lasse.

In der Land-Grafschaft Turgeu, welche anjetzo unter der Schweitzerischen Bottmäßigkeit stehet, ein Stund unter der Stadt Frauenfeld, dem Haupt-Ort besagter Land-Grafschaft, und auch ein Stund von dem Fluß, Thur genannt, welcher diesem ganzen Stuck-Lands den Namen gegeben, liegt

liegt auf einer Höhe ein Dorf, und Pfarr-Kirchen, samt einem Burg-Stall, oder Schloß, daß man alles zusamen Gachnang nennet. In diesem Flecken, und Pfarr-Kirchen ware auch vor Zeiten ein Chor-Herren Stift von sechs oder acht Priesteren, die dem GOttes-Dienst bey Tag und Nacht oblagen. Zu dieser Stüft-Kirchen ware auch das Dorf Gerlicken mit seinen Höfen eingepfarret: Nun in diesem Dorf Gerlicken wohnete um das Jahr ungefähr tausend, und zwey hundert ein frommer, einfältiger, und andächtiger Hirt mit Namen Heinrich Pfrinz: dieser hütete der ganzen Gemeinde, und Baurschaft ihr Vieh-Heerde viel Jahr lang mit grossem Fleiß, und Sorgfalt: dienete aber auch zugleich GOtt mit rechter Andacht, stetem Gebett, und Tugends-Uebungen bey Tag und Nacht, dardurch er zu grosser Vollkommenheit des Lebens sich erschwungen. Viel Jahr gienge er täglich zu Morgens in der Fruhe von Gerlicken gen Gachnang bey drey viertel Stunds Weeg zu denen Chor-Herren daselbst in die Metten.

GOtt der Allmächtig dieses seines getreuen, und eifrigen Dieners Verdienst, und Heiligkeit denen Innwohneren selbiger Gegend, ja Menschen kundbar zu machen, hat es mit folgender Begebenheit erkläret. Etliche Jahr vor seinem Todt, wann der seelige Mann täglich zu Morgens fruhe von Haus nacher Gachnang zu Metten gienge, hatte das kleine Glögglein zu mehr besagtem Gachnang allzeit von sich selbsten so lang gelitten, ohne einzige menschliche Hand, bis er in die Stift-Kirchen allda angelanget, und solches daurete so lang, bis einstens ein widriger Zufahl ihme diese Gnad benommen, die Sach hat sich also zugetragen:

Es begabe sich auf eine Zeit, daß ein sehr nasses, schlüpfriges, und unsauberes Wetter einfiele: der gottseelige, und schon zimmlich betagte Hirt konnte auf dem Feld nicht mehr recht fort kommen: derentwegen risse er von dem nechsten Zaun einen Stecken, oder Spelten heraus, sich daran zu steuren, und füglicher zur Kirchen, und von dannen wiederum nacher Haus zu kommen. Als er aber den anderen Morgen, seinem Brauch nach, zur Metten gienge, wolte sich das Glögglein zu Sachsnang nicht hören lassen. Der fromme Mann gehet alsobald in sich selbst, forschet in seinem Gewissen nach, was etwan dessen für ein Ursach wäre? und befindet, daß er seinem Nächsten des Tags zuvor etwas, obschon dem Ansehen nach, eine geringe Sach, entnommen, auch solches noch nicht wider zugestellt hätte: eylet also geschwind nacher Haus, namme den Zaun-Stecken, und stecket ihne wiederum in sein altes Ort, wo er solchen heraus gezogen: von Stund an höret auch Heinrich das Glögglein wiederum leuten, und hell klingen. Wer wurde nicht vermeynen, weder GOtt noch die Menschen konnten in solchen Umständen, wo das Wetter, und die Weeg so übel bestellt, das Alter schon zimmlich zugenommen, dem lieben betagten Hirten etwas vor ungut aufnemmen: und dannoch hat GOtt ein so kleine Sach so hoch angezohen; was werden erst diejenige zu gewarten haben, die sich weit grösserer Ungerechtigkeit schuldig machen, und ihren Nächsten durch Betrug, Diebstähl, und dergleichen, um das Seinige bringen, oder das Fremde behalten, und nicht mehr heimstellen, oder zu widergeben durch ihr schlimmes, und liederliches Leben, nicht ohne grosse Verantwortung, sich selbst untauglich machen.

Wir wenden uns aber wiederum zu unserem seeligen Hirten Heinrich: welcher als er seinen GOTT fortwährend in Unschuld des Herzens so viel Jahr gedienet, hat er auch seinen Lauf des Lebens mit gleichmäßigem, das ist, seeligen Todt, beschlossen; indeme ja allzeit der Todt ein Widerhall des Lebens ist. Sein Leichnam wurde würdiglich nach Sachsnang geführet; und wegen seinem heiligen Wandel ist er von denen Chor-Herren in der Kirchen neben der Canzel beygesetzt, sein Grab aber mit einem steinenen Deckel u. Ueberschrift beehret worden. Solle im Leben, und nach dem Todt mit Wunderzeichen geleuchtet haben, wie solches samt erst gehörten kurzen Lebens-Begriff des Heiligen nicht allein die Catholische, sondern auch andere unsere Glaubens-Widersacher zu Gachnang (welches nunmehro von der Römisch-Catholischen Kirchen abgefallen) selbst erzehlen, und aussagen, auch der hie zu End gesetzte Lebens-Beschreiber des seeligen Hirtens alles persöhnlich gehört, und das Grab mit Augen gesehen. Eben dieser Geschichts-Verfasser füget bey, daß der Tag seiner jährlichen Ehr-würdigen Gedächtnuß, des seeligen Heinrichs, auf den vierzehenden Juli, oder Heumonats fallen solle, an welchem, wie ich darvor halte, eintweders der seelige Mann in Himmel gefahren, den Lohn seiner Verdiensten zu empfangen: oder weilen die Christglaubige an diesem Tag seiner feyrlich alle Jahr zu gedenken pflegten.

Henricus Murerus Carthusianus in Helvetia sancta, de Sanctis Dioecesis Constantiensis, de B. Henrico Pastore.

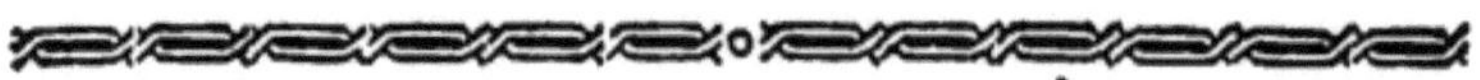

## Von der seeligen Virgana, einer Hirten-Tochter.

Der Leser wird sich von dieser seeligen Hirten-Tochter Virgana, mit wenigen müssen befridigen lassen, und allein mit deme, was mir der zu End beygesetzte Geschicht-Verfasser an die Hand giebet; gestaltsam ich aus Abgang anderer Bücher, sonderlich desjenigen, aus welchem erstbesagter Geschicht-Verfasser das seinige von Virgana hergehollet, nicht ein mehrers beybringen kann: giebe derohalben von dieser seeligen

ligen Hirten-Tochter desselben eigne Wort: Die seelige Virgana, sagt er, eines Hirten-Tochter: zu dero Ehr, und unter dem Namen der H. Jungfrauen, in Frankreich eine prächtige Kirchen aufgericht worden, wird insgemein mit einer Kunkl samt der Gespunst vorgebildet. So viel unten erwehnter Geschicht-Schreiber: welcher auch den Tag ihrer Gedächtnuß auf Erden den siebenden Jenner setzet. Daß ich aber der Seeligen allhier der Ordnung nach Erwehnung thue, geschicht darumen, weilen ich ihres Todts keine gewise Zeit gefunden; doch ist sie muthmaßlich nicht unter die erste tausend Jahr, noch auch bey unseren näheren Zeiten, sondern glaublich etwas fruhers aus dieser Welt zu himmlischen Glori abgeforderet worden; mithin gehört sie auch mehrers zu dem zweyten Theil dieses Werkleins.

Eines darffe ich doch bey der so kurzen Lebens-Anmerkung der seeligen Virgana beobachten zur Lehr der frommen Hirten- und Baurs-Leutlen; daß nemlichen diese seelige Tochter mit der Kunkl, und Gespunst in denen Gemähleren entworffen wird; welches, allem Wahrschein nach, dessentwegen geschehen zum Anzeichen, mit wem sie, nebst dem übrigen H. Lebens-Wandel, und Gottsforcht, ihr die ewige Cron zuwegen gebracht; dann insgemein pflegt man denen Heiligen und Seeligen was solches zuzumahlen, durch welches sie ihnen eintweders alle, oder wenigstens viel der Verdiensten gesammlet. Weilen nun auch solches geschicht bey der seeligen Virgana, so giebt sie klar an Tag, was die Hand-Arbeit, wann sie mit aufrichtiger Meinung verrichtet wird, für schöne Frucht zum ewigen Leben herbringe; darumen, als auch der weise König Salomon in dem 31. Capitel seiner Parablen jenes starkmüthige Weibs-Bild mit ausgesuchten Lob-sprüchen beehret, rühmet er auch unter anderen an, daß sie mit Spinnen der Hand-Arbeit so fleißig abgewartet, und

mit-

mithin zeiget, daß aus dieser dem weiblichen Geschlecht allein zuständiger, aber emsig geübter Kunst, grosses Lob und Nutzen entspringe.

R. P. Reginbaldus Perckmar Ord. S. Bened. In additamentis de SS. Famulabus & Ancillis ad vitam S. Radegundis, ex sacro Gynecæo Arturi du Monstier ad 7. Januarii.

## Zusatz des zweyten Theils.

## Kurze Beschreibung des wunderlichen Leben der heiligen Jungfrauen Alpais, oder Alpaides, einer Kühe-Hirten.

So ferrn, und weit darvon ist es, daß einem die leibliche Schwach- und Krankheiten den Lauf zur Tugend und Heiligkeit einhalten: da sie auch denselbigen mehr beförderen, und darzu Anlaß geben; liegt nur daran, daß man wisse den Handel recht anzugehen, und ihme die Sach wohl zu Nutzen zu machen: wann du dieses noch nicht erlernet, so wird dir gegenwärtige heilige Jungfrau, ob zwar eine vormals verachte Kühe-Hirten, anjetzo aber ein schätzbares himmlisches Frauenzimmer, eine trefliche Lehrmeisterin abgeben, wann es dir nur nicht gebricht an der Begierd und Verlangen, diese Kunst von ihr zu erlehrnen.

Alpais, oder wie sie der Hochwürdigste Bischof Petrus de Natalibus nennet, Alpaides von Tudot (also thut auch dieser sie zu benamsen) lebte ungefähr um das Jahr Christi tausend, hundert und achtzig, in gar grosser Heiligkeit. Sie waren von schlechtem Herkommen, und annoch in denen frischen Jahren, so lang ihr GOtt die gesunde Leibs-Kräften verlyhen, eine Kühe-Hirten. GOtt, als deme, seine Schätz der Weisheit mitzutheilen, auch dem Ansehen nach, und von der Geburt schlecht hierzu geartete Leutlen, ja alle vernünftige Creaturen gleich seynd, hat diese heilige Kühe-Hirten mit grosser Erkanntnuß der göttlichen Schrift begabet; darneben auch ihr die Gnad eines erleuchten Verstands beygeleget.

Er wolte aber der Welt an ihr etwas weit herrlichers vorstellen; nemlich daß sie, vermittelst unsäglichen Leibs-Schmerzen, und Krankheiten, wie vor Zeiten die heilige Lydwina, viel leyden, und erweisen solte, was ein Mensch für GOtt, wann es ihme nur recht ums Herz, übertragen könne. Er suchte seine Dienerin mit sehr schweren Leibs-Gepresten heim, daß sie nicht allein auf allzeit dem Feld, und dem Vieh hüten Urlaub geben, sondern hinfüro immer das Kranken-Beth hüten mußte: ja daß aus so vielen und allerhand Zuständen entsprungene Uebel name also überhand, daß wegen allenthalben aus dem armseligen Leib herab trieffendem Eyter, sie so gar denen ihrigen selbsten im Haus ein Grausen, und Schröcken ware. Sie konnte sich im Bethlein auf keine Weiß rühren, sondern, wann sie etwann von einer Seiten, den Wehethum zu lindern, auf die andere wenden wolte, mußte es jederzeit mit Beyhülf einer anderen Person geschehen. Entzwischen litte, und übertruge Alpais alles mit unerhörter Gedult, und Gleichförmigkeit mit dem Willen GOttes, ohne daß sie im mindisten etwas von der innerlichen Ruhe ihres Herzens verluhre, oder daran zerstöhret wurde.

Durch viel Jahr genosse sie kein einzige Speiß; dann sie konnte selbige nicht hinunter bringen: anstatt dieser aber er-

ersetzte alles das allerheiligste Altars Sacrament, welches wann es Alpais zu sich name, nicht allein die Seel stärkte, sondern auch dem Leib zur genugsamen Nahrung dienete, daß sie gar leicht der anderen natürlichen Speiß entrathen möchte: in welchem Stuck diese heilige Jungfrau wenig zehlen wird, so es ihr bevor gethan; ausser den seeligen Bruder Nicolaus von der Flüe im Schweitzerland, welcher vormals ein wohlvermöglicher Baur, hernach auf Christi Befehl, und Willen, ein Einsidel worden, und über die zwanzig Jahr, ohne andere, als der Engel-Speiß, verstehe, den heiligisten Fronleichnam Christi, das Leben hinaus gestreckt.

Währenden solchen schmerzhaften Zuständen hat sie doch von GOtt gar seltsame, und verwunderliche Gnaden empfangen, vermög deren sie feyrlich ihre Weyethum, so empfindlich sie auch immer waren, mit freudigem und sie mit stäten Verzuckungen ihrer leiblichen Sinnen beraubet, von dem heiligen Engel, jetzt in die peynliche Ort der Verdammten, oder der Seelen im Fegfeuer, jetzt aber die Wohnung der Auserwählten GOttes zu beschauen geführet worden; darbey sie sehr viel heimliche, und übernatürliche Ding erkannt. Wann sie hernach endlich zu ihr selbst, und zum Gebrauch der Sinnen kommen, hat sie viel von deme, was sie gesehen, geoffenbaret; doch aber viel, auf Christi gemessenem Verbott, auch nicht anzeigen dörfen, wie es einstens ergangen dem H. Paulo, da er bis in den dritten Himmel entzucket, von denen göttlichen Geheimnussen dannoch nichts sprechen durfte: nebst deme sagt sie auch viel zukünftige Sachen vor, die sie im Geist gesehen.

An denen hohen Fest-Tägen Christi des Welt-Heylands, und Mariä seiner allerwerthisten Mutter, wann sie zu dieser Zeit verzuckt wurde, sahe sie die ganze Welt in Gestalt einer Kugel, darinnen sie alles, was auf diesem Erd-Boden geschahe, betrachtete; fürwahr eine ausserordentliche Gnad, welche ein Anzeigen gie[illegible]et, wie tief sie bey GOtt in Gunst und Hulden stunde.

Auf ein so heiliges, und mit so vielen Liebs-Zeichen des Himmels vergesellschafte Leben, konnte ja nichts anderes, als ein gleichmäßiger Tod erfolgen, einmal nach so langwürtiger peynlicher Krankheit, und bitteren Schmerzen die ewige Vergeltung zu genüssen; so auch geschehen den dritten Tag Winter-Monats, nach oben gedachter Zeit-Rechnung, zu besagtem Tudot, welches, meines Erachtens, ein Stadt in Frankriech seyn muß ob sie schon vielleicht anjetzo nicht völlig mehr diesen Namen führet; weilen der erste, hieunten angezogene Geschicht-Verfasser diese kleine Lebens-Beschreibung aus denen Geschichten der Franken (das ist, des heutigen Frankreichs) heraus genommen zu haben schreibet. Im übrigen zeiget Alpais, daß halt kein besseres Mittel, die Gnaden vom Himmel herab zu ziehen, und kein geraderer Weeg dorthin zu gelangen, als das Creutz, und Leyden.

Petrus de Natalibus Episcop. Exquilin. in Catalog. Sanctor. Libro decimo C. 20. de S. Alpaide Virg. ubi citat. *Gesta Francorum.* Item Joan. Bapt. Sollerius in Auctario ad Martyrologium Usuardi ad Diem 3. Novembr. ubi pariter citatur *Vincent. Bellovac. Libro 30.*

Hei-

# Heiliger Hirten und Bauren-Leben

## Dritter Theil.

### Leben der heiligen Zita, einer Bauren-Tochter, und Dienst-Magd.

Die Stadt Luca, eine aus denen berühmtisten Städten, und freye Republic des edlen Welschlands, zehlet unter so vielen Zierden, und Herrlichkeiten, mit welchen sie ausgeschmucket worden, auch diese heilige Dienst-Magd, und Baurn-Tochter, die heilige Zita: sie ist zwar darinnen nicht gebohren, sondern in einem geringen Ort, welches doch unter dem Gebüth besagter Stadt, und freyen Herrschaft lieget, etwann drey Stund darvon entfernet: alldorten ist dieses glückseelige Kind von nidrigen Stands-Elteren, welche mit harter Baurn- und Feld-Arbeit ihr Stücklein Brod suchten, zur Welt gebracht worden. Der Namen des Watters ware Johannes Lombardus; der Mutter Bonißima.

Die erste Jahr ihres Alters brachte sie auf dem Feld, und im Haus mit nutzlicher Hand-Arbeit zu, wie es ihr die liebe

Elteren, als einem sehr folgsam Kind, befahlen. Nachdeme sie das zwölfte Jahr erreichet, und zum dienen anderstwo tauglich erachtet worden, wurde sie zu Luca in vorbesagter Stadt, bey dem edlen Geschlecht der Herren Fatinelli in Diensten aufgedingt, in welchem diesem ersten Dienst die gottseelige Zita ihr Lebenlang, bis in das spate Alter, und letzte End beständig verbliben: eine Sach, die nicht wenig in Betrachtung zu ziehen; indeme wir sehen, wie viel haigliche Mägd, die auch das Glück von dem Feld zu besserer Stands-Personen Diensten beförderet, bald alle Jahr wiederum Dienst- und Herrenloß herumlauffen. Zita das fromme Mägdlein ware in ihrem Haus-Dienst über alle massen emsig, und arbeitsam, also, daß, wann sie keine nöthige Haus-Arbeit zu verrichten, damit sie dem Müßiggang, jenem grossen Seelen-Feind, alle Gelegenheit abschneidete, sie zu einer Ungebühr zu verleiten, hat sie gleich was anders dienliches vor die Hand genommen.

Denen Armen ware Zita absonderlich wohlgewogen, sie erspahrte an ihrem eignen Maul, damit sie ihnen was mitzutheilen hätte. Einsmals als sie nichts anders bey Handen hatte, reichte sie einem Bedürftigen einen frischen Trunk Wassers, und als dieser darmit zum Mund fahrete, vermerkte er, daß es aus Schickung GOttes in den besten Wein verkehret worden.

Ein andersmal kame eine arme Weibs-Person zu ihr, der schier der Tod aus denen Augen heraus scheinte nebst deme auch mit einer guten Anzahl der Kinder umringet. Der heiligen Magd gienge dieses Spectacul alsobald zu Herzen, wuste aber nicht, wie dem Elend geschwind abzuhelfen: endlich giebt sie der Armseeligen so viel der Bonen, deren zu Haus ein grosse Menge vorhanden waren, so viel für damals dem

dem Weib zur Erquickung, und dem Hunger abzuhelfen nothwendig gewesen. Weilen sie aber solches aus bester Meynung gethan, und vor GOtt sicher zu seyn nicht zweiflete, förchtete sie sich doch vor ihrem Herrn, der darvon noch nichts wußte. Sie befilcht die Sach der göttlichen Güte: und GOtt hat auch dieses zu ersetzen auf sich genommen, obwohlen Zita nicht allein für dießmal, sondern noch öfters aus oben erwehntem Kasten auch anderen Nothleydenden mitgetheilet; inmassen, als der Herr die Bonen zu verkauffen ausmessen liesse, ist der Kasten ganz angefüllt gewesen, als wann niemalen etwas darvon wäre heraus genommen worden.

Noch seltsamer ist, was sich zur heiligen Weyhnacht-Zeit einstens zugetragen: Zita wolte dem heiligen Gotts-Dienst zu mitter Nacht, wie andere fromme Christen, beywohnen, ihr Haus-Herr aber, wegen eingefallener sehr starcken Kälte, zwange sie ein belzenes Kleid von ihme anzulegen, weilen sie durch das Fasten ihren Leib sehr abgemattet hatte: Zita lasset sich überreden. Wie sie aber in die Kirchen kame, trifet sie einen armseeligen schier ganz erfrornen Bettler an; es gienge der heiligen Magd dessen Armseligkeit unverzüglich tief zu Herzen: Wohlan, sprache sie, guter Freund, was klagt ihr? der Bettler siehet sie ganz freundlich an, berühret sie bey dem Belz: Zita verstunde es gar wohl, was er sagen wolte; ziehet geschwind; voll des Mitleydens, den Belz aus, und giebet solchen dem Armen, mit dieser Erinnerung, daß er ihr selbigen nach vollendtem Gotts-Dienst wiederum zustellen solle: allein der arme Tropf liesse sich nicht mehr sehen, und Zita mußte nacher Haus kehren. Als sie der Haus-Herr ohne Belz-Rock erblicket, brache er alsobald in vollen Zorn wider die freygebige Dienerin GOttes aus, liesse sich auch nicht besänftigen; bis um die Mittag-Zeit, zu welcher man auf mittler Stiegen den verlohrnen Bettler

ler ersehen, der den gelyhenen Rock auf denen Armen truge, solchen in Beyseyn des Herrens, mit ganz freundlich- und holdseeliger Weiß der heiligen Magd wiederum zustellte, und sich darvor bedankte: da sie aber mit ihme sprechen wolten, ist er im Angesicht ihrer wie ein Blitz aus denen Augen verschwunden: aus welchem sie alsobald erkennet, wer dieser Bettler gewesen, nemlich derjenige, so auch das mindiste, daß wir ihme zu lieb denen Bedürftigen geben, mit dem Hundertfältigen belohnet.

Solcher und mehr anderer himmlischen Gnaden, die wir annoch erzehlen werden, hat sich die heilige GOttes Dienerin zum Theil auch wohl würdig gemacht durch ihre grosse Strengheit des Leibs, und Jungfräulichen Reinigkeit, welche Schnee-weisse Lilgen der Unschuld zu erhalten, hat sie selbige mit Dörneren umgeben, will sagen mit eben vorgemeldtem scharfen Verfahren gegen sich selbsten, und strengen Buß-Werken: dann neben ihrem Abbruch in Speiß und Trank, hat sie den Leib mit härinen Stricken also hart gehalten, daß das Fleisch über selbige so scharf an dem Leib zusamen gezogne Band heraus gewachsen, und ihr grossen Schmerzen verursachte; und dannoch ware sie zur Arbeit, und Haus-Beschwernussen allzeit die erste. Anstatt der Ligerstatt gebrauchte sich Zita eintweders der blossen, und harten Erden, oder eines Bretts; das Bethlein aber, das ihr von der Herrschaft vergonnet wurde, überliesse sie bald diesem, bald jenem Armen, die sie über Nacht behaltete: ja was noch verwunderlicher, hat sie diese ihre bessere Ruhestatt mehrmalen so gar denen unlauteren, Schandlosen Weibsbilderen, und buhlerischen Schleppsäcken überlassen, nur zu diesem Ziel und End, damit aufs wenigst selbige Nacht die Beleydigung GOttes, verhinderet wurde: und ist dieses fürwahr ein solches ausbündiges Stücklein der Liebe GOttes, und des

Nächstens, in welchem dieser heiligen Baurn-Tochter noch niemand vorgegangen, und mithin hat sie der Welt eine neue Gattung der recht geordneten Liebe gezeiget.

Sie betreffend, ware zwar diese heilige Magd dem schändlichen Laster der Unreinigkeit die massen abhold, von weitem flohe sie, was nach solchem schmeckete: und obwohlen sie sonsten gar sittsam, und sanftmüthig wann es aber zuthun ware, um das edle Kleinod der Reinigkeit, sahe man an ihr einen Helden-Geist. Einer aus denen Haus-Leuten verhielte sich mit Gebärden, und anderen unanständigen Bossen-Reissen, so wider die Reinigkeit lauften, sehr ausgelassen, und getrauete der heiligen Zita was solches anzumuthen, das sich für eine so unschuldige Braut Christi keines Weegs gezimmete; aber Zita hat kein Bedenken getragen mit Händen und Näglen dieses unsauberen Gasts Angesicht dergestalten zu zurichten, daß er sich an sie nimmermehr zu wagen begehret; und ihme noch darzu angetrohet, daß woferrn er sich mit dergleichen unanständigen Bossen noch blicken lassen solte, werde sie es alsobald der Herrschaft hinterbringen. Merken ihnen dieses fein wohl alle Christliche Töchter, und Dienst-Mägd, was ihnen in gleichen Umständen zu thun, wann sie nicht einstens von Zita am jüngsten Tag wollen beschämet werden.

Ausbündig ware ihr Gebett, Andacht, und Vereinigung mit GOtt, auch mitten unter denen so vielfältigen Geschäften, und Haus-Arbeiten: von dannenhero kamen die oftermahlige Verzuckungen, die mit süssen Zäherlein überronnene Augen, so mehrer theils gegen dem Himmel gerichtet waren. Sie suchte die verborgene Winkel des Hauses, alldorten zuweilen sich zu versammlen und das Herz vor GOtt auszugiessen: und haben die Haus-Genossene wahrgenommen, daß solche Ort bey eytler finsterer Zeit also beleuchtet worden, als wann die Sonne selbst ihre Strahlen darinnen auswarffe. Gar gern verrichtete sie ihr Gebett vor einem andächtigen Crucifix-Bild, und ware auch sonsten der Betrachtung des bitteren Leydens Christi ergeben. Hiermit abermal ein trefliches Exempel gebend, daß es gar wohl möglich auch in Mitten der Haus- und anderen Arbeit ein grossen Staffel des Gebetts zu erlangen, wann es nur uns an dem Willen nicht gebrichet.

Gar gern pflegte Zita auch heilige Wallfahrten anzustellen, ihrer Andacht noch besser den Zaum zu lassen, darob GOtt ein grosses Gefallen bezeiget, daß er selbige auch mit Wunder-Werken begnadet. Einstens als sie nacher St. Jacob von Podio genannt, etwann zwey teutsche, hingegen zehen welsche Meilen von Luca entlegen, wallfahrten gienge, gesellete sich im Ruckweeg eine ansehliche Frauen-Person zu ihr, und nach gegebenem sehr freundlichen Gruß, truge sie sich zu Reiß-Gefährtin an: gehen also unter liebreichem Gespräch fort; und da sie zu einer Bruggen gelangten, welche mit einem versperrten Thor bewahret wurde, hat sich die Pforten von selbsten auf- und zu gemacht; dergleichen eben geschehen bey dem verschlossenen Stadt-Thor zu Luca selbst (dann es ware schon spater Abend) das sich ebenfalls ohne Zuthun eines Menschens eröfnet, und wiederum zugeschlossen: bis sie endlich vor die Haus-Thür der Wohnung Zita kommen; als aber diese um die Gefährtin umsahe, in willens selber um erwisenen so treuen Dienst alle Lieb und Dank zu erstatten, hat sich alles im Augenblick verlohren. Aus deme Zita wohl schliessen können, daß es eine vom Himmel gekommene Gefährtin, wahrscheinlich die Mutter des HErrns selbsten, gewesen.

Ich geschweige jetzt, daß ihr auch ein andersmal in einer anderen Wallfahrt die Kirchen-Thür sich selbst eröfnet,

und

und eine Kerzen, die sie mit sich gebracht, und in ihrer Hand hielte, gleichfalls ohne menschliches Zuthun sich anzündete, und mehr dergleichen außerordentliche Gnaden, die ihr GOtt bey so heiligen Werken erwisen. Bey allen diesen ware doch Zita über alle massen demüthig, aber eben darum noch mehrer würdig solches himmlischen Gunsts, dessen sie ganz gewißlich hätte entbehren müssen, wann sie selbigen in ihr nicht hätte verbergen können, dahero auch kame, daß sie, obschon bey betagtem Alter keines Weegs wolte, noch zuliesse, daß man sie in der harten Haus-Arbeit verschohnen solte; bis endlichen GOtt selbsten diese seine heilige Dienerin zur ewigen Ruhe berufte.

Ihre letzte Krankheit nahme den Anfang von einem kleinen Fieberlein, welches doch bald also überhand genommen, daß sie gezwungen wurde des Beths zu gebrauchen. Zita merkte zwar selbsten, daß es mit ihr, als nunmehr eines sechszig jährigen Alters, in die Länge nicht mehr dauren werde: dahero machte sich diese getreue Magd durch Empfahung der hochheiligisten Geheimnussen der Sterbenden zur Reiß in die Ewigkeit fertig, und starbe in Beyseyn etlicher gottseligen Frauen den sieben und zwanzigsten Aprill an einem Mittwoch, in der dritten Stund des Nachts, ohne einzige Forcht und Angst. Und wie konnte wohl einer solchen Seel der Todt förchtlich fallen, welche nichts mehrers wünschete, als aufgelöset zu werden, und mit Christo zu seyn. Das Jahr ihres Hinscheidens ist gewesen tausend zwey hundert, zwey und siebenzig.

Kaum hat ihr gebenedeyte Seel den Leib beurlaubet, und verlassen, ist alsobald ein dermassen hellglanzender Stern over der Stadt Luca erschinen, daß er auch bey ganz hellem Tag von dem Glanz der Sonnen nicht hat mögen verdunklet werden: welcher anzeigte, daß Zita nunmehro um so viel herrlicher im Himmel schimmere, um wie viel geringer sie auf Erden in ihrer eignen Hochschätzung, und vor denen menschlichen Augen gewesen.

Der Tod dieser heiligen Dienstmagd ist verwunderlich durch die kleine Knaben durch die ganze Stadt unverzüglich kund gemacht worden, weilen GOtt seine liebste Dienerin bald wolte vor der Welt groß machen. Es hatten nemlich die kleine Kinder, von niemand angelehrt, und nichts von dem Tod Zitä wissend, aber aus höherem Antrieb an unterschiedlichen Orten der Stadt sich zusamen zu rotten angefangen, und mit lauter Stimm zu ruffen: Lasset uns eilends lauffen in die Kirchen des Heil. Frigdiani, weilen die heilige Zita gestorben. Durch solches allenthalben erschallendes Geschrey, ist ein solche Menge Volks zusamen geloffen, daß kein Gewalt genug ware, dasselbige von dem heiligen Leib dieser Dienstmagd abzuhalten; und hat dieser werthe Schatz öfters mit neuen Kleideren müssen angethan werden, welche doch gleich wiederum in Stücklein gegangen, weilen jedermann von selbigem mit sich etwas nacher Haus zu seiner Verehrung tragen wolte.

Endlich hat man mit harter Mühe den heiligen Leichnam in einer steinenen Sarch aufbehalten, und verwahret; welcher alsobald ein verwunderlichen, angenehmen Geruch von sich gegeben: aus diesem Stein aber hatte über wenig Täg ein gewises Oel, oder Saft zu fliessen angefangen, welches zur Heylung allerhand Geprästen sehr nutzlich ware. Ueber das ist zu einem Zeichen ihrer erhaltenen Jungfräulichen Reinigkeit der heilige Leib lange Jahr hernach ganz unversehrt, und nur ein wenig eingeschnurpft, verbliben. Die Wunderwerk aber, so bey dem noch unbegrabenen Leib, und auch hernach,

nach, sich begeben, seynd deren so viel, so groß, und unterschiedlich, daß nicht möglich ware, alle gerichtlich anzuhören, und zu beschreiben; dahero nur innerhalb wenig Wochen nach dem glückseligisten Hinscheiden der Heiligen, die Herren Fatinelli, solcher Miracklen über hundert und fünfzig, mit Zeugen bekräftigter massen, auch mit allen nothwendigen Umständen beschriben zusamen verfasset: deren doch ein weit grössere Menge hernach sich zugetragen, und annoch geschehen, welche wegen grosser Anzahl hiehero nicht füglich mögen angemerket werden, auch der günstige Leser viel derselbigen in andern diesen Lebens-Beschreibungen ersehen kann.

Damit ich aber schließlichen das ganze Tugendleben dieser heiligen Baurn-Tochter, und Dienstmagd in einem kurzen Begriff allen, forderist gleichen Lebens-Stand, und Art vor die Augen lege, so ware Zita von GOtt erleuchtet, und sonders begnadet, die Welt, wie sie es verdienet, recht zu erkennen, und zu verachten: mithin liebte, oder liesse sie ihr Herz an nichts Zergängliches kleben: unterwurfe sich mit aller Demuth GOtt, und dem Nebenmenschen: ware überaus gedultig in allen Unbilden, und Schmachen: gegen denen Armen, so viel ihr immer möglich, barmherzig, und mildselig: gegen sich selbsten hingegen sehr hart, und scharf, der Vereinigung mit GOtt, auch in Mitten der Geschäften, und Haus-Arbeit, sonderlich die acht und vierzig ganze Jahr (so lang stunde sie bis an ihr End in Diensten bey mehr besagten Herrn Fatinelli) völlig ergeben; mit einem Wort, ein lauteres, und zwar fürtrefliches Tugend-Exempel: welches, wann es uns zur rechtgeschaffenen Nachfolg wird gezohen haben, werden wir mit eigner Erfahrnuß bezeugen können, daß sie in uns auch verwunderlich gewesen: weilen ein heiliges Leben billich das beste und gröste Wunder der Gnad GOttes zu nennen.

Maximilianus Rasler in Supplem. ad vitas Sanctorum Ribadeneiræ. Ex Bollandi act. SS. Aprilis.

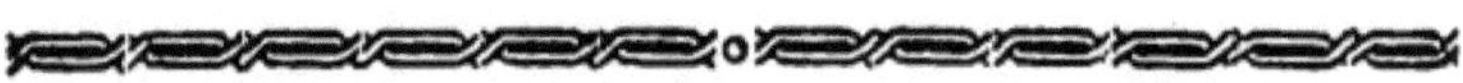

# Leben des heiligen Martyrers Wernheri, eines vierzehen jährigen Baurn-Sohns.

Es ist schier kein Land, und in einem Land bald kein Ort, wo nicht die Jüdische Grausamkeit, und der unersättliche Haß wider das unschuldige Christen Blut, nicht allein des unmündigen zärteren, sondern auch etwas mehrjährigen Alters traurige Denkmahlen hinterlassen. Im Jahr tausend zwey hundert sieben und achtzig hat die Stadt Oberwesel am Rhein ein solches Mordspiel, welches dieses gottlose Gesindel an einem vierzehen jährigen Baurn-Sohn, Wernherus mit Namen, verübet, erfahren, und wehemüthig beklagen müssen.

Wernherus ist in dem Dörflein Wammenraith, nicht fern von Bacharach, von geringen Baurs-Leuten zur Welt gebohren worden: ware von Kindheit auf der Gotts-Forcht, Unschuld, und Reinigkeit sowohl des Leibs, als der Seelen fast beflissen: dem Müßiggang feind, und abhold; wie er dann auch in seinen jungen Jahren, so viel noch seine schwache Kräften zuliessen, sich mit einfältiger Aufrichtigkeit in der Baurn-Arbeit stäts übete, und hierdurch seine Nahrung suchte, darvon er auch denen Armen mitzutheilen nicht vergasse.

Sein Vatter hatte durch frühezeitigen Todt die Schuld der Natur bezahlet; dahero die Mutter wiederum zur anderen Ehe geschritten: der neue Stief-Vatter aber gienge mit dem

dem frommen, und sonst so folgsamen Kind überaus härb und hart um, also, daß Wernherus gezwungen worden sein Haimath zu verlassen, und gleichwohl anderstwo ein Arbeit und Unterkommen zu suchen. Da er eine Zeitlang da und dort Herrn- und Dienstloß herum gienge, und Nothhalber grossen Hunger litte, gerethe er zu etlichen Hirten, welche seiner sich erbarmet, und ihme den hungrigen Magen zu stillen ein Brod gaben: sie aber selbsten aus Mangel des Wassers lydeten überaus grossen Durst. Der heilige Jüngling ihre Barmherzigkeit zu vergelten, voll des Vertrauens auf GOtt, stoßte mit seinem Stecken in die Erden, und alsobald sprange das helle Wasser hervor, mit welchem sie sammentlich ihren Durst gelöschet.

Darauf gienge Wernherus auf Oberwesel zu, in Hoffnung allda eine Arbeit zu überkommen, welche er auch gefunden. Es ist die gewise Meinung, er habe sich sonderbar zu einem Hand-Langer, Mertl-Rührer, und Träger bey denen Maureren geb auchen lassen: solches erhellet aus einer von sehr hartem Holz ober dem vornehmsten Thor der Kirchen zu Wesel ausgeschnitzleter Bildnuß, welche den heiligen Jüngling mit beygefügten dergleichen Werk-Zeug zum mauren, und bauen vorstellet: obwohlen er sich auch sonsten zu anderer Arbeit ganz willig und bereit finden liesse; wie es auch aus deme leicht zu ersehen, was jetzt folget.

Das Juden-Geschmeis hat in besagter Stadt Oberwesel lange Zeit hero eingenüstet; diese dann ihren so unmenschlichen Durst mit dem Christenblut um die Oesterliche Zeit wiederum zu ersättigen, schlugen ein Aug auf unseren jungen Wernherus: es brauchte nur einen Fund, und List, wie sie dieses Gewild ohne Geräusch, von sich selbst in das Garn brächten: hierzu dienete eben die Bereitwilligkeit, und Begierd unseres

Jüng-

Jünglings ein Arbeit zu überkommen: dannenhero unter solchem Vorwand trugen sie ihme, um den gebräuchlichen Lohn, ein Arbeit an, und in der Sach selbsten wurde ihme aufgetragen in einem tiefen Keller-Loch Erden zu tragen. Es ruckte entzwischen die Oesterliche Zeit herbey: die Haus-Frau, bey welcher unser heilige Wernherus die Herberg hatte, vielleicht von GOtt erleuchtet, sagte einstens zu ihme: Hüt dich vor denen gottlosen Juden; dann der Charfreytag ist schon vor der Thür sie werden dich zweifels ohne aufmezgen: der fromme Jüngling antwortet hierauf mit einer unschuldigen Tauben Einfalt: dieses überlasse, und befihle ich GOtt. Allein wie war diese treue Ermahnung der Haus-Frauen gewesen, hat bald der traurige Ausgang gezeiget.

Indessen ist der grüne Donnerstag angebrochen, und Wernherus, nach Gebrauch aller frommen Christen, verrichtete mit gröster Andacht die heilige Oesterliche Beicht, und empfienge den allerheiligsten Fronleichnam Christi; gleichsam als wolte er sich zu dem bevorstehenden harten Martyr-Kampf mit dieser Engel-Speiß der Starken bewöhrt machen. An eben diesem Tag unterfiengen sich die Juden dem Traur-Spiel den Anfang zu machen. Sie lockten den guten heiligen Jüngling in ihre Behausung, als solte er, weis nicht was für ein Arbeit verrichten. Als er nun hinein gerathen, falleten sie ihne an, wie die wüttige Wölf, stopften ihme, damit er nicht schreyen möchte, einen grossen Bley-Klotzen in das Maul, banden ihne hernach unter sich über sich an einer hölzernen Saul, oder Pfeiler, in Meinung, ihne zu zwingen, die heilige Hostia, so er nicht lang zuvor genossen hatte, durch solche Leibs-Stellung wiederum heraus zu geben. Aber sie wurden in ihrem Begünnen betrogen. Derenthalben schritten sie, voll des Grümmens zu anderer Peyn, und Martyr.

All-

Allhier muß ich den gutherzigen Leser ermahnen, was massen die eigentliche Geschicht, welche uns dieses mit gar einfältigen lateinischen Worten beschreibet, fast verwicklet seye, und deßwegen zimmlich nöthig, daß man die Sach um in keine Verwirrung zu gerathen, recht heraus klaube; will sie also geben, wie dieselbige unsere Niederländische Geschicht-Verfasser der Leben und Thaten aller Heiligen GOttes an zu End dieser Geschicht angezochener Stell mit wohl gesetzten Anmerkungen erkläret, und auf ein ander gerichtet haben; fahre mithin nach dieser ihrer Anweisung fort in der Erzehlung.

Die Juden hatten unter ihrem Haus-Gesind auch eine Christliche Dienst-Magd: diese merkte den Handel, gienge ihnen auf das Gespuhr nach, und da sie an das peynliche Ort kame, blickte sie durch eine Klumsen hinein, und sahe mit Augen, wie es dem armen Wernhero ergienge: beförchtete also nicht umsonst, sie wurden mit der Zeit ihme völlig den Garaus machen: gehet derohalben zum Stadt-Pfleger, oder Schultheis, zeiget ihne an, was sie mit Augen gesehen: welcher auch herbey kommen, den Augenschein selbst eingenommen, und den heiligen Martyrer annoch an dem Holz gebundner angetroffen.

Als Wernherus den Richter ersehen, ware er sehr froh, schrye ihme zu, bittend durch seinen Gewalt ihne aus den Händen der Juden zu erlösen. Aber diese gottlose Bößwicht theils durch dargebottenes Geld, theils durch allerley vorgebrachte fahle, und ausgesuchte falsche Ursachen, als wann sie den Jüngling wegen anderen Stucken, und Verbrechen, also angebundner hielten, wusten dem gar zu leichtglaubigen, und Geldgürigen Richter dergestalten ein Blaues vor die Augen zu machen, daß er es beym Nechsten bleiben liesse: gabe auch denen Klagen des armen Wernherus, als eines, wie er vielleicht gedachte, hergeloffenen schlechten Baurn-Bubens, wider diese Männer, die alles verpfändeten, und versprachen, wenig Gehör, und gienge nach er Haus. Der heilige Martyrer aber, weil er sahe, daß ihme von dem Richter oder Stadt-Pfleger keine Hülf, und Beystand zu hoffen, sprache er zu ihme zu guter Letzt: Wann du mir nicht zu Hülf kommen willst, so seye es, so steh mir dann bey, und helfe mir der barmherzige GOtt, und seine allerheiligste Mutter Maria.

Es sagt eine andere Lebens-Beschreibung, daß Wernherus drey ganze Täg also hart gebundner an dem Holz gelassen worden seye; und nachdeme sich um den lieben Jüngling niemands mehr rührete, und kein Han nach ihm krähete, seynd sie endlich gar zu der grausamen Martyr geschritten: sie geißleten, und zerfleischten ihne erstlich mit tief geschlagenen Wunden; darauf haben sie ihm mit einem Messer an dem ganzen Leib alle Aderen entzwey geschnitten: nach diesem zwickten sie ihne mit Zangen, und preßten das Blut aus denen Adern, und Wunden an Händ und Füß, Hals, wie auch aus seinem Ehrwürdigen Haupt alles heraus; kein einziges Oertlein am ganzen Leib ware mehr zu sehen, welches nicht voller Wunden, und Blut ware: nichts zu sagen von denen Nadlen, und Glufen-Spitzen, mit denen dieses verfluchte Geschmeis, ihrem Gebrauch nach, die unschuldige Christen-Kinder zu zerlöcheren pflegen, um alles Blut bis auf den letzten Tropfen heraus zu zapfen.

Wernherus litte solche unerträgliche Peyn, und Martyr mit unüberwindlicher Gedult, GOtt stäts lobend, und preysend, bis er seinen glorwürdigen Geist durch so viel Ehren-Porten, als Wunden er zehlete, in die Händ seines Schöpfers aufgegeben. Er hienge aber immer fort, wie wir ver-

vernommen, an der hölzernen Saul, an welcher sie den Leib des H. Martyrers bald mit dem Haupt über sich, bald unter sich hin und her reissen, bis kein Blut mehr darvon flosse, noch sie einen Tropfen mehr finden konnten.

Nach begangener so greulichen Mordthat, damit in höchster Geheim alles verblibe, und der Leib des heiligen Jünglings in ihrer Behausung nicht möchte gefunden werden, haben sie selben in das schon hierzu bereitete Schif bey stiller Nacht mit sich genommen, in Willens nacher Maynz zu fahren: allein obwohlen sie alle Mühe und Kräften im ruderen anspanneten, haben sie doch nicht mehr, als eine teutsche Meil, durch Verhängnuß GOttes, hinter sich legen können: wurden also durch den anbrechenden Tag in grosse Verwirrung gesetzet: weilen das helle Sonnen-Liecht nunmehr begonnte ihre mörderische Grausamkeit zu entdecken; dahero vermeynten sie den todten Leib in das Wasser hinaus zu werfen, und mit Gewalt zu versenken; jedoch halfe auch das nichts, ob sie schon aller ihrer Kunst aufbietheten; der Leib gienge niemalen unter das Wasser.

Solchemnach stigen sie darmit ans Land, ersehen nicht weit von der Stadt Bacharach in einem Thälein eine kleine Hölen, oder Speluncen, mit Hecken und Dörneren völlig überwachsen, wo anjetzo ein schönes Closter Winsbach genannt, stehet: dahin warfen sie den Leichnam, und machten sich unverzüglich aus dem Staub. Aber GOtt hatte durch ein hellglanzendes Licht, welches von denen benachtbarten Orten, und Schlösseren zu finsterer Nacht-Zeit aus der besagten Hölen hervorstrahlete, allen kund gemacht, was für ein edler Schatz daselbst verborgen liege: bis man endlich denselbigen, so über das einen überaus köstlichen Geruch von sich gabe, gefunden, nacher Bacharach unter Zulauf grosser Menge Volks, überbracht, allda in ein kostbar ausgeziehrtes Trüchelein gelegt, und in St. Lamberts Capellen beygesetzet.

Die grosse Anzahl der Wunderwerken, so gar in Erweckung der Todten, lassen sich nicht in einen so engen Raum allhier von meiner Feder einschranken: der Leser mag deren Anzahl allein aus deme abnemmen, daß innerhalb zweyer Monaten nach seinen glorreich überstandenen Martyr-Todt deren allein bey neunzig gezehlet worden. Sein herrliches Leyden hat sich zugetragen den neunzehenden Aprill an schon oben erwehntem Jahr. Zu Wesel an dem Ort seiner Martyr ist das heutige Spital zum heiligen Geist erbauet, und in dessen Kirchen in dem Chor die hölzerne Saulen, an welcher der heilige Wernherus gemarteret wurde, gestellet worden. Wie es nachmals mit dem heiligen Leib bey so vielen Kriegs-Läufen, und Ketzerischen Schwärmereyen weiters ergangen, darvon mag alles ausführlicher bey hie unten aufgezeichneten Geschicht-Steller ersehen werden.

Acta Sanctorum Aprilis Henschenii Tom. 2. ad diem 19. ejusdem mensis de S. Wernhero Martyre.

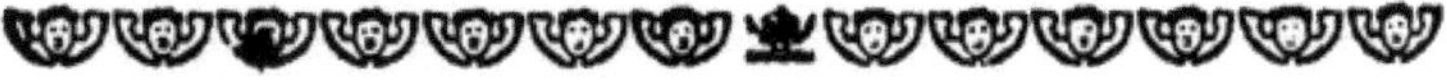

## Leben der heiligen Radegund, einer Vieh-Magd.

Die heilige Radegund, sonst auch Radina genannt, ein ausbindiger Spiegel, und edles Beyspiel eines recht Christlichen, und frommen Dienst-Bottens, und Ehehalts, solle von Wolfrathshausen, unweit Augspurg, (wie einige darvorhalten) gebürtig gewesen seyn. Als sie zu stärkeren

keren Jahren, und Alter erwachsen, wurde sie zu einer Vieh-Magd von der adelichen Burg-Frauen des Schlosses, und herum liegenden Land-Guts Wellenburg aufgedingt.

Dieses berühmte Schloß liegt fast bey einer kleinen Meil Weegs von der nahmhaften Kaiserlichen Reichs-Stadt Augspurg, auf einer lustigen Höhe, und ware damals, als die heilige Radegund um das Jahr tausend zwey hundert und neunzig, daselbst in Diensten angenommen worden, dem adelichen Raths-Geschlechter, Portner mit Namen, von erstbesagter Stadt Augspurg zugehörig; ist aber nach der Zeit an andere Herren gelanget, wie wir hernach vernemmen werden.

Es liesse ihr erstlich diese heilige Magd nichts mehrers angelegen seyn, als wie sie in ihrem Dienst und Arbeit vor allem GOtt dem HErrn gefallen möchte; welches ja freulich das vornehmste Zihl nicht aller Dienst-Botten, und Ehehalten, sondern auch aller Christen insgemein seyn solle. Sie beflisse sich einer ausbündigen Reinigkeit des Gewissens, und sonderbar der Jungfräulichen Keuschheit: und mag wohl dieses die absonderliche Ursach seyn, warumen GOtt der Allmächtige nachmals die seelige Radegund, sonsten eine schlechte Vieh-Magd, nach ihrem Todt bishero so glorwürdig, und scheinbar gemacht hat. Mann hörte von ihr kein einziges Wörtlein, so nur von weitem nach der Unlauterkeit schmeckte, da hingegen bey vielen Haus-Gesinden, schier anstatt des Grüssens, dergleichen unsaubere Wort, nicht ohne unbeschreiblichen Schaden der Seelen, herumfliegen; und vermeynen sie, sie könnten die saure Arbeit nicht anderst, als mit diesem Unflat versüssen.

Daß aber Radegund solcher massen die Unschuld, und Reinigkeit erhalten, darzu bediente sie sich der Gegenwart, und immerwehrenden Vereinigung mit GOtt durch das heilige Gebett: wo ihr nur etwas von ihrer Arbeit übrig blibe, das mußte dem Gebett geschenket seyn. Ja man kann sagen, daß ihr Leben schier ein allzeitiges Gebett gewesen; sintemalen nach Lehr der heiligen Vätteren, alle Mühe und äußerliche Hand-Arbeit, wann sie mit rechter und purer Meinung zu GOtt gerichtet, ein lauteres Gebett ist.

Hieraus kann der Leser abnemmen, wie emsig, sorgfältig; und getreu die heilige Magd ihren Dienst versehen, und sich in so demüthigem Amt, als da seyn mag, dem Vieh abwarten, geübet habe, nicht als ein Augen-Dienerin, wie der heilige Paulus sagt, sondern wie es ihre Schuldigkeit, und Gehorsam gegen denen Vorgesetzten ausweisete.

Aber aus vielen anderen Tugenden, mit welchen diese heilige Vieh-Magd glanzete, rühmet ihr Lebens-Beschreibung forderist an, die grosse Barmherzigkeit gegen denen Armen, welche desto scheinbarer gewesen, je armseliger, und von denen Menschen verlassener diese waren, nemlich die mit dem häßlichen Aussatz, oder Siechthum behaftet elende Tropfen. Unweit von dem Schloß Wellenburg stunde ein solches Haus, oder Wohnung der armen Siechen; der alten Aussag nach, eben auf dem Platz, wo anheut die schöne Kirchen unter dem Namen, und zu der Ehr der heiligen Radegund zu sehen: und wolte die allwaltende Fürsichtigkeit GOttes, daß an eben demselbigen Ort dieser heiligen Dienstmagd ein fortwüriges herrliches Denkmahl, und Ehren-Gebäu aufgerichtet werde, allwo vorhin ihr gröster Schau-Platz einer tief-gegründten Demuth, der Barmherzigkeit, und anderer Tugenden gewesen.

Die-

Diesen verlassenen, und Noth-leydenden Siechen sprange die mitleydige Radegund auf alle mögliche Weiß zu Hülf, wann sie etwann nach vollendtem ihrem Haus- und Vieh-Dienst, oder an Sonn- und Feyrtägen einige Zeit, und übrige Stund fande, laufte sie alsobald zur ernannten Siechen-Hütten, sprache ihnen erstlich etwas Geistliches zu, tröstete sie, säuberte, und waschete ihnen die aussätzige Köpf, und Leiber, verbunde die aytrige Geschwär, und reichte ihne letstlich alles, was sie an eignem Maul von Brod, und Speisen erspohret, oder sonst von dem Ueberblibnen zu Haus, mit gutem Willen ihrer Herrschaft, ihnen zuschieben konnte.

Allein der höllische Feind, der Beneyder alles Gutens, sahe solches Tugend-Leben je länger je mehrer mit scheelen Augen an, möchte es auch nicht mehr übertragen; dahero zettlete er ein sehr starkes Ungewitter der Verfolgung wider Radegund an. Es konnte solche öftere Besuchung dieser heiligen Magd zu denen Siechen, nicht so geheim gehalten werden, daß man es mittler Zeit nicht vermerkte; die übrige Dienerschaft und Ehehalten, welche etwann sonsten der heiligen Radegund, Tugend halber, nicht gar hold waren, warfen einen falschen Argwohn auf sie, welchen der Teufel tapfer anbliesse: sie sagten, Radegund wäre nur eine Scheinheilige Gleißnerin, und eine Verschwenderin, welche auch durch die gefährliche Gemeinschaft der Siechen, und Aussätzigen das ganze Schloß mit solchem häßlichen Uebel anstecken könnte: ja sie wurde endlich bey der Herrschaft gar beschuldiget, als thäte sie viel in der Still abzwacken, und mit denen Siechen verschwenden.

Dieses als es der adeliche Schloß-Herr nicht ohne Verdruß vernommen, hat er sich Anfangs höchlich darwider ereiferet, doch zuruck gehalten, in Meinung die unbefugte Verschwänderin einsmals auf der That selbsten zu ertappen. Passet ihr derohalben etlichmal den Weeg auf, da sie zu denen Siechen gangen, und erblicket sie auf eine Zeit mit angefülltem Fürtuch daher gehen: befragt sie mit ernsthaften Worten: Was sie trage, und wo hin sie gehe? Radegund antwortet mit erschrockenem Herzen: Sie trage eine warme Laug, und Strehl, oder Kämpl, mit diesen gehe sie hin, die elende Aussätzige zu säuberen. Der Herr risse den Pack auf, durchsuchet selben: und siehe Wunder! da wurde die Milch in eine rässe Laug, und der Butter zu einem Strehl, oder Kamm verwandlet. Als nun solcher Gestalten die göttliche Güte, so jederzeit die Unschuld verthätiget, dem Schloß-Herrn die Augen verblendet, und den Argwohn benommen, gehet Radegund wohl getröst ihres gewöhnlichen Weegs widerum fort; und findet in Wahrheit durch ein neues Wunder, daß sie kein Laug mehr, sondern ihr angefaßte Milch, Butter, und übrige erspahrte Speiß-Waaren trage, erzehlet es denen armen Siechen, welche dem allmächtigen GOtt, samt ihr Dank sagten.

Weilen also die guthätige Nothhelferin der Armen wahrgenommen, daß GOtt selber durch ein so augenscheinliches Wunder ihre Barmherzigkeit gut geheissen, fahrete sie ungekränket in solchem Eifer fort, bis der Belohner alles Gutens ihr Tugend-volles Leben durch einen artlichen Zufall mit der unsterblichen Cron der glückseeligen Ewigkeit vergolten.

Radegund gienge ihrem Brauch nach durch den nächsten Wald zur bekannten Siechen-Wohnung, daselbst wiederum der Barmherzigkeit, und Liebe des Nächstens obzuligen, da lauften einstens aus dem Gebüsch einige heißhungerige Wölf hervor, welche die heilige Dienst-Magd unter währendem Gebett, wie ausdrucklich die oberwehnte erste

Ge-

Geschickt, und Lebens-Beschreibung meldet, grimmig angefallen, mit Beissen und Reissen sehr übel zugericht, und halb todter auf der Erden ligend gelassen haben, bis sie endlich in ihren Wunden und Blut von zweyen Dieneren gefunden, nach dem Schloß gebracht worden, allwo sie mit denen hochheiligen Sacramenten versehen, nach dreyen Tagen den Lauf ihres gottseeligisten Wandels erfüllet.

Obwohlen dieser gewaltsame Todt vor der übelsichtigen Welt schmächlich hätte scheinen können, so ware er vor denen Augen GOttes nur desto herrlicher; in Erwegung, daß Radegund denselben aus vollständiger Liebe GOttes und des Nächsten erlitten: als welche, uneracht der Gefahr wegen denen Wölfen, so selbige Gegend vermuthlich schon einige Zeit vorhero unsicher gemacht, dannoch so grossen Leibs-Dienst nicht hat unterlassen wollen. Vieleicht, wie ein Geschicht-Schreiber vermeynet, hat auch die Gerechtigkeit GOttes durch solchen Todt einige Sünden-Mackel, welche die heilige Radegund in diesem Leben begangen, hie Zeitlich abgestraffet, damit diese seine Braut alsobald nach ihrem Hintritt seiner in der ewigen Glori geniessen möchte; wie dann etwelche darvor halten, Radegund habe ihrem Herrn, da sie von ihm, was sie tragete, befraget worden, in etwas die Warheit verborgen, und mithin eine Unwarheit geredet, wann sie nicht vorher durch eine innerliche himmlische Erkanntnuß gewußt, daß GOtt durch ein Miracel die Milch in eine räse Laug den Butter aber in einen Strebl auf ihre Wort alsobald veränderen werde, oder würklich schon veränderet habe: wann aber Radegund nach Meynung dieser Geschicht-Kündiger solte hierinnfalls eine Lug begangen haben, muß der Leser dannoch nicht vermeynen, daß GOtt ein solches Wunder von dieser Ursach willen gethan, sonderen theils die Beneyder des guten Werks, und Liebe des Nächstens zu Schanden zu machen, theils andere zur gleichen Tugend mehr anzufrischen, ob er schon anderer seits, seiner Gerechtigkeit ein Genügen zu leisten, solches Fehlers halber seine Dieneren abgestraft: und von derentwegen konnte es wohl seyn, daß die grimmige Wölf dieselbige nur mit ihren Zähnen verletzet, doch, ihrem gefrässigen Brauch nach, nicht völlig aufgezehret: inmassen man nicht lieset, daß sie von einigen Menschen darvon, als allein durch Kraft GOttes, verhinderet worden.

Es seye ihm aber wie ihm wölle, gewißlich die erfolgte Wunder, die GOtt durch seine Jungfräuliche Dienerin nach dem Tod gewürcket, die grosse Ehr-Bezeugung, die ihren heiligen Gebeinen bis heut zu Tag erwisen wird, zeigen nur gar zu klar, wo anjetzo die heilige Radegund lebe, nemlich bey ihrem Göttlichen Bräutigam, deme sie in jungfräulicher Reinigkeit, und anderen herrlichen Tugend-Werken zu dienen sich beflissen.

Nach ihrem zeitlichen Hinscheiden wolte der adeliche Schloß-Herr von Wellenburg den Leichnam seiner gottseeligsten Dienst- und Vieh-Magd nicht auf den gemeinen Freythof bestatten lassen, sonderen in die eigene Begräbnuß seines adelichen Geschlechts zu Augspurg ehrlichist beysetzen lassen; dahero befahle er selbigen dahin abzuführen: allein aus Schickung GOttes blibe unter Weeg der Todten-Wagen also unbeweglich still, daß man selben auf keine Weiß fortbringen könnte, sonderen wiederum zuruck kehren muste: worbey dann weiters geschehen, daß die angespante Joch-Thier den Wagen samt der Todten Truchen aus himmlischer Anleitung von sich selbst ohne Fuhrmann den geraden Weeg durch den Fluß Wertha, und durch das nechst darbey gelegene Feld bis an das Ort gezohen, allwo sie bey Leb-Zeiten denen armen Sie-

chen so liebreich gedienet hatte, und allda stehen geblieben. Dieweilen man dann aus solchem augenscheinlichen Wunder klar sehen können, dieses Ort ihrer Verdiensten seye zugleich von GOtt zu dero Ruhestatt verordnet, also wurde sie daselbst mit grossem Ehren-Gepräng begraben: auch zugleich über die Grab-Statt eine Capellen aufgeführt, welche hernach im Jahr tausend vier hundert, und fünfzig samt dem Schloß erneueret, und wegen vielen Wunderwerken, so allda auf Fürbitt der heiligen Radegund, GOtt wirkte, mit grossen Ablassen begnadet worden.

Der Hochwürdigste Cardinal und Erz-Bischof von Salzburg, Matthäus Lang, hat nachmals diese Capellen nidergerissen, und eine neue Kirchen von Grund aus aufbauen lassen, worbey er auch schöne silber- und goldene Denk-Münzen prägen liesse mit der Bildnuß der heiligen Radegund gezeichnet: welches alles geschehen, nachdeme dieser Hochwürdigste Kirchen-Prälat im Jahr tausend fünf hundert und sieben das Schloß Wellenburg samt dessen Zugehör durch einen Kauf an sich gebracht. Als aber neunzig Jahr hernach, das ist Anno tausend fünf hundert sieben und neunzig die ganze Wellenburgische Herrschaft an das Hochgräfliche Fuggerische Haus gelanget, wurden die Gebein der heiligen Radegund herrlich aus der alten Ruhestatt erhebt, und von der Welt-bekannten Fuggerischen Gottselig- und Freygebigkeit zierlichist ausgeschmuckt, auch zur offentlichen Verehrung, als ihrer sammentlichen Graf- und Herrschaften grosser Schutz-Heiligin, mit Genehmhaltung hoher geistlicher Obrigkeit, vorgestellt.

Jährlich werden nach St. Radegund viel Creutz-Gäng, und Wallfahrten verrichtet, und diese heilige Dienst- und Vieh-Magd erzeiget sich auch gegen ihren andächtigen Verehreren ganz wunderbarlich: wird gleichfalls mit dir, mein günstiger Leser, ein Wunder gewirket haben, wann sie dich zu gleicher Nachfolg ihrer Tugenden durch ihr heilig Beyspiel bringen und entzünden wird.

Vita hujus Sanctæ ab Adm. R. P. Reginbaldo Perckmar Ord. S. Bened. Profess. ad SS. Udalric. & Afram Augustæ Typis vernaculis vulgata, ibidemque impressa Anno 1727.

## Leben der seeligen Maria, der Elendigen oder Schmerzhaften zugenannt.

Gar wohl hat diese seelige Tochter durch ihr Jungfräuliches Leben, und unschuldig erlittenen Todt beyde Nämen der überseeligsten Jungfrauen, und Gebährerin GOttes zu tragen sich würdig gemacht; gestaltsam sie nicht allein in den heiligen Tauf den Namen der Mutter des HErrn Maria, sondern auch den schönen Beynamen Dolorosæ, das ist, der Schmerzhaften, oder wie es insgemein die Niederländer zu geben, und zu nennen pflegen, die Elendige, von denen Glaubigen überkommen.

Sie hatte die Welt das erstemal begrüsset in einer Brabantischen Dorfschaft Wolua bey St. Peter und Paul genannt. Obwohlen die Geschicht schon nicht ausdrucklich anzeigt, daß ihre Elteren geringen Baurn- oder nicht viel ungleichẽ anderen Stands auf dem Gay gewesen, liegt es doch anderwerts aus der Geschicht genugsam am Tag, daß sie eines solchen gewesen, auch der Baurn- und Feld-Arbeit etwann obgelegen seye: dann sofern sie eines besseren oder gar adelichen Stands gewesen wären, wurden sie sich nicht im Dorf stäts auf-

aufgehalten, noch die Geschicht ihres Geschlechts vergessen haben. Zu deme sagt auch der Lebens-Bericht, die Elteren haben dieser seeligen Tochter verlaubet, das vätterliche Haus samt allem, was sie noch zu gewarten hatte, zu verlassen, und ihr Nahrung in mehr besagtem Dorf Wolua täglich zu erbettlen, welches sie ihr gewißlich nicht wurden gestattet haben, wann sie eines bessern Stands gewesen wären: sintemalen dergleichen Elteren, sonderlich etwas nähers zu unseren Zeiten, wann sie auch sonsten eines sehr Christlichen, und tugendhaften Wandels seynd, dannoch ein Bedenken tragen, ihren Kinderen was solches zu zulassen, und sie täglich in weltlicher Kleidung, und Stand vor ihren Augen herum bettlen anzusehen, als eine Sach, die der ganzen Freundschaft, wie sie vermeynen, nicht anständig; und wurden sie auch derowegen von dem anderen Volk beschnarchet werden, welches ihnen verwerfen möchte, warumen sie ihre Tochter durch das Bettlen ihnen überlästig seyn liessen, da sie selbe doch zu Haus wohl nähren, oder in ein Kloster stecken könnten, welches auch die Elteren eines besseren Stands lieber gedulten mögen, daß sich nemlich die Kinder in einen Ordens-Stand verfügen, als auf der Welt vor ihrem Angesicht solche Lebens-Art erwöhlen, wie diese seeilige Tochter gethan: dieser Ursachen dann, und weilen sie, wie schon angedeutet worden, in einem Baurn-Dorf gebohren, haben wir nicht unbillich ihr so heiliges Leben in gegenwärtigem Werklein einverleibet. Wir schreitten anjetzo zu weiterer Erzehlung.

Dieses glückseeligste Töchterlein wurde von erster Kindheit an in aller Unschuld, und GOttes-Forcht auferzohen: und der göttliche Geist, welcher allzeit ein sonderbarer Liebhaber der reinen Herzen ist, zohe dasselbe fruhzeitig zur ausgemachten Fromm- und Vollkommenheit. Er gabe ihr ein so lebhafte Erkanntnuß der Eytel- und Zergänglichkeit dieser zeitlichen Freuden, und Welt-Possen, daß sie ob selbigen einen grossen Grausen empfande, durch welchen sie angetrieben, mit gutem Willen der Elteren, alles freywillig verlassen, ihre Wohnung an St. Maria Kirchen zu Wolua ganz schlecht, und gering aufgeschlagen, und daselbst ein heiliges Leben geführet; ihre Nahrung ware allein das Allmosen, was sie da und dort in dem Dorf erbettlet. Sie brachte die Zeit in stäter Andacht, Gebett, und anderen Tugends-Uebungen zu: thate doch solche mit gottseeligen Hand-Arbeit im Nähen und Spinnen unterbrechen.

Unter anderen Tugenden zierete sie forderist die Jungfräuliche Reinigkeit, welche damit sie solche desto unversehrter ihrem göttlichen Bräutigam bewahren möchte, hat sie sich mit einem theuren Gelübd darzu verbunden, da sie noch im vätterlichen Haus lebte; diesem Gelübd der Jungfräulichen Keuschheit hat sie nachmals auch das andere der freywilligen Armuth beygefügt, gewißlich ein zweyfaches herrliches Brand-Opfer, so in einer solchen Tochter um so viel mehr seltsam, und hoch zu achten, theils weilen sie in keinem Orden, wie austrucklich Henschenius der Geschicht-Verfasser anfüget (ansonsten hätte sie von mir in diesen Lebens-Beschreibungen kein Ort) weilen, sage ich, sie in keinem Ordens-sondern in dem weltlichen Stand sich befande; theils weilen solche Tugend, und Gelübd, wenigstens der Armuth, auf dem Gay, und unter den Baurs-Leuten gar wenig im Schwung, ja von denen meisten nicht einmal erkannt wird.

Ein so heiliges Leben konnte der höllische Feind nicht mehr erdulten, gebrauchte sich also seiner gewöhnlichen Grüffelein das ganze Tugend-Gebäu über den Hauffen zu werfen. Die seelige Maria ware einer sonderbaren Leibs-Schönheit, wel-

welcher ihr eingezogene Ehrbarkeit, und züchtige Gesch ämigkeit einen noch grösseren Glanz und Zierde gaben. Aber eben dieses mußte dem höllischen Tausend Künstler zum Werk-Zeug, und Waffen dienen, die keusche Jungfrau zu bestreitten. Ein unkeuscher Mensch von dem Feuer der unreinen Liebe ganz eingenommen setzte der seligen Dienerin GOttes über die massen nach: aber sie schluge ihme alles ungereimte Begehren tapfer und standhaftig ab. Allein der unflätige gaile Bock, anstatt sich darob zu auferbauen, veränderte die verschmächte Liebe in einen grossen Haß. Er lausterte einstens eine Gelegenheit aus, wo er ihr eines drähen möchte, daß sie es wohl empfinden solte, was das seye, seine Liebe verschmähen. Die seelige Jungfrau wurde auf ein Zeit, als ein freywillige Arme, zu einer Mittag-Suppen eingeladen, bey dieser Gelegenheit hat der mehrerwehnte Buhler in der Still einen silbernen Becher entzucket, und in den Bettel-Sack der Jungfrauen, der etwann in einem Winkel lage, heimlich verstecket. Mittler Weil hat man das silberne Geschirr in dem Haus gemanglet, aber nicht gefunden.

Entzwischen gehet der unflätige Liebhaber zur Heil. Jungfrau, sagt ihr rund um, wie man in dem Haus, wo sie gewesen, einen silbernen Becher mangle, und niemands als sie, habe selbigen gestohlen. Die Dienerin GOttes wolte nichts darvon wissen, wie es auch in der Sach selbsten also ware, allein der verwegene Mensch machet sich über ihren Bettel-Sack, ziehet das Geschirr hervor, und weiset ihr dasselbe. Maria die gottseelige Jungfrau erstaunet darüber, und entsetzet sich über die Boßheit. Der gottlose Mensch aber sagte ihr gleich: wann sie nicht auf der Stell gleich seines Willens seyn werde, so wolle er zum Richter gehen, und sie des begangenen Diebstahls anklagen, damit sie zur gebührenden Straf gezogen werde: weilen sie dieses Diebstahls überwisen,

sen und von ihme selbst könne überzeuget werden. Alles dieses ungeacht, verblibe die keusche Jungfrau unbeweglich, wolte lieber alle falsche Inzücht, und Verleumdung ausstehen, ja den Tod selbsten, als in sein Begehren einwilligen. Wahrhaftig ein starkmüthiges Weibsbild, welches der weise König Salomon schon längsten in seinen Parablen geprysen hat, die da mit ihrem Beyspiel erweiset, was sich ein Jungfräuliches Gemüth solle kosten lassen, einen so theuren Schatz zu bewahren: allein eben darumen ist auch diese seelige Maria ein rares, und nach Salomons Worten, hochschätzbares Weibsbild, indeme sie nicht so viel ihres gleichen zehlet.

Weilen also der verwegene Kerl auch diesen Streich fehl geschlagen vermerkte, gehet er ungescheucht zum Dorf-Richter hin, und klaget die unschuldige Maria an eines solchen Lasters, das ihr niemalen zu Sinn kommen. Setzte auch neben dem Diebstahl hinzu, daß sie über das mit allerhand Zauber- und Hexen-Werk umgienge, und ihme darmit weder Tag, noch Nacht einige Ruhe lassete. Der Richter, als deme die gottseelige Jungfrau, ihr Lebens-Wandel, und guter Wohn bey jedermänniglich nur gar zu wohl bekannt, wolte, wie billich, diesem Verleumder kein Gehör geben: allein dieser lage ihme so häftig in den Ohren, daß er endlich die beklagte durch die abgeordnete Gerichts-Diener gefänglich einhollen liesse. Sie schutzte vor ihre Unschuld, sie beklagte ihr Unglück, bejammerte ihr Elend, auf solche Art und Weiß, daß der Geschicht-Schreiber meldet, sie habe der Ursachen willen den Namen Maria Dolorosa, das ist, die Schmerzhafte, oder wie es der Orten in dem Schwung, die elendige Maria benamset worden, und annoch insgemein benamset wird.

Als sie nun vor dem Richter erschinen, und ihr häftig zugesetzt worden, sagte sie unter anderen, daß zwar der silberne Becher aus ihrem Allmosen-Sack wäre hervorgezohen worden, wer aber denselben hinein gestecket, darvon seye ihr einmal nichts wissentlich. Der Ehrenlose Ankläger fallet also bald in die Red, sich zum Richter wendend, was braucht es viel, sie bekennet es ja selbsten, daß der Becher in dem Bettel-Sack gewesen, und damit sie sich aus der Schlingen ziehe, will sie andere hinein brocken, und die Schuld auf solche legen. Der Richter sprache alsdann das Urtheil über sie, und verdammte die arme Jungfrau zum Todt; man hat sie auch ohne Verzug, und schon bey spater Abend-Zeit, und so viel möglich, in der Still, zum Richt-Platz hinaus geführet, damit nicht etwann unter dem Volk, deme die unschuldige Jungfrau sehr werth, und lieb ware, ein Tumult erreget wurde.

Im vorbey gehen bey ihrer Wohnung, batte sie ihr die letste Gnad aus ein wenig still zu halten, damit sie noch das letstemal das Mutter GOttes-Bild begrüssen möchte: welches ihr auch nicht abgeschlagen worden. Sie warfe sich also der Gnaden Mutter, als der sie von Jugend auf mit sonderbarer Andacht zugethan ware, ganz demüthig zu Füssen: bittete erstlich alle ihre Feind, und Verleumder: nachmals um ein glückseeliges Sterbstündlein; und letstlichen um die Gnad, das alle die jenige, welche an dieses Ort kommeten, und durch den Schmerzen, so sie bis zu selber Stund erlitten, bey GOtt, und seiner werthisten Mutter um Hülf- und Trost anhalten wurden, ihrer Bitt möchten gewehret werden.

Nach vollendtem solchen Gebett zohe man weiters fort, bis man endlich den Platz erreichet, allwo sie von dem Leben zum Todt solte hingerichtet werden: daselbst wurde ein Gru-

Leren in Gestalt eines Grabs ausgeworfen, in welcher sie, nach zusamm gestrickten Hand und Füssen, auch verbundenen Augen hinein gelegt worden. Der Scharfrichter aus Mitleyden bewegt, sprache zu ihr: Ich bitte dich Maria, du von GOtt geliebte Jungfrau, seye meine Fürbitterin bey deinem Bräutigam: darauf sagt sie: Ich bitt GOtt, daß er dir alles, was du mir anthust, und alle deine Sünden verzeyhe: ja auch jedem, der mich mit Wort, oder Werk beleydiget, vergieb ich von Herzen, und bin auch bereit, ihnen von dem barmherzigen GOtt Vergebung zu erbitten, samt allen denjenigen, so ingedenk meines Schmerzens andächtig dieses Ort besuchen werden, daß sie ohne Trost der Seelen von dannen nicht zuruck kehren. Darauf wird sie lebendig mit Erden überschittet, und eingescharret: nachmals aber wurde noch darüber ein viereckiger zugespitzter hölzerner Pfahl, oder langer Keul oben von dem Grab durch die Erden hinein, und der Jungfrauen durch den Leib getriben, und sie also in die glückseelige Ewigkeit, als ein unschuldiges Brand = Opfer der reinen Liebe abgeschickt, ungefähr um das Jahr tausend zwey hundert neunzig.

Bey diesem traurigen Schauspiel, und zu selben Zeiten gebräuchlicher Hinrichtung der zum Todt verdammten Personen stunde niemands zugegen, deme nicht die Augen vor Mitleyden im Wasser schwimmeten; der Ehr=vergessene, Schandlose, buhlerisch Verleumder allein schauete ohne Mitleyden dem wehmüthigen Todt der seeligen Dienerin GOttes zu, als ein in der Boßheit schon verstockter Felsen: aber der armseelige Mensch merkte noch nicht, daß schon die straffende Ruthen GOttes seinem Rucken nahe ware; gestaltsam, ehe er einmal von der Stell hinweck kommen, von einem so wüttigen Teufel besessen worden, daß er kaum mit eisenen Ketten vest genug hat mögen gebunden werden.

Sieben ganze Jahr daurete dieß Elend: man führete ihne zu unterschiedlichen Wallfahrten, und Gnaden-Orten: allein alles umsonst: es wolte halt die göttliche Vorsichtigkeit, die Unschuld dieser seeligen Maria der ganzen Welt an Tag zu legen, daß derjenige ein Werkzeug darbey abgeben muste, welcher dieselbe vor ganzer Welt zu Schanden zu machen suchte; indeme der Teufel in allen ersterwehnten Gnaden-Orten aufgeschryen, daß er nirgends, als allein, wo die seelige Maria ruhete, ausgetriben werden müßte: dahero brachte man den Besessenen auf einem Karren dahin, welcher Bley-schwer worden, daß man ihne kümmerlich herab nemmen, und noch beschwerlicher zu dem Altar der Mutter GOttes bringen können. Sobald er aber darvor niedergelassen worden, und die Umstehende ihr Gebett für ihne ausgegossen, fuhre der Teufel mit erschröcklichem Getümmel, im Angesicht aller Anwesenden, aus dem Besessenen durch das Fenster; die Ketten, mit welchen dieser unglückseelige Mensch gefäßlet ware, zerspringeten von sich selbsten, und er stunde frisch, und gesund auf. Alsdann bekennete er offentlich seine grosse, und schändliche Missethat, führet darauf ein sehr reumüthiges frommes Leben, und verblibe bis an sein End Mariä der elendigen ein überaus getreuer Diener, und Lobsprecher ihrer Tugenden, und forderist der Jungfräulichen Reinigkeit.

Von dieser Zeit an kame dieses Ort in ein solche Verehrung, daß es ein allgemeine Zuflucht-Stadt der Elenden und Betrangten worden, wie die Braut Christi selbst vor ihrem Todt von dem Himmel begehret hatte. Ihr heiliger Festtag fallet jährlich auf den achtzehenden Juni, oder Brachmonats.

Es wurde mir der Raum dieser kurzen Lebens-Verfassung nicht zulassen, alle herrliche Wunder, die GOtt auf ihr Fürbitt gewürket, zu erzehlen; will ein und anderes allein aus denen fürnehmeren heraus klauben, und zwar allein die Erweckung der Todten. Ein Mann, da er zu heisser Sommers-Zeit beym nechsten Mühl-Bach badete, ist aus Unvorsichtigkeit gar ersoffen; nach sieben Stunden wurde er auf den Altar der seeligen Jungfrauen getragen, und das herumstehende Volk bate für ihne, und siehe, er wird wiederum lebendig, und gesund. Ein Mägdlein von sieben Jahren, so ebenfalls unter einem Mühl-Rad ertrunken, und von neun Uhrmorgends an bis auf den Abend also todt da lage, nachdeme sie an dieses Gnaden-Ort gebracht worden, kame wiederum zum Leben, und voriger Gesundheit. Ein anderes Kind, welches die Mutter todt in der Wiegen angetroffen, als sie aber darauf die Zuflucht zur elendigen Maria genommen, und zuruck nach Haus gekehret, findet sie dasselbe ganz fröhlich, scherzend, und wohl auf.

Seltsam ist, was von einer Beginnin zu Lövon in Niderland erzehlet wird, deren es in dasigem Land sehr viel gibt, und seynd nichts anderst, als GOtt-verlobte Jungfrauen, führen schier ein Ordens-Leben, jedoch im weltlichen Kleid, und Stand: eine aus diesen hatte etwelche Schriften von sehr grosser Wichtigkeit verlohren: andere ihrer Gespänninen riethen ihr, daß sie bey der seeligen elendigen Maria Hülf suchen solte, und sie thut es: siehe Wunder! des anderen Tags darauf, da noch andere Gespiehlinen bey ihr sassen, kame ein schwarzer Hund daher, welcher die lang erwünschte Schriften aus der Goschen heraus speyete: alle erschracken darob, lobten aber zugleich GOtt den Herrn der so wunderbarlich ist in seinen Heiligen.

Acta Sanctorum Godefridi Henschenii Tomo. 3. Junii ad diem 18. ejusdem mensis, de B. Maria Dolorosa.

# Leben der heiligen Nothburg, einer Dienst- und Baurn-Magd.

Obschon die heilige Nothburg mehrer Jahr im Herrn- und Baurn-Dienst zu gebracht, wird sie doch insgemein schier allzeit als ein Baurn-Magd von Alters her von denen Mahleren entworfen; und hiermit gebühret ihr gleichfalls mit anderen heiligen Hirten- und Baurs-Leuten allhier ein Ort.

Sie wurde gebohren um das Christi tausend zwey hundert fünf und sechzig, oder wie andere darvor halten, siben und sechzig im unteren Ynthal der gefürsteten Grafschaft Tyroll in oder bey dem Schloß Rottenburg, welches allein noch in seinen zerfallenem Gemäur zu sehen ist. Ihre Eltern sollen burgerlichen Stands gewesen seyn, welche ihre Tochter in anständigen Sitten, und Erlehrnung tauglicher Hand-Arbeit emsigist unterwisen, und auferzogen. Das fromme Kind nahme auch von zarten Jahren in Gotts-Forcht, allerhand Tugenden, vorderist in ausbündiger Keusch- und Reinigkeit bestermassen zu. Als sie das achtzehende Jahr erreichet, wurde sie von Henrich, Herrn von Rottenburg und seiner Frauen Gemahlin in Diensten aufgenommen, und ihr nicht allein die Kuchel, sondern auch andere Sorg des Hausweesens anvertraut: diese Dienst versahe unser Nothburg etwelche Jahr hindurch mit grossem Lob, und Ruhm; derowegen sie auch Henrich dem Jüngeren, und seiner Ehe-Frauen Othilia, als eine getreue, verständige emsige Dienst-Magd bestens anbefohlen worden.

Bey der älteren Herrschaft hatte Nothburg völlige Verlaubnuß denen Armen bey dem Thor des Schlosses, was von dem Tisch der Herrschaft abgetragen wurde, auszuspenden: nicht also ware die junge Herrschaft gesinnet, absonderlich Othilia eine sehr gespährige Frau, welche doch, so lang die ältere Herrschaft bey Leben gewesen sich nicht darwider zu setzen getrauet. Da aber selbe innerhalb sechs Jahren mit Todt abgangen, ist dieser junge Geitz-Hals, der mehr Sorg über die Schwein im Stall, als über die Arme tragete, so unbarmherzig gewesen, daß sie durchaus befohlen die Ueberbleibslein von der Tafel nicht denen Armen hinfür an, sondern denen Schweinen fürzuwerfen.

Dieser Befelch ist der mitleydigen Nothburg tief zu Herzen gangen, wurde hiemit gezwungen, auf andere Mittel zu gedenken, denen Armen beyzuspringen. Alle Freytag hat sie sich mit Stücklein Brod, und kalten Wasser befriediget, auf daß sie an ihrem Maul erspahrete, damit sie denen Bedürftigen etwas mitzutheilen hätte. Aber auch dieses wolte die geitzige Frau nicht leyden, sondern verklagte die heilige Magd bey ihrem Ehe-Herrn Heinrich, daß sie mit ihrem Allmosen nur allerhand Gesindel zum Schloß herziehe, worvon mit der Zeit nicht wenig zu beförchten wäre. Heinrich erzürnet sich nicht wenig über die fromme Nothburg, und als diese auf eine Zeit wiederum mit ihrer erspahrten Speiß und Getrank den Berg hinab auf die Landstrassen eylete zu denen armen Siechen, die ihrer dort warteten, weilen keiner sich nahend bey dem Schloß mehr dörfte blicken lassen, wolte Heinricus bey dieser Gelegenheit selbsten den Augenschein einnemmen; worbey sich schier eben jenes Wunder, welches wir in dem Leben der heiligen Radegund verstanden, ereignet, von welcher unser heilige Nothburg, wie mir die

Sach

Sach nicht unglaublich vorkommet, durch ihr schönes Beyspiel, als auch einer heiligen Magd, die Freygebigkeit gegen denen Armen wird erlernet haben, indeme selbige nicht unlängst zuvor dieß Zeitliche geseegnet, und wegen ihrer seltsamen Liebe zu den Nothleydenden die GOtt auch mit einem so herrlichen Miracel bewehret, in denen benachbarten Landen alsobald wird lauthmehrig worden seyn.

Henricus also fragt die Dieneren GOttes ganz zornmüthig, was sie tragte? Nothburga weiset ihme fein hurtig alles, was sie truge: und sihe! vor beyder Augen ist alle Speiß zu Schaiten, und Hobl-Spähn; und der Wein (dann in dem Schloß hatten auch die Haus-Bediente einen Trunk Wein über den Tisch) und der Wein, sage ich, ist in eine bittere Laug verkehret worden. Henricus schliessete hieraus, Nothburg habe ihme dieses zum Possen gethan: beklagt sich also bey Othilia, welche noch in grösseren Zorn ausbrache, und die heilige Dienst-Magd, nachdem sie von der Strassen wiederum nacher Haus kame, fein wacker ausfilzte, und ihr zugleich auf ein Stümpflein den Dienst auffsagte.

Die unschuldige Nothburg verwunderet sich über die Unsinnigkeit ihrer Frauen, schwige doch ganz still darzu. Ehe sie aber aus dem Schloß gangen, fallet Othilia in eine tödtliche Krankheit, vielleicht aus Uebermaaß des vorigen Zorns, welcher dergleichen Frauen-Zimmer oftermal zu Beth wirffet; in dieser Krankheit hat Othilia bälder das Leben, als Nothburga das Schloß verlassen. Es ist nicht auszusprechen, wie getreulich Nothburga ihrer Frauen, von der sie so übel hergenommen ware, beygestanden: wie sie ihr zugesprochen, ihre Seel wohl zu versicheren: wie eyfrig sie für Othilia ihr Gebett vergossen, durch welches sie so viel zuwegen gebracht, daß sie wenigist nicht gar nach dem Todt

zu

zu Grund gangen, ob schon in dem anderen Leben wegen ihrer Härtigkeit gegen denen Armen ein Strenges ausstehen müssen.

Sintemalen bald nach ihrem Todt in dem Schwein-Stall, wohin sie, was sonsten denen Armen hätte sollen zu Theil werden, hinwerfen lassen, ein erbärmliches Getümmel die ganze Nacht gehöret worden: das Gespenst gronnete wie andere Schwein, und reissete sich mit denen selbigen herum. Man mußte endlichen zu denen Beschwörungen schreitten; und als dieses von einem Priester des benachtbarten Klosters St. Jörgenberg geschehen, bekennete das Gespenst, daß es der Geist der gewesten Schloß-Frauen wäre, und derowegen in diesem Stall gepeiniget zu werden verwisen worden seye, weilen sie der Nothburg heiliges Allmosen lieber denen Schweinen, als denen Armen vergonnte; könnte auch nicht anderst erlöset werden, als durch ersprießliches Allmosen, und durch das hochheilige Meß-Opfer; welches nachdeme es verrichtet worden, wurde auch dem Schloß die vorige Ruhe hergestellet.

Nothburg aber, obwohlen viel adeliche Frauen nach ihr getrachtet, selbige in ihre Dienst aufzunemmen, hatte sie doch bey einem Bauren im hohen Gebürg auf dem Eben genannt, nahend bey einem Kirchlein St. Ruprecht, so anjetzo der Chor der Kirchen Sanct Nothburg ist, gegen dem Schloß Rottenburg über gelegen, eingedinget, allda aus Demuth dem Vieh abzuwarten (deßwegen sie auch in allerhand Vieh-Suchten bey GOtt ein sonderbare Nothhelferin ist) doch mit diesem ausdrucklichen Vorbehalt, nach dem gegebnen Gloggen-Zeichen zum Feyr-Abend niemalen zu arbeiten, sonderen daß sie dörfte ihrer Andacht und Gebett obligen. Der Baur hat ihr alles dieses gern zugesagt; aber nicht so richtig gehalten.

An einem Sambstag ware alles Haus-Gesind beschäftiget auf einem Acker einzuschneiden, und stunde gegen dem Abend wenig mehr übrig: da hörete Nothburg das Gloggen-Zeichen zum feyren, sogleich hörete sie auch auf vom einschneiden, und wolte nacher Haus gehen, der Andacht abzuwarten. Der Haus-Vatter, so gegenwärtig ware, befilcht ihr, sie soll in der Arbeit fortfahren, und weilen so wenig mehr übrig, vollenden helfen. Nothburga antwortet: Es möge so wenig mehr übrig seyn, als wölle, man müsse der Kirchen-Gebrauch, und er sein Versprechen halten, welches er zugesagt, am Feyr-Abend sie von der Andacht nicht zu verhinderen. Der Baur wolte mit diesem nicht zufrieden seyn, sagte: die Noth habe kein Gesatz: es werde GOtt wegen ein so weniges nicht beleydiget, noch der Himmel einfallen. Darauf widersetzet Nothburga: Wohlan Vatter! weilen du vermeynest, GOtt werde nicht beleydiget, ich aber das Widerspiel behaupte, so lasset uns sehen, wer aus uns recht habe. Ich will die Sichel in den Luft hängen, bleibt sie ohne Nagel hangen, so hab ich recht: fallt sie aber zu Boden, so will ich dir, nach des Himmels Ausspruch recht geben. Hebet also die Sichel in die Höhe, ziehet die Hand zuruck: da bleibt die Sichel nicht anderst, als wann sie von einem Nagel gehalten wurde, in dem Luft mit aller Erstaunung hangen: und hat sich darauf niemand nicht ein Hälmlein mehr abzuschneiden getrauet. Nothburg hatte ihr Sichel wiederum aus dem Luft herab genommen, nach Haus geeylet, und darauf sich in St. Ruperts Kirchlein verfügt, alldorten ihr gewöhnliches Gebett zu verrichten.

Entzwischen, nachdem Nothburg aus dem Schloß gewichen, scheinte, es habe gleichsam aller Seegen und Glück dasselbige zugleich verlassen; dann Henricus bey einem Haar schier gar an den Bettel-Stab gerathen, inmassen er nicht allein seine liebe Gemahlin verlohren, sondern er muste sehen, wie daß sein eigener Herr Bruder in einem Krieg ihne feindlich verfolget, sein Land und Leut verderbet, und übel zugerichtet worden; welches verursachet, daß ihme endlich die Augen aufgegangen: reittet derowegen, unter dem Schein zu jagen, an das Ort, da Nothburg sich befande, bittet sie schier fußfällig, abermal in das Schloß zu kehren, sie werde völlige Erlaubnuß haben denen Armen Gut zu thun. Die heilige Dienerin GOttes lasset sich überreden, stellet sich wiederum ein bey dem vorigen Herren, im Jahr tausend zwey hundert drey und neunzig. Das Frolocken der Armen ware übergroß, da sie sahen, das ihre liebste Speiß-Meisterin widerum ins Schloß in Diensten aufgenommen worden. Und der Seegen GOttes wendete sich auch Hauffen-Weiß wiederum zu Henrico, also daß er innerhalb fünf Jahren hernach zu grossen Ehren, Reichthum und Würden gelanget, als er zuvor jemalen gehabt: allen zu einer Wahrnung, daß weit mehr die Frommkeit der Ehehalten, als der Fleiß, und Arbeitsamkeit, wann selbige lasterhaft seynd, ihre Haus-Vätter und Mütter bereichen könne.

Hingegen hat bey dem Baursmann, wo Nothburga in Diensten gestanden, alles den Krebsgang genommen, und ist der arme Tropf schier um alles kommen, auch von der Dörrsucht ganz verzehret worden. In dieser letzten Noth hat ihme Nothburg zugesprochen, und wider alles höllische Geschwader wohl bewahret, also, daß er noch ein gottseeliges, und fröhliches End genommen: es ware nemlich diese Jungfräuliche Braut Christi unter anderen auch so sonderbar beflissen den geistlichen Nutzen durch heylsamme Lehren, so viel ihr Stand zu liesse, bey dem Neben-Menschen zu beförderen, wie sie dann ebenfall zu Haus die so zahlreiche junge

Herr-

Herrschaft in den Gesätzen unseres heiligen Glaubens, und anderen Christlichen Tugenden unterrichtet.

Nöthburga hatte nunmehro in dem Schloß-Dienst das zweytemal wiederum viel Jahr hinterlegt, da vermerkte sie, daß GOtt dem Allmächtigen beliebte, sie von dieser Sterblichkeit aufzulösen, um den Lohn ihrer treu geleisten Diensten zu empfangen: darzu ein Vorboth gewesen die Krankheit, mit der sie GOtt heimgesucht; dahero als sie wohl wußte, daß ihr letztes Sterbstündlein nahe seye; liesse sie sich mit denen heiligen Sacramenten versehen; die Reiß in die Ewigkeit desto sicherer anzutretten: auf welches hin Nöthburg mit jedermänniglich, besonders der Armen weinen, und klagen, seeliglich in GOtt entschlaffen den vierzehenden Herbstmonat, als man zehlete das tausend drey hundert dreyzehende Jahr, ungefähr im acht und vierzigisten ihres Alters, geziehret mit dem jederzeit erhaltenen Jungfrau-Cränzlein.

Es hatte diese heilige Dienst-Magd schon längsten zuvor ihren Schloß-Herrn Heinrich inständig ersuchet, daß, wann sie sterben wurde, er ihre Leich auf einen Wagen legen, und denselben mit einem paar Ochsen bespannen zu lassen: wohin hernach das Vieh gehen, und ihren Cörper hinführen wurde, alldorten solche zur Erden zu bestatten. Da nun Nöthburg verblichen; setzte man den heiligen Leichnam auf einen Wagen mit zweyen Ochsen bespannet, wie es unser seelige Magd begehret; und liesse die Thier hingehen; wohin sie GOtt leitete. So giengen sie dann den Berg hinab, zwerch über die Land-Strassen dem Ynfluß zu. Damals ware in dieser Gegend kein Bruggen über den Fluß, noch ein Schif zur Ueberfuhr vorhanden; unterdessen setzten die Ochsen mit der Leich über den mit Wasser aufgeschwollenen Strom, und zwar da er am tiefisten ware, hinüber. Einige sagen, es habe sich das

Wasser beyder Seits wie vorhin das rothe Meer zertheilet; andere aber sagen, es seyen die Ochsen über das Wasser, gleich als über einen vesten Grasboden daher gangen: es seye gleich dieses, oder jenes, so ist es doch eine richtige Sach, daß es ohne Wunderwerk nicht hergangen mit Uebersetzung des Flusses; dann die Leich an dem anderen Gestatt ganz trucken, und unbenetzt gefunden worden.

Nach solchem giengen die Ochsen mit selbiger dem Dorf Jenbach zu, und nachdeme sie Mitten hinein kommen, wo letzt ein Opfer-Stock stehet, seynd die auf dem Zwerch-Weeg etwas stillgestanden, bis entzwischen Henricus mit der übrigen Gelaitschaft anderwärtig über das Wasser gesetzt, und daher eylete: sie wolten die Leich herabnemmen, in Meynung die Heilige habe allhier ihre Ruhestatt auserwählt: sobald dieses die Ochsen vermerkten, haben sie gleich ihren Weeg weiters auf die Höhe zu genommen, bis sie auf dem Eben angelangt, allwo die heilige Magd dem Baurn gedienet. Wie nun die Ochsen bey dem Kirchlein des heiligen Ruprechts ankommen, hielten sie still unter einer grossen Hasel-Stauden, nechst der Maur, die besagtes GOtts-Haus umgabe: alle rüsteten sich abermal die Leich herabzuheben, und in das Kirchlein hinein zu tragen, da fahreten aber wiederum die Ochsen von sich selbst in das Kirchlein, und als die Leich ohne alles menschliche Zuthun abgeladen (Zweiffels ohne durch Englische Händ) kehrten die Thier um, und führten den leeren Wagen zur Capellen hinaus. Alle, so zugegen waren, erkenneten das Wunder, welches in deme auch erschine, daß die Ochsen den Wagen umkehren können: da doch das Kirchlein so eng, daß kaum Platz allda nur zu stehen, will geschweigen einen Rank zu nemmen ware. An dieser Stell nun hat man den Jungfräulichen Leib begraben.

Die-

Dieses Capellelein wurde nachmals wegen häufigen Opferen, und Schank-Gaaben der Christglaubigen, welche in grosser Anzahl dahin kamen, und annoch hin wallfahrten, in eine schöne Kirchen, unter dem Namen der heiligen Nothburga veränderet, so guten Theils aus rothen Marmor erbauet ist, darzu vorderist seine Freygebigkeit erzeiget Maximilianus der Erste dieses Namens Römischer Kaiser, und Durchleuchtigster Lands-Fürst in Tyroll.

Es lagen die heilige Gebein der Dienerin GOttes schon allbereits vier hundert und fünf Jahr in besagter Kirchen, und hatte man nicht eigentlich mehr wissen können, wo sie ruhen. Aber erst neulich, das ist, Anno tausend sieben hundert und achtzehen, aus gnädigister Verlaubnuß des Hochwürdigisten Bischofens, und Fürstens zu Brixen, Caspars Ignati, hat man selbigen nachgesucht, und solche in dem alten Chor, welches vorher, wie gesagt, St. Ruprechts Capellelein gewesen glücklich erfunden, in schönster Ordnung, samt einen Stuck von ihrem Weiber-Rock. Welche man in einem neuen Trüchlein verschlossen, und mit fünf Sigill verwahren, darauf hin in das alte Grab, doch etwas tiefes versencken lassen, bis einmal mit Bewilligung Ihro Päbstlichen Heiligkeit die heilige Gebein Nothburga erhebt, und zu offentlicher Verehrung mögen ausgestellet werden. Im übrigen ist Nothburga dergestalten gegen ihren verehreren, in Ausspendung der Gnaden, so sie von GOtt durch ihre Fürbitt erhaltet, freygebig, und guthättig, daß ihr heilige Ruhestatt auf mehr besagtem Eben, ein allgemeines Zuflucht-Ort worden, wohin nicht allein aus Tyroll selbst, sondern auch aus denen benachbarten Landen gottseelige Wallgäng angestellt werden.

Ex duplici vita relatione, præsertim nova ac recenti Anno 1720. Oeniponti in Tyroli impressa. Item aus dem Heil. Ehren-Glanz der gefürsteten Grafschaft Tyroll nuperime typis impressa.

## Leben des heiligen Heinrichs, eines Taglöhners.

Wer weißt nicht, daß die Taglöhner sich sowohl zur Haus- als zur Feld-Arbeit gebrauchen lassen, wie es denen gefällt, so sie zur Arbeit dingen? zu allem stehen sie bereit, und einfolglich wird niemand mißbillichen können, wann ich seine Lebens-Beschreibung auch unter anderer heiliger Hirten und Bauren-Leben allhier einmische, als eines solchen Heiligen, welcher mit ihnen nicht viel ungleichen Stands, und Wandels gewesen.

Er ist gebohren zu Botzen im Tyroll, einer sehr namhaften, und berühmten Handels-Stadt. Seine Jugend brachte in auferbäulichisten Sitten zu, hatte sich über alles beflissen die im H. Tauf empfangene Unschuld, die anjetzo bey dergleichen Alter insgemein auf das schlüpfrige Eyß geführet wird, ganz sorgfältig zu bewahren: zu welcher Tugend der heilige Mann ein solche Liebe getragen, daß er selbige nicht allein in seinen zarten Jahren, sonderen auch so gar in dem Ehe- und nachmals in dem Wittib-Stand unversehrt erhalten, und mit sich ins Grab getragen.

Nachdem der Todt seine liebe Ehe-Würthin hinweck genommen, hatte Heinrich sein Vatterland beurlaubet, und sich nacher Treviso einer sehr berühmten Stadt und Vestung der Herrschaft Venedig begeben, alldorten als ein Taglöhner

ner in unterschiedlicher Ar eit seinen nothwendigen Unterhalt zu suchen. Viel Jahr ha er in dem Schweis seines Angesichts, und harter Bemühung in diesem Leben zugebracht. Er war zwar klein an der Leibs-Grösse, aber an allen Gliedmassen wohl geordnet, etwas dick, und untersetzt; mithin zu solcher Arbeit von der Natur recht geartet. Was ihme von seiner Nahrung, die sehr gering ware, an dem Taglohn überbliben, das gabe er alles denen Armen. Seine Hand-Arbeit versüssete er mit guter Meinung, heiligen Begierden, und immerwährenden Erhebungen des Gemüths zu GOtt, und suchte mit gottseeligen Werken in der Still, damit es niemand merkte, dem Höchsten allein zugefallen, wohl wissend, daß es ein verlohrne, und Strafmäßige Sach wäre, wann er sich auf Erden um den zeitlichen Lidlohn allein bearbeiten solte, und in jener Welt von so vielem Schweis, und harten Dienst, so er denen Menschen leistete, kein andere ewige Belohnung darvon tragen solte, welches ohne Zweifel geschehete, wann man nicht die zeitliche Arbeit mit reinem Gemüth GOtt zu Ehren verrichtete.

Als aber der seelige Taglöhner vermerkte, daß seine Kräften wegen annachendem hohen Alter abzunemmen begunnten, und er zur täglichen Arbeit nunmehr untauglich wäre, hat er sich völlig auf das beschauliche Leben, Gebett, und Dienst GOttes begeben. Seine tägliche Nahrung aber zu erhalten, gienge er dem Allmosen nach, allein solcher Gestalten, daß er alles, was er über seine Nothdurft erbettlet, noch selbigen Tag denen Armen ausspendete, sich wenig für den nechst kommenden Tag besorgend, sonderlich gabe er alsobald das ihme geschenkte Geld denen Bedürftigen zum Allmosen aus.

Ein gewisser Herr vergonte dem heiligen Mann ein schlechtes Kämmerlein in seiner Behausung; in diesem hat Heinrich ein sehr heiliges, und strenges, doch allzeit vor denen Augen der Menschen verborgenes Leben geführet: von welcher Strengheit bald hernach ein mehrers solle gemeldet werden.

Seine Kleidung ware grob, und schlecht: ein langer grauer Rock, mehr einem Sack, als einem Kleid gleich, darneben inwendig also mit hàrinen Stricklein eingerichtet, daß er ihme mehrer für ein Buß-als andere Kleidung diente; also ware auch das Unterkleid gleichmäßig beschaffen. Der Hut ware von Aschen-Farb mit glatten und schmahlen Abhängen. Meisten Theils gienge er bar Fuß daher: *hielte* sich stäts in denen Kirchen auf mit einem *Bettschnierlein* in denen Händen: wohnete mit grossem Lust von der Frühe an, allen Gottes-Diensten, und heiligen Meß-Opfern bey. Das göttliche Wort, und heilsame Predigen pflegte er ganz begürig anzuhören. Es ware gewißlich ein verwunderliche Sach, daß Heinrich durch vieles Fasten, und anderen Strengheit des Leibs ausgemerglet, bey so hohem Alter, allein auf seinen Stecken sich lainend, dannoch alle Kirchen so ausser, als in der Stadt besuchte, und sein Gebett auf der Erden, und Angesicht liegend, verrichtete.

Nach der Bischöflichen Haupt-Kirchen besuchte er zum öfteren das Gottshaus der Wohlehrwürdigen Vätteren des Eremiten-Ordens des heiligen Augustini, und hielte mit ihnen ein heiliges Gespräch: und nach deme er alle andere Kirchen besucht, gienge er zu Letst wiederum in die Dom-Kirchen, damit er sein GOttgefällige tägliche Walfahrt an dem Ort endete, wo er sie angefangen. Allda verweilete er sich meistentheils in einem Winkel bey dem Eingang, oder wie man

es

es nennet, unter dem Portal der Kirchen, gegen dem Bischöflichen Pallast hinüber vor einem gemahlten Mutter-GOttes-Bild, schauete dasselbe ohne Unterlaß an, und verrichtete darbey sein Gebett mit entdecktem Haupt. Wann aber der andächtige Alte ermüdet ware, setzte er sich auf einen Stein nieder, doch also, daß er seine Augen vor dem Mariä-Bild, und sein Herz von dem Gebett nicht abzoge.

Einsmals als er eben auf dem Gotts-Acker, oder Freythof, vor etlichen Bilderen sein Gebett ausgosse, wurde er von einem gar häftigen Platz-Regen ertappet, er stunde aber dannoch in Mitten desselben still, und verharrete in seiner Andacht; nachdeme das Ungewitter vorbey, hat man erfahren, dos ihme nichts destoweniger kein Faden an denen Kleideren naß worden.

Die Reinigkeit so wohl der Seel, als des Leibs zu erhalten, gebrauchte er sich einer beständigen Abtödtung, und Beobachtung seiner fünf Sinnen, als welche die Porten seynd der Sünden. Wann er im mindisten etwas darwider gehandlet, verfuhre er sehr streng mit sich. Auf eine Zeit sahe er etliche Weiber bey einem Flüßlein krebsen: Heinricus verspührte einen Lust, welche Krebs darvon zu bekommen, und ihme für eine Speiß zu zurichten: dieses, wie er vermeynte, so grosses Verbrechen, und Geschleckerkeit, hatte er folgender massen an sich selbsten gerochen. Er gienge hin, begehret von denen Weiberen einige Kräbs, welche nachdeme sie willig, und zwar sehr schöne gegeben, name der Heilige diese Krebs, schiebet sie in den Busen zwischen seinen Kleideren, und der Haut hinein; diese liesse er so lang sein so unschuldiges Fleisch mit ihren Scheeren zwicken, und zerreissen, bis sie endlich verrecket: darauf hat er noch darzu das Gestank der allgemach verfaulenden Krebsen eine Zeit lang gedultet, bis er sie endlich gleichwohl von sich geworfen.

Weil ich aber nunmehro von seiner scharfen Leibs-Strengheit zu Red worden, wollen wir versprochner massen von selbiger jetzt etwas ausführlicher Meldung thun. Das Kämmerlein, in welchem er, wie oben gesagt, die letste Jahr gewohnet hat, sahe schier einem halben Kerker gleich, sieben Schuh breit, und neun lang, ganz finster, dieweilen durch ein kleines Löchlein ein wenig Tag-Liechts hinein scheinete: deßwegen hätte dieser Winkel natürlicher Weiß übel riechen, und voll der bösen Feuchtigkeit seyn müssen: allein ist doch solches Ort von dergleichen Ungemach völlig befreyet verbliben. Die Ligerstatt, so Heinrich darinnen ihme zubereitet hatte, ware von knöpfigen Stricken zusamm gebunden; zuweilen gebrauchte er sich auch des Gesträus von dem Reeb-Holz, auf welchem er lage, gar selten aber des Strohs, alsdann nemlich, wann er wegen stätem Fasten, und Gebett ermüdet, nothwendig dem Leib eine bessere Ruhe zu vergonnen gezwungen wurde. Die Stell eines Polsters oder Kopf-Küsses mußte allzeit ein aichener Fuß-langer Block vertretten.

Das Cylicium, oder aus hären Stricken geflochtne Buß-Kleid legte er bey Tag und Nacht von seinem Leib nicht hinweck: obwohlen schier sein ganze Kleidung, wie wir Anfangs vernommen, ein lauteres Buß-Kleid gewesen, weilen dasselbe mit denen härinen, rauchen und groben Stricken inwendig in Gestalt der Buß-Gürtlen gefütteret ware. Dieses strenge und rauche Kleid verhartete dermassen durch den Schweiß, daß, als ein gewiser Schneider, deme der Heilige seinen Buß-Zeug zu flicken, und zu ergänzen allein anvertraute, etwas an solchem Kleid flicken mußte, er wegen Härte dergleichen Stricklein die Nadel entzwey gebrochen, und von dieser den halben Theil ihme tief in den Finger hinein getriben, mit so empfindlichem Schmerzen, daß der gute Handwerksmann besorgte um den Finger zu kommen: klagte derowegen Henrico seinen Wehethum, welcher ihme tröstete, und sagte: Zweifle nicht mein Bruder, du wirst gesund werden. Begiebt sich alsdann zu dem Gebett, berühret nach diesem den Finger, und machet das heilige Creutz-Zeichen darüber; mithin kame die halbe Nadel, und zugleich auch aller Schmerzen auf einmal aus dem verletzten Finger heraus.

Neben diesen Strengheiten geißlete er sich zu Nachts sehr stark, und zerschlugemit einem runden Stein seine Brust. Zu diesem kame noch darzu ein strenger Abbruch, und Fasten, das städe Wachen, und Verkürzung des Schlafs. Auf solche Weiß beschützte Heinrich die Lilgen seiner Jungfräulichen Reinigkeit; machte sich benebens fähig grosse Gnaden vom Himmel zu empfahen, also daß er nicht allein mit vielen Wunderen sowohl bey seinen Lebs-Zeiten, als nach dem Todt geleuchtet; sondern auch gewürdiget worden mit der Gegenwart des HErrns, der Englen, und anderen Heiligen, die ihme in seinem Kämmerlein heimgesuchet hatten.

Endlich kame die Zeit herbey, daß dieser seelige Taglöhner mit so vielen Verdiensten gezieret von dieser armseeligen Sterblichkeit solte aufgelöset werden, der unsterblichen Cron in dem Himmel zu geniessen, darzu ihne GOtt den zehenden Brachmonats in dem tausend drey hundert, und fünfzehenden Jahr abgeforderet hat, an einem Dienstag zu Morgens um die dritte Stund Welschen-Zeigers. Bey seinem Absterben haben sich alsobald etwelche ausserordentliche Seltsamkeiten zu getragen. Die Gloggen der grossen Haupt-Kirchen hebten an von sich selbsten einen ungewöhnlichen lieblichē Klang, ohne Zuthun eines Menschens, zu geben, daß sich jedermann darob höchstens verwunderte: mithin folgte ein unbeschreiblicher Zulauf des Volks von allerhand Ständ, und Alter, welches mit einhelliger Stimm aufschreyete: ein Heiliger ist gestorben, ein Heiliger ist gestorben.

Das Geträng name dergestalt zu, daß man den heiligen Leib kaum fortbringen konnte, ware auch die gottseelige Ungestümmigkeit so groß, daß ehe und bevor die Leich zu der Porten des hohen Dom = Stüfts gelanget, schon die hölzerne Truchen, in welcher der Verstorbene eingeschlossen lage, oben, und an denen Seiten von dem Volk zerrissen, und die Stücklein darvon getragen wurden. Dieser Handel gienge immer häftiger an, weilen in währender Begleitung der Leich unterschiedliche Wunder in Heilmachung der Kranken geschahen, und die Gloggen fort und fort ihren lieblichen Thon gaben, ohne von einigem Menschen berühret zu werden.

Man mußte den heiligen Leichnam etliche Tag unbegraben in der Dom = Kirchen, dem Volk ein Genügen zuleisten, ausgestellt lassen, doch aber all möglichen Fleiß vorkehren, daß er von gottseligen Eifer der Christglaubigen nicht völlig des Seinigen beraubt wurde. Man verspührte die ganze Zeit von diesem kostbaren Schatz keinen einzigen üblen Geruch, welches doch nothwendig bey stark anhaltender Hitz in selbigen welschen Landen natürlicher Weiß hätte geschehen müssen; im Gegenspiel sahe der entseelte Leichnam vielmehr einem Schlafenden, als Verstorbenen gleich, und waren seine Gliedmassen durchaus ganz beweglich, und leicht zu biegen. Ja was noch mehr ist, hat der heilige Leib dieses Dieners GOttes am vierten und fünften Tag nach seinem Tod, nemlich den Freytag und Samstag darauf, um die sechste Stund, häufiges Blut von sich gegeben, das einen sehr annehmlichen Geruch hatte; welches in silbernen Geschirren aufgefasset, vielen Menschen, als ein kräftiges Mittel zur Gesundheit gedienet.

Nachdeme der heilige Leib so lang den Zulaufenden zu Trost ist ausgesetzet worden, hat man ihne letztlich beygeleget;

zet; aber der Ruf von ihme breitete sich alsobald schier im ganzen Welschland aus. Man hat seine heilige Abbildungen zu Rom, zu Perus, und anderer Orten mehr häufig nach gemahlt, daß also ein unbeschreibliche Anzahl der Menschen nacher Treviso sich begaben, den wunderlichen Heiligen zu verehren. Ein ganzes Jahr währete der Zulauf: doch der gröste geschahe bey drey Monat, und etwas darüber: und beglaubet man, daß sich sonderbar zu Anfang dieser Zeit, bey dreyßig tausend Fremdling auf einem Tag in der Stadt Treviso eingefunden. Gewißlich ein wunderseltsame Sach, daß der heilige Heinrich nach seinem Todt von GOtt also glorwürdig gemacht worden, den man zuvor als ein schlechten einfältigen Taglöhner kaum mit einem Aug anzusehen sich wurde gewürdiget, oder ein Acht darauf gehabt haben.

Die Ursach dieses grossen Zulaufs ware die Menge der Wunderwerken, deren so viel, und so scheinbar seynd, daß der Hochwürdigste Trevisanische Bischof, Verfasser dieser Geschicht, und augenscheinlicher Zeug sich nicht gescheuet zu sagen, wann er gleichsam ein lautere Zung wäre, konnte er dieselbige dannoch nicht nach Genügen erzehlen. Dieses allein soll dir, lieber Leser! erklecken, daß innerhalb zwey und zwanzig Tägen bey drey hundert neun und vierzig Miracul gezehlet worden, aus welchem allein der Leser ihme die Rechnung machen kann, was es mit denen Wunderwerken des Heiligen für ein Beschaffenheit habe.

Was anbetrift die heutige Beschaffenheit seines heiligen Leibs, so ist selbiger erst vor nicht viel Jahren, nemlichen Anno tausend, sieben hundert und zwölf abermal an allen Gliederen ganz unversehrt, und lebhaft gefunden worden, so gar sein heiliges Blut, welches am vierten und fünften Tag nach seinem Tod wunderbarlich von ihme geflossen, wird annoch frisch und fliessend in einem glässernen Gitter aufbehalten. An diesem letzt-besagtem Jahr hat man den Heiligen unverwesenen Leib von seinem vorigen Ort auf den Hoch-Altar übersetzet, und in eine neue mit schwarzen Aderen von Natur ausgemahlte Marmorsteinerne schöne Sarg gelegt, welche also künstlich ausgearbeitet, daß sie sich füglich an dem forderen Theil eröfnet, und durch das vorgeschlossene Crystall der kostbare Leichnam mag besehen werden; allda wird selbiger jährlich viermal denen Anwesenden gezeiget, samt der Kleidung, in welcher der Heilige verschieden, die gleichfalls annoch nach vier hundert Jahren, wie der Leib unversehrt verblieben. Der Stecken aber, dessen sich Heinrich in dem hohen Altar bedienet, samt den Geislen und andern Buß-Zeug, werden, als schätzbare Heiligthümer, in dem Schatz-Kasten der Dom-Kirchen zu Treviso aufbehalten.

Schlüßlichen, wann du mein Leser diese herrliche Tugenden, und gewißlich seltsame Ding, die ich Menge halber etwas kürzers zusammen gezogen, von Heinrich dem heiligen Taglöhner durchgangen bist, wirst du dich an selbigen nicht wenig verwundern, in Erwegung, daß dieser Mann so weit gekommen, da er doch von Jugend auf einfältig erzogen, so gar nicht einmal des Lesens oder Schreibens kündig ware; aber nebenbey wirst dich ebenfalls verwunderen, daß einige ihre Einfalt, und ihre Unerfahrenheit im Lesen und Schreiben, als eine Verhindernuß in dem Tugend-Weeg, mehr vorschutzen mögen: wo der göttliche Geist einen Lehr-Meister vertrittet, ist nur vonnöthen, daß der Lehrling folgsam seye.

Petrus Dominicus Episcopus Travisinus apud Henschenium in Actis Sanct. Tom. 2. Junii ad diem 10. Item, aus dem Heiligen Ehren-Glanz der gefürsteten Grafschaft Tyroll.

# Leben der seeligen Gertraud von Oosten, einer Bauren-Tochter.

Die göttliche Gütigkeit in Austheilung der himmlischen Gaben giebet kein Acht auf die Personen, ob sie von hohem Witz oder Verstand, viel weniger von hocher Geburt und Stammen entsprossen, oder nicht; sondern deme werden mehrer der Gnaden zu Theil, der sich hierzu durch ein recht Christliches Leben, und Tugend-Wandel mehr tauglich machet. Die seelige Gertraud mit dem Beynamen von Oosten, kann hierinnfalls mit eigner Erfahrnuß darvon Zeugnuß leisten, welche, ob sie schon eine geringe Bauren-Tochter, dannoch von Christo mit sehr seltsamen Gnaden ist bereichet worden, aus denen einige bey wenig anderen, und zwar nur lauter grossen Heiligen, zu lesen seynd.

Ihr Vatterland ist ein Holländisch Dorf, Voorburch genannt, zwischen denen zweyen berühmten Niederländischen Städten Gravenhaag, und Delft liegend. Die Elteren dieser aller glückseeligsten Tochter waren daselbst Baurs-Leutlein. Den Beynamen von Oosten hat die Seelige nicht von ihrem Vatter, dessen Namen, und Beynamen von der Geschicht nicht angemerkt wird, sondern von einem anmüthigen geistlichen Lied, welches sie, nachdeme sie zu besseren Jahren gelanget, selbst erfunden, und gemacht, dessen Anfang ware: Es taget von dem Aufgang her, das ist, von dem Aufgang der Sonnen, so auf Niderländische Sprach von den Oosten heisset: Nun weilen die seelige Gertraud dieses Lied mit zweyen anderen ihren Gespaninen oft, und vielmahl sowohl zu Haus, wo sie nachmals in Diensten ware, unter denen

Haus-

Haus-Geschäften, als auch auf offentlichen Gassen, und Strassen sange, sich darmit zur Liebe ihres Himmlischen Bräutigams aufzumuntern, haben ihr deswegen die Leut den Namen Gertraud von Oosten, das ist, vom Aufgang der Sonnen gegeben.

Nachdeme Sie erwachsen, und in dem Vätterlichen Haus die jüngere Jahr in Unschuld des Herzens hinterlegt, hat sie sich zu Delft in der Stadt in Diensten verdingt, und zwar in Würth- und Gast-Häusern, weilen sie etwann kein anderes Ort finden können: aber allhier verdienet von dieser Seeligen Bauren-Tochter etwas angerühmt zu werden, darob sich billich die jetzige Dienst-Botten, ja jederman höchstens zu verwundern hat. Die Würths- und Gast-Häuser insgemein (dann man lasset auch vielen an der GOtts-Forcht ihren Werth) seynd sonst gar oft, leyder! des höllischen Feinds Tummel-Plätz, wo mehr Böses von den muthwilligen Gästen, sonderlich der jungen Bursch, die zum Zechen hinkommet, als Gutes einzukramen ist, mithin die Ehehalten, und Hausgenossene viel Gefahr ihrer Seeligkeit leyden, wenigist mit vielen Sünden das Gewisen besudlen; vorderist in denen allgemeinen Zech-Häusern, wo das immerwährende Tanzen, und Springen, das Sauffen, und Praussen; im Schwung gleichwie solches auch die Lebens-Geschicht von denen Gast-Häuseren, wo sich Gertraud aufgehalten, bezeuget, absonderlich solle es an Sonn- und Fest-Tägen alldorten geschehen seyn; dannoch unter solchem Getümmel, unter so vielen Gefahren ist diese Seelige Dienst-Magd also unversehrt, keusch, und fromm verbliben, daß, wie sie selbst hernach, mit Verwunderung derjenigen, die darum nach der Zeit befragten, aufrichtig bekennet: Sie seye von GOTT während selbiger Zeit mit vielen innerlichem Trost, Himmlischer Süßigkeiten, und Erleuchtungen heimgesuchet worden: seye

all-

allzeit in dem Geist sehr versammlet gewesen. Welches um so viel ein desto seltsamers Stücklein bey einer Wirths-Magd zu bewundern, je weniger selbiges in andern ihres gleichens zu ersehen: doch zeiget die Seelige Gertraud mit diesem Beyspiel, daß es auch möglich, in einem solchen Dienst (dann es muß auch diese Häuser-Mägd geben) bey so vielen eitlen, und Gefahr-vollen Gelegenheiten einen Christlichen Wandel zu führen, und sich der Ganden des Himmels theilhaftig zu machen.

Da die heilige Magd sich in erwehnten Diensten noch aufhielte, hat sie sich, doch in aller Christlicher Zucht, und Ehrbarkeit, mit einem Jüngling in künftige Ehe-Verlöbnuß eingelassen; dieser aber hat sich schändlich an einer anderen vergaffet, und eyd-brüchig die fromme Gertraud bey seits gesetzt: wie es bey solchen leichtsinnigen Burschen zugehet die keiner Sünd wegen ihres Meineyd an einem so theuren Versprechen achten: vielleicht ist auch die Ursach daher entsprossen, weilen Gertraud, diese Gotts-förchtende Magd, während der Zeit des gethanen Versprechens den losen Buben nicht nach seinem Gefallen mit ihr hat wollen bekannt lassen werden, welches nur gar zu oft bey solchen muthwilligen Jünglingen der einzige Zweck ist, daß sie mancher wackern Jungfrau die Ehe versprechen, nur zum Vorwand, unterdessen ihre Gelüsten zu büssen. Es seye nun hierbey mit diesem falschen Jüngling gewesen, wie es wölle, er hat sich entzwischen mit der andern verheurathet, und Getraud die heilige Dienerin GOttes hindann gesetzt, welche ihre Mit-Werberen zuvor oftermal treulich ermahnet, daß sie zu dem Jüngling kein Recht habe, und er ihr schon zuvor die Ehe versprochen: allein die unglückseelige, und vor Lieb verblendete Dienerin verachtete nur die Warnung, und schritte, wie gesagt, zur Hochzeit, aber mit ihrem grösten Schaden, dann GOtt suchte anstatt der Seeligen Gertraud Nach; gestaltsam, nachdeme diese neue Ehe-Gattin Kinds-Mutter worden, ja dieses zum öftermalen, gerieth sie allzeit in gröste Geburts-Schmerzen, und augenscheinliche Gefahren, konnte auch weder von diesen noch von dem Kind erlediget werden, bis sie all mal von der Seeligen Gertraud um Verzeyhung, und um ihr heiliges Gebett anhielte. Diesem Uebel aber einmal vor allemal abzukommen, hat endlich die Seelige Gertraud einstens von Christo erlanget, daß mittler Zeit bey der Armseeligen diese Straf aufgehört.

Aus solchem Meineyd, welcher der Seeligen Dienst-Magd von diesem Jüngling widerfahren, ist ihr das gröste Glück erwachsen: indeme, als sie gesehen, das die Welt nur also mit denen ihrigen spiele, und sauber auszahle, auch der Jüngling, dieser irrdische vermeynte Bräutigam, sie hinter das Liecht geführet, hat sie die Welt noch besser ausgezahlt, und geaffet: Sie hat ihr um einen weit bessern, und fürtreflichern Liebhaber umgesehen mit welchem sie sich auf ewig vermählt, nemlich mit dem Himmlischen Bräutigam, mit Christo dem HErrn, von welchem sie nimmehr einen solchen schlechten Dank zu verhoffen.

Zu diesem Ende begabe sich in die Wohnung der Begininen zu Delft. Damit aber der günstige Leser wisse, wer, und was diese Begininen seyn, deren zum meisten in Niederland zu finden, so muß ich ihme eine kleine Meldung voran schicken. Es seynd diese keine geistliche, oder Ordens-Personen (dann sonsten gehörete Gertraud nicht in dieses Werklein) sondern weltliche Jungfrauen, welche in weltlicher Kleidung, und Stand ein sehr frommes, aufferbauliches Leben führen, und GOtt meistentheils beysammen sehr lobwürdig dienen in Andacht, und anderer heiligen Arbeit. Unser

Seelige Gertraud wurde von diesen Begininen in ihre Behausung mit Freuden aufgenommen, weilen sie schon vorhero von ihrer Gottsforcht, lobsamsten Sitten, und züchtigen Lebens-Wandel genugsame Erkanntnuß hatten.

Nachdem Gertraud denen anderen beygesellet worden, hat sie alsobald angefangen auf ein neues ihren Eifer zu verdopplen: vierzehen ganzer Täg, und Nächt vergosse sie immerfort häufige Zäher; beichtete zum öfteren, dardurch sie aber aller ihrer Sünden, und Mängel Verzeihung erhalten vom ganzen vorigen Leben, darvon sie einer sonderbaren Offenbahrung von dem Himmel gewürdiget worden. Sie übte sich ferners stäts in denen Bußwerken, und Abtödtung des Leibs, in Abbruch des Schlafs, und der Nahrung: liebte sehr die Armuth, und Abgang der zeitlichen Dingen; hierdurch aber wurde sie von GOtt mit grossen, und ansehnlichen Gnaden begabet, vorderist mit süssen Verzuckungen des Geists, mit allerhand Weissagungen, ja mit einer außerordentlichen Gunst, welche ich jetzt erzehlen will.

Gertraud läge dem heiligen Gebett, und innerlichen Betrachtungen gar emsig, und beständig ob, und in diesen offenbahrte ihr GOtt grosse, und vielfältige Ding. Sie pflegte solche Betrachtungen einzurichten von denen Geheimnussen des Lebens Christi nach denen Jahr-Zeiten, wie solche die Catholische Kirchen ihren Christglaubigen zu betrachten vorstellet. Einsmals in dem Jahr tausend dreyhundert und vierzig, als sie am heiligen Char-Freytag die unerschöpfliche Liebe Christi erwägte, die ihne angetriben für den sündigen Menschen so grosse Peyn, und Martyr zu leyden, ja den Tod selbst auszustehen, wurde sie zu einem herzlichen, und inneristen Mitleyden bewogen, zugleich mit einer überaus grossen Liebe angeflammt: während dieser heftigen Liebs-Inbrunst, siehe! da seynd ihr die heilige fünf Wunden an Händ und Füß, auch Seyten ihres Jungfräulichen Leibs eingetrucket worden.

Gertrudis konnte vor diese hohe und gar seltene Gnad ihres göttlichen Bräutigams sich nicht fassen, rufte einer aus ihren vertrautisten Gespihlinen, die nächst darbey wohnte, Diewerdis mit Namen, sprache zu ihr: Siehe! was für eine Gnad GOtt mir Armseeligen, aus seiner grundlosen Barmherzigkeit erwisen! Diewerdis sahe mit Erstaunung das Wunder, und lobte samt der seeligen Dienerin GOttes die unermessne Lieb des gecreutzigten Heylands. Aus diesen Wundmahlen flosse hernach lange Zeit hindurch das Blut heraus, und zwar siebenmal des Tags zur Zeit der sieben Bett-Stunden, welches die seelige Gertraud mit denen eigens hierzu bereiteten Tüchlein auffassete.

Allein eben diese hohe Gunst des Himmels verursachte ihr nicht geringe Sorgen: erstlich zwar weilen sie überaus demüthig ware, forchte sie ihr sehr, es möchte anderseits der höllische Geist sie mit der eytlen Ehr, und Wohlgefallen verwicklen, welches in solchen Umständen, wo die Demuth nicht gar tiefe Wurzlen gefasset, sich leichtlich ereignen konnte: andertens kamen die Leut allenthalben zu ihr, diese so seltsame Wunder der fünf eingetruckten Wundmahlen zu besehen, dardurch sie von ihrem Gebett, und heiligen Uebungen sehr verhinderet, und zerstöhret worden; dannenhero batte sie gar innständig ihren Göttlichen Bräutigam, daß er hierinnfalls ein Mittel machen möchte, so auch geschehen, also, daß sie zwar die Wundmahlen behielte, aber das Blut flosse nicht mehr heraus, allein sie hat ihr durch solche Bitt nebst diesem noch einen anderen Gnaden-Bronnen gesperret, nemlich es seynd auch die Himmlische Trostungen, und innerliche Süßigsigkeiten des Geists hernach ausgebliben, welche bey Herausfliessung des Bluts sonsten ihr Herz überschwemmten.

Nach solcher vom Himmel empfangner herrlichen Gnad lebte Gertraud noch achtzehen Jahr in grosser Heiligkeit, und Unschuld des Lebens: Als das Jahr tausend, drey hundert, acht und fünfzig seinen Anfang genommen, nahme sie auch Christus ihr Gespons zu sich in die ewige Freuden, an eben dem Tag, welchem er von denen dreyen heiligen Königen zu Bethlehem in dem Stall angebettet worden, das ist, den sechten Jenner. Sie hat sich mit möglichister Andacht, und Fleiß, auf Art der heiligen Seelen, zu ihrem Hinscheiden bereitet, und mit grosser Inbrunst die allerheiligste Sacramenta der Sterbenden empfangen: am letzten Tag ihres Lebens sagte sie zu denen Umstehenden: Liebe Schwester! Ich will nacher Haus gehen. Dieses, vermeynten die andere, hätte die todtschwache Gertraud etwann aus Tods-Angst, oder gar zu häftiger Hitz, welche ihr etwann den Gebrauch des Verstands benommen, ausgesprochen: sagten also zu ihr, sie wäre ja zu Haus: Nein antwortete Gertraud mit guten Sinnen und Verstand, nein, ich bin nicht zu Haus, sondern ich will dorten seyn, allwo die Gassen mit reinem Gold ausgepflasteret seynd: verstunde also den Himmel, das Haus, und die Stadt GOttes, welche mit diesem kostbaren Metall allenthalben schimmeret, wie solche der Heil. Johannes in seiner heimlichen Offenbahrung gesehen: diese allein ist unser Wohnung, und seynd wir auf Erden nur Fremdling, die wir ein ewige Bleibstatt suchen nach den Worten des Welt-Apostels Pauli: nach welchen der seeligen Gertraud allzeit ihre Begierden und Verlangen stunden.

Obwohlen diese Jungfräuliche Braut Christi mit ihr durch Abbruch, und anderen Strengheiten hart verfuhre ware sie doch dicker, und mastiger Leibs-Statur. Man hat sie auf gemeinem Freythof, oder GOtts-Acker der Kirchen zu Delft begraben, welches Schatzes diese Stadt nunmehro desto unwürdiger ist, weilen sie entzwischen von der wahren Catholischen Kirchen sich abgetrinnet, und zur schändlichen Ketzerey sich verleiten lassen.

Ich konnte noch zum Beschluß dieser Lebens-Beschreibung viel seltsame Ding, die sich mit dieser seeligen Bauren-Tochter zu getragen, erzehlen, absonderlich ihre Weissagungen, und Prophetischen Geist: allein der Leser wird sich mit diesem begnügen lassen weilen er leichtlich abnemmen kann aus deme, was wir bishero beygebracht, daß die Güte GOttes seine getreue Dienerin Gertraud auch mit andern treflichen Gnaden und Gaaben müsse ausgezieret haben, wann er sie würdig geachtet, mit der ausserordentlichen Gnad der fünf Wundmahlen zu beehren.

Bollandus in Actis Sanctorum Tom. 1. Januarii ad Diem sextam ejusdem: qui tamen hanc virginem solum *Venerabilem* nominat, citat nihilominus alios ejus Vitæ Scriptores, qui de illa agunt cum nomine *Sanctæ*, aut *Beatæ*.

## Leben und Tod der seeligen Panacea, eines Bauren-Töchterleins.

Nicht umsonst, wann man will ein unfreundliches, gehäßiges, falsch, und übel-geneigtes Gemüth und Herz entwerfen, pflegt man solches durch das Gemüth und Herz einer Stief-Mutter vorzubilden: es ist halt ein rarer Vogel, ein seltsame Blum um ein Stief-Mutter, die ein recht geordnete Treu, und Liebe gegen denen Kinderen, so sie nicht erzeugen, spüren lasset. In dieser kurzen Lebens-Beschreibung des seeligen Mägdlein Panacea stelle ich der Christlichen Welt zwey nicht so leicht gehörte Seltsamkeiten vor: ein Abentheur, oder Mißgeburt von einer Stief-Mutter; und ein Ausbund einer Wunder-Gedult in einem fünfzehen-jährigen Stief-Kind; jenes, damit ein gleiches von allen geflohen, und verabscheuet werde: dieses, allen frommen Kinderen zur heilsamen Lehr, und Nachfolg, wie sie sich auch gegen ihren Stief-Elteren aufführen und verhalten sollen.

Panacea wurde in einem Dorf Quarona genannt (die Niederländische Geschicht-Verfasser der Heiligen vermeynen, es seye das heutige Parona, ein Dorf in dem Lameliner Thal, und Gebiet des Mayländischen Herzogthums) in besagtem Quarona wurde Panacea zur Welt gebohren, etwann um das Jahr unsers Heyls tausend dreyhundert acht und sechzig. Ihr Vatter Lorenz Gillia ware zwar aus benachtbarten Sesitaner Thal gebürtig, hat sich aber zu Quarona selbiger Zeit wohnhaft niedergelassen und daselbst ein Christliches, Tugendsames Weibs-Bild Maria mit Namen aus dem nicht weit darvon entlegenen Flecken Agamio, zur Ehe genommen, mit welcher Laurentius dieses glückseelige Töchterlein Panacea erzeuget.

Als aber Maria mit Tod abgangen, schritte Laurentius der Vatter zur andern Ehe; hats aber, wenigst für sein liebes Töchterlein Panacea sehr übel getroffen; sintemalen diese neue Ehegattin mit ihrem Stief-Kind nicht allein sehr streng, sondern auch gar grob, und unbarmherzig verfuhre. Der Vatter wie billich, ermahnte, und bestrafet das Weib

des-

deswegen, oft und vielmal; allein alles umsonst; wie es halt bey dergleichen harten Weiber-Köpfen, und eigensinnigen Stief-Müttern hergehet: in allem, was man ihnen wider ihr böses, und rauhes Verfahren gegen die Stief-Kinder sagt, und klagt, und singt, müssen sie doch recht haben, und glauben, man wolle sie verfolgen, und man helfe nur den Kindern hin. Auf gleiche Weiß liesse ihr die Stief-Mutter von ihrem Ehe-Mann wider Panacea nichts wehren, sondern plagte, und beladete das Stief-Töchterlein mit gar unmäßiger Arbeit; immassen das gute Mägdlein die Schaaf, und daß übrige Viehlein hüten, Holz in dem Wald zusammen klauben, und mit einer guten Burde beladen, auf ihren eignen schwachen Schultern selbes nacher Haus tragen muste: ja über das solte auch ihren täglich angewisenen grossen Theil Flachs spinnen, und der verbitterten Stief-Mutter überliefern; welches alles für ein noch so junges Mägdlein ein harte, und nicht leicht mögliche Sach ware; und zwar auch um derentwillen, weilen das fromme Töchterlein aus innerlichem Antrieb gewohnt hatte, oft St. Johannes-Kirchen zu Quarona, welche auf einem Hügel stunde, zu besuchen alldorten, wie auch anderstwo, den Rosenkranz abzubetten.

Wann nun das Gottseelige Töchterlein die angetragene so vielfältige Arbeit nicht auf das Näzelein verrichtete, oder das Auferlegte nacher Haus brachte, ergrimmte das wilde Weib, anstatt daß sie gegen das schwache Alter ein Mitleyden haben solte, und schluge ganz unbarmherzig auf Panacea zu. das heilige Mägdlein, als welches mehr von dem innerlichen Geist GOttes, dann von denen Menschen zur Gedult unterwisen, übertruge alles mit verwunderlichister Unterwerffung. Neben so hart- und scharfen Schlägen gabe ihr auch die Stief-Mutter kaum so viel Brods, das Leben kümmerlich fort zubringen; doch auch von diese

wei-

weilen sie gegen deren Armen gar mitleydig ware, theilete sie etwas weniges mit denen Nothdürftigen. Sie ware von einer sehr sittsamen Jungfräulichen Eingezogenheit, und mit vielen andern Tugenden, die an einem frommen, wohlerzogenen Töchterlein zu wünschen, begabt; und vorderist auch zur Andacht, und heiligem Gebett geneigt; dahero ja eine Mutter, wann sie schon eine Stief-Mutter ist, ob einem solchen Kind billich sich höchstens hätte erfreuen sollen; allein auch das Hönig wird von denen Spinnen in ihren garstigen Innsgeweyd ins Gift verkehret, also auch, wo diese Stief-Mutter hätte selbsten in dem Stief-Kind die Tugend, und Andacht befördern sollen, hat sie an dessen statt alles, was heilig, und Gottseelig an Panacea ware, getadlet, bestrafet und so gar mit Gewalt dem Mägdlein die Rosenkränz aus denen Händen gerissen, damit sie nur ihr alle Gelegenheit zum Gebett benemmete. Ein sauberes Stücklein von einer Mutter, die wohl auch zu denen jenigen gehörte, welche oft lieber ihre Kinder mit verbottenen Liebs-Händlen umgehen, als der Gottsforcht, Andacht obliegen sehen.

Allein GOtt wolte eine so grosse Tugend, und unvergleichliche Gedult der heiligen Panacea mit dem Martyr-Kränglein belohnen, und aus seinen unergründlichen Urtheilen liesse er zu, daß ihr eigne Stief-Mutter die Tyrannin, oder Mörderin abgabe, die Sach hat sich folgender massen zugetragen.

Einstens zur Abends-Zeit, da sie alsgemach mit dem Vieh, und in dem Wald zusamm gesuchten Holz-Burde nacher Haus kehren wolte, gehet sie doch vorhero zu einem Stein hin, auf, und bey welchem das fromme Töchterlein ihr Andacht zu verrichten unter dem Hüten im Brauch hatte: allein sie wurde von der Süßigkeit des Gebetts also eingenommen, und verweilte sich darbey so lang', daß entzwischen das Vieh, so alle Weeg, und Steg wohl gewohnt, ohne der Hüterin Panacea heim kommen. Da nun die Stief-Mütter wahrgenommen, daß das Vieh ohne dem Mägdlein zuruck in den Stall gekehret, rasete sie vor Zorn, laufete, als wie ein wüttige Höll-Furi zum Ort, wo das Töchterlein das Vieh wandete, und trafe selbiges bettend auf dem Stein an. So bald sie es erblicket, donnerte das tollsinnige Weib wider die Unschuldige eins herab, und kam endlich gar zu den Streichen. Sie hatte in der ersten Eil, und Wuth ein dicke, grobe Bauren-Gunkel, samt den Spindlen mit sich genommen: nun mit diesen schluge sie auf Panacea dermassen unbarmherzig, und mit solchem Gewalt zu, daß die Spindlen so gar in dem Kopf des Gottseeligen Mägdleins stecken bliben, bis endlich das liebe Kind todt dahin gesunken, und ihren Jungfräulichen Geist, als ein neues, und nicht leicht erhörtes Brand-Opfer des Zohrns einer rasenden Stief-Mutter, in die Händ ihres Schöpfers aufgegeben, als sie das fünfzehende Jahr ihres Alters zehlete, nach Christi Menschwerdung das tausend, dreyhundert drey und achtzigiste.

Dem Vatter kame diese gräuliche That alsobald zu Ohren, der unverzüglich herbey eilete, trafe aber sein allerliebstes Töchterlein in ihrem eigenen Blut da liegend an; man sagt auch, er habe das Büschelein Holz, welches Panacea zum Heimtragen zusammen gericht, brinnend angetroffen, und dieses weder auslöschen, noch den ermordten Leib der Tochter einigerley Weiß von seinem Ort bewegen können.

Das Gericht, und das Gesäg von dieser That hat sich unterdessen auch in ganzer Gegend herum ausgebreitet: alles, nicht allein von gemeinen Leuten, sondern auch die eines höheren: und vornehmern Ansehen waren, ja so gar die Geist-

lich-

lichkeit von dem Bistum Novera kame herzu; und ware niemands, welcher nicht dieses unschuldig ermordte Bauren-Mägdlein, als eine Himmels-Burgerin verehrte, und preysete. Den Leib brachte man nacher Agamio, in welchem Flecken ihre erste, und rechte Mutter gestorben; alldorten siehet man nunmehro eine schöne Capellen, welche ihr zu Ehren erbauet worden, in der Haupt-Kirchen daselbst, darinen ihr Grab mit eisernen Gegitter umgeben, mit vielen Wunderzeichen herrlich bis auf diese Zeiten leuchtet. Sie wird insgemein von denen Mahleren abgebildet mit der Spindl einer Kunkel, wie ihr selbige in tief verwundten Haupt stecket, als ihren Martyr-Zeug: zuweilen mahlet man auch ihr grausame Stief-Mutter darneben. Die feyrliche Gedächtnuß, weilen unbekannt, an was für ein Tag Panacea dem Himmel zu geflogen, wird jedes Jahr an dem ersten Freytag des May-Monats gehalten: an welchem Tag fast unglaublich ist, wie viel Volks von allen Orten, und Enden nacher Agamio sich verfüget, der Andacht bey ihrem Grab abzuwarten. Die von Quarona, oder Parona, dem Vatterland des seeligen Mägdleins, pflegen an besagten Tag mit einem schönen Creutz-oder Wallgang ihre Panacea zu besuchen, worbey sie eine grosse Wachs-Kerzen zum Opfer mitbringen, zu welcher ein jeder aus denen Haus-Vätteren daselbst beysteuret.

Neben denen Bildnussen, und Altären, so in denen Kirchen, und GOttes-Häuseren allenthalben in ganzer Nachbarschaft Ihro zu Ehren aufgerichtet worden; hat man auch zwey besondere Capellen erbauet: die einte zwar an dem Ort, wo sie von ihrer Stief-Mutter ermordet worden; und solle der Altar auf eben dem Stein stehen, auf welchem Panacea ihr Gebett verrichtete, und GOtt das Herz aufopferte, ja sie selbst zu einem Schlacht-Opfer worden ist, damit also auch allda durch das heilige Meß-Opfer das göttliche Lämmlein, deme Panacea im Himmel beygesellet worden, dem allmächtigen Vatter aufgeopferet werde.

Ihre absonderliche Kraft, und Fürbitt erfahren vorderist jene, welche mit dem Fraiß, und hinfallenden Sucht behaftet seynd; mithin erzeiget dieses seelige Bauren-Töchterlein dasjenige in dem Werk, und in der selbsten, was sie im Namen führet: gestaltsam Panacea eben so viel auf unser teutsche Muttersprach heisset, als ein fast allgemeine Arzney- und Hülfs-Mittel für allerhand Krankheiten, und Gepressten.

Carolus a Basilica Petri Episcop. Novariensis in Actis Sanctorum Maji, Tom. 1. ad diem 1. ejusdem Mensis de B. Panacea Virgine.

## Leben des seeligen Beichtigers Johannis, eines Schaaf-Hirtens.

Die grüne Wäldlein, die lustige Auen, die stille Einöden und ruhesame Berg-Höhlen gleichwie sie mit ihrer Annehmlichkeit das menschliche Herz von dem Tumult, und Getümel der Geschäften aus den volkreichen Städten zu sich locken, und erquicken, also seynd sie nicht minder auch bequem, das Gemüth von der Erden empor zu erheben, und zu himmlischen Dingen tauglich zu machen. Dieses hat erfahren, und der Welt mit seinem Beyspiel gezeiget der seelige Schaaf-Hirt Johannes, von deme ich allhier handle, welcher wie ein fürtreflicher Doctor aus der hohen Schul zu Dovay in Niederland in seinen Lateinischen Reimen von dem seeligen Johannes gesungen, die Gemeinschaft der Menschen, und die Volk-

Men-

Menge geflohen, in denen Wäldern, und Feldern unter seinen Schäflein ein gar unschuldiges, und heiliges Leben geführet: allein eben darumen, weilen er niemands, als seine Schäflein um sich gehabt, blibe das meiste seines Lebens verdeckt, und verborgen, was GOtt nicht absonderlich durch etwelche Seltsamkeiten, oder des seeligen Johannis Beicht-Vatter nach des heiligen Hirtens Tod geoffenbaret, und der Welt kund gemacht.

Nicht weit von der fast berühmten, und ansehnlichen Stadt Arras in Nieder-Teutschland lieget auf einer Bergigen Anhöhe ein Dorf Monchiac, oder vielmehr, nach gemeiner Aussprach, Monschiach genannt, welches, weilen noch zwey andere Ort in der Gegend herum gleichen Namens liegen, zum Unterschied Stein- oder Felsichtige Monschiach genennet wird. In diesem Dorf ist Johannes zur Welt gebohren; das Jahr zusamt dem Tag seiner Geburt hat man in Vergessenheit kommen lassen. Von Jugend auf führete er ein dermassen unschuldiges, und keusches Leben, daß er so gar von einigem Fleisch-Stachel, oder was sonst von unreinen Sachen ware, nichts wuste, viel weniger mit einer Sünd der Unlauterkeit sein Gewissen bemacklet hatte. Sein meistes Thun und lassen ware, die Schaaf hüten: diese sowohl einfältige, als unschuldige Arbeit machte er ihme treflich zu Nutzen, dann da er seine Schäflein auf die grüne Auen, und Felder zur Wayd führete, hat er zugleich in sothaner stillen Einsamkeit sein Seel mit himmlischen Betrachtungen, und Gebett gewaydet: er wuste alle, und jede Zeit, die sein Amt nicht erforderte, gar eben der Andacht, und Vereinigung mit GOtt zu schenken. Hingegen hat auch GOtt solchen stäten Fleiß, und heiligen Wandel dieses seines getreuen Dieners, der sonsten weiters wenig gelehrt, sehr grosser Gnad des innerlichen, und mit der Gab der Weissagung, und Erkanntnuß verborgner Dingen belohnet.

Seine Andacht jeweilen mehrers anzuflammen, nahme der seelige Mann einige Kirchfahrten auf sich: worbey sich auch seltsame Ding zugetragen. Er stellte auf ein Zeit in Gesellschaft mehrer anderer seiner Dorfs-Genossenen einen Wallgang nacher St. Egydi an: in Mitten auf dem Weeg stunde er auf einmal still, und sagte Monschiach ist von denen Raubern ausgeplündert worden; und ihr meine liebe Reißgesellen! habt auch darbey all euer Vieh, und Heerde verlohren. Allein weilen damals Johannes noch jung von Jahren, und mithin bey ihnen in diesem Stuck nicht fast geachtet wurde, schmotzten einige darüber, und liessens beym nächsten bleiben: doch gaben sie nichts destoweniger Acht auf das Ort, und Stund, da Johannes dieses im Geist gesehen, und geredt. Als sie aber von der Kirchfahrt nacher Haus kommen, sahen sie alles mit Augen, und wurden gewahr, das dieß Unheyl eben zu selber Stund sich zugetragen, in welcher Johannes es ihnen angekündet. Und von selber Zeit fienge man an die Tugend, und Heiligkeit dieses Schaaf-Hirtens besser zu erkennen, und höher zu schätzen: welches durch eine andere gleiche Begebenheit noch mehrer bewähret wurde.

Es gienge nemlich Johannes abermal mit vielen aus seinem Dorf Monschiach Pilgerfahrten nacher St. Jacob zu Compostell in Spanien: nachdeme sie alldorten ihre Andacht abgelegt, und schon den Ruckweeg etliche Tagreiß von Compostell entfernet nacher Haus nahmen, stunde er einstens in der Fruhe auf, und sprache: O mein liebe Mit-Gespän! es ist ein trauriger Zufall geschehen; dann unsere alle sammentlich zu Monschiach sind in grossen Schröcken gerathen, wegen einer heftigen Feuers-Brunst, so das Dorf Tilia (nach ihrer sprach Tilloy) in die Aschen gelegt. Alles, wie es ihnen Johannes angezeigt,

zeigt, haben sie bey der Widerkunft in ihrer Heimath mit Augen gesehen, und wahr zu seyn erfahren, in gleicher Stund, und Zeit, wie ers entdecket.

Diese seltsame Gnaden, und Gaaben des Himmels, welche in dem heiligen Mann hervor leuchteten, brachten ihne endlich bey allen in so grosses Ansehen, und das Volk setzte ein so mächtiges Vertrauen auf seine Tugend, Verdienst, und kräftige Fürbitt bey GOTT, daß man von unterschiedlichen Orten her ihme allerhand Kranke, und Presthafte zu heilen, oder Hülf zu begehren herbey brachte, denen auch durch die Gnad, und Gunst GOttes von diesem seinem Diener Heil, und Seegen widerfahren. Annoch um die Zeit, als die Lebens-Geschicht das erstemal zusammen getragen worden, das ist, im Jahr tausend, fünfhundert, lebte ein Weibs-Personn zu Monschiach, Gilla mit Namen, diese, als auf eine Zeit ein erschröckliches Donner-Wetter entstanden, ist wegen einem gar zu grellen, und entsetzlichen Blitz, oder Wetterleuch, den sie angeblicket, an beyden Augen völlig erblindet: drey Jahr durete dieses Elend: man führete sie zu dem Seeligen Johannes, der ihr durch sein Gebett das Gesicht gänzlich hergestellt; welches er auch einem erblindeten Burger zu Arras gethan. Er tribe über das die höllische Geister aus denen Besessnen; lösete denen Stummen die Zungen; stillte in seinem Vatterland eine heftige Feuers-Brunst; heilete viele Kranke, die sich zu ihme begaben, und seinem Gebett anbefahlen, vorderist die an dem schmerzlichen Stein leydeten.

Merkwürdig ist noch sonderbar, was sich mit einem betrügerischen Weibsbild zugetragen. Die lose Dierin, welche schon ausser dem Ehe-Stand zu einer Mutter worden, da sie schon hoch schwanger gienge, und ihre Schand-That, wie

wie es bey dergleichen liederlichen Schlepp-Säcken im Schwung, auf allerhand Weiß mit Lügen, und Betrügen zu bemäntlen suchte, gabe vor, sie wegen einer andern Krankheit also aufgeschwollen, oder mit der Wind-Sucht behaftet: Sie erkecket sich sogar (damit sie ihr bey andern einen Glauben erwerbete) zu dem heiligen Mann zu gehen, und ihne zu bitten, daß er sie von ihrem Uebel durch sein Kraft befreyen möchte. Aber Johannes erkennete alsobald den Vogel an seinem Gesang: sahe die Spott-Mätz nicht einmal an; sondern sagte nur: Weib, trolle dich hinweck, dann du kommst mich nur zu betrügen, aber zu deinem größten Schaden, packe dich fort, es wird dich bald genug reuen, daß du dich getrauet hast, dich also zu verstellen. Das ehrlose Weibsbild gehet ganz beschämt darvon, und nachdem sie nacher Hause kommen, verliehret sie das Gesicht beyder Augen, wurde also zur Straf ihrer Vermessenheit, Stockblind. Sie bereuet aber die Missethat, liese sich zum heiligen Mann wiederum zuruck führen, bate ihne inständig um Hülf: der sich ihrer auch erbarmet, die Augen berührt, und zugleich wiederum sehend gemacht, in Beyseyn vieler Gegenwärtigen, die alles mit eigenen Augen gesehen.

Das ware nun meistentheils der heilige Lebens-Wandel dieses Gottseeligisten Schaaf-Hirtens, bis ihne GOtt zu sich zu den ewigen Gütern beruffen: Das Jahr seines Tods, indeme darvon nichts gewises vorhanden, wird von unsern Niederländischen Geschicht-Verfassern der Heiligen gegen die Helfte des fünfzehenhundert-jährigen Welt-Gangs, und etwas darüber hinaus gesetzt, wie es bey ihnen an unten angezogner Stell mag ersehen werden. Den heiligen Leichnam dieses Schaafhirtens Johannis anbetrefend, hat man selbigen anfänglich in der Kirchen zu Monschiach, wo er die erste Lebens-Geister empfangen, auch beerdiget, auf der rechten Seiten des

des Chors; bey dessen Grab annoch viel Wunderzeichen geschehen: unteranderen lise ich, daß ein Burgers-Mann, seines Handwerks ein Schuhmacher, aus der Stadt Arras, weiß nicht wie, mit seiner Schuster-Ahl ihme das Aug durchstochen: er nimt sein Zuflucht zu des seeligen Hirtens Grab, und erhaltet wiederum völlige Gesundheit.

Dieses aber, so ich jetzt erzehle, ist was seltsames, welches man von denen Grabstätten der Heiligen nicht leicht liset. Ober dem schönen, kostbaren, von Marmor aufgerichten Grabmahl des seeligen Johannis hanget ein Ampel, welche, wann das Liecht darinn erloschen, ist solche zu öftern durch ein Feuer, so vom Himmel herab gestiegen, erleuchtet, und angezündet worden, da doch gedachte Ampel von vielen Beywesenden zuvor ausgelöscht mit Augen gesehen worden.

Nicht minder verdienet auch angeregt zu werden folgendes. Johannes hatte noch bey seinen Leb-Zeiten einen Nuß-Baum gepflanzet hart an der Strassen; wann nun das Jährliche Fest des heiligen Vorlaufers, und Taufers Christi Johannis einfallete (als an welchem Fest-Tag auch unseres seeligen Schaaf-Hirtens Johannnis feyrliche Gedächtnuß gehalten wird) und am Vorabend weder Laub, weder Frucht daran hiengen, so sahe man doch des Tags darauf den Baum mit Laub, und Frücht beklehdte, zu jedermanns Erstaunung darvon die Menge der andächtigen Wallfahrter mit sich nacher Haus trugen; und daurete diese seltsame Sach so lang, bis anderer Ursachen halber der Baum von Grund ausgehauen, und hinweck geraumt worden. Dieses Wunder hatten auch einige gesehen, die noch bey Leben waren, als man von allem, was denkwürdiges von dem seeligen Johannes übrig ware, Bericht eingehollet, an vorbeschribenem tausend fünfhunderten Jahr. Daß aber dieses heiligen Hirtens

Jährlich auf den vier und zwanzigsten Brachmonat, wie auch am neun und zwanzigsten Augusti, als am Fest der Enthauptung des heiligen Johannis des Taufers, seine Gedächtnuß gehalten wird, geschiehet nicht darumen, daß er am eintwedern Tag gestorben, (dann, wie oben gesagt, der Tag und Jahr seines Hinscheidens unbekannt) sondern wegen Gleichheit des Namens, denn der seelige Schaaf=Hirt truge, mit demjenigen, welcher nach Zeugnuß Christi der Größte ware unter den Menschen=Kindern.

Acta Sanctorum Junii Tom. 4. ad diem 24. ejusdem in Actis B. Joannis opilonis.

# Vierter Theil, oder Anhang

## Zu den Leben

# HH. Hirten und Bauren.

## An den wohlgeneigten Leser.

Ich befinde mich, günstiger Leser! bemüßiget, dir von dem Innhalt, und Ursach gegenwärtigen vierten Theils, oder wann es dir gefallt, des Anhangs zu denen heiligen Hirten und Bauren-Leben eine kurze Erklärung zu geben. Das erste anbelangend, werden allhier enthalten Theils etwelche Geschichten von der grausamen Martyr einiger seeligen Bauren-Kinderlein, welche die Jüdische Blutdürstigkeit aus angebohrnem Haß wider das unschuldige Alter der zarten Christlichen Kindern aufgemetzget: Theils etliche, doch kurze Lebens-Beschreibungen ein und anderer Gottseeligen Hirten und Bauers-Leutlein. Die Ursach aber, warumen ich sie nicht unter denen andern der erstern dreyen Theilen gegeben, ist folgende: und zwar erstlich, weilen diese unschuldige Kinderlein, als noch nicht eines ringern Verstands, denen zur Nachfolg begirigen Gemüthern nichts zum Beyspiel an die Hand geben von solchem Wandel und Thaten, die sie gewürket aus eignem Willen: jedoch, weilen sie von Hirten oder Bäurischen Elteren gebohren, können sie dannoch aus diesem Werklein nicht gänzlich ausgeschlossen werden; mithin habe ich vermeynt, ihnen diesem letzten, und besondern Theil ein Ort zu geben.

Zweytens, die gottseelige Hürten, und Bauers-Leutlein anbetreffend, eben darumen, weilen sie noch unter dem Titul, oder Namen eines Heiligen, oder Seeligen nicht bekannt seynd, so gehören sie auch nicht unter der Roll vorigen drey Theilen, welche eigenthumlich als Heilige, oder Seelige von der Christ-Catholischen Gemeinde verehret werden; jedoch verdienen sie gar wohl, daß man ihrer wegen so Gottseeligen, und heiligmäßigen Lebens-Wandel auch gedenke, und dem lieben Hirten- und Baurs-Volk zum Beyspiel vorstelle, wohin ich auch in diesem letzten Theil abziehle, weilen sie nicht minder als die andere der Nachfolg würdig seynd, gleichwie der Leser von selbsten urtheilen wird.

Eines allein scheinet noch allhier aus der Vorred der dreyen ersten Theilen zu widerhollen nöthig zu seyn, nemlich, daß ich auch in gegenwärtigem Theil mit keinem Lebens-Begriff einer Gottseeligen Hirten- oder Bauren-Person aufziehe, welche nicht in diesem, sondern anderm, etwann geistlichen- oder höhern weltlichen Stand gestorben, ja auch keine solche, welche sich in finstere Wälder, und Höhlen verschlossen, und in der Welt, der schnöden Welt völlig Urlaub gegeben; damit sich niemand entschuldigen möge, man könne nicht auch in diesem einfältigen, und Arbeit-vollen Stand, und Lebens-Art vollkommentlich GOtt gefallen, und seelig werden, gleichwie ich schon in gedachter Vorred angemerkt. So viel zum nothwendigen Vorbericht dieses vierten Theils.

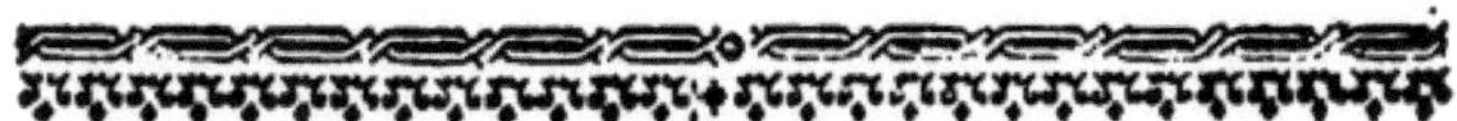

## Von einem seeligen Bauren-Kind zu Dissenhofen im Turgöu.

Ich zweifle nicht, daß unter so vielen zarten Martyrern, welche von denen Blut-durstigen Juden aus angebohrnem Haß wider die Christen-Kinder, so oft und vielmal auf erbärmlichiste, wie wir wissen, aufgemetzget worden; anjetzo aber bey dem Göttlichen Lämmlein im Himmel sich erfreuen: Aus dieser nicht geringen Anzahl, sage ich, zweifle ich gar nicht, daß aus selbigen ein guter Theil der Bauren-Kinderlein, oder sonst diesem Stand gleicher Leutlein gewesen

sen, weilen das Gottlose Juden-Gesindlein sich nicht leicht, wegen grösserer Forcht, an jene zu wagen getrauet, die eines bessern Herkommens: haben auch so grosse Gelegenheit an der Hand, solche so schlechter Dings hin zu ertappen, oder von denen Gewissen-losen Kinder-Verräthern zu erkauffen: wohl aber gelinget es ihnen besser auf, und von dem Gay: wo die Eltern die eintweders Hirten- oder Baurs-Leutlein: oder nicht viel bessern Ansehens seynd, die mit saurer Arbeit beschäftiget, so viel auf die Kindern, oft auch wegen Menge derselben, nicht acht haben; gegen die Juden einen nähern Raum finden, auf die Beuth auszugehen, und sich mit einem ertappten Kind aus dem Staub zu machen, um selbes ihrer Grausamkeit aufzuopfern.

Das erste, von deme ich hier zu schreiben hab, ist zwar nicht in einem Dorf unter so unbarmherzige Händ gerathen, sondern in einer Stadt, nemlich zu Diessenhofen, in der Landgrafschaft Turgöu, welche heutiges Tags dem Schweitzerland zugerechnet wird, und uns schon in dem anderten Theil dieses Werkleins einen seeligen Hirten Heinrich gegeben: hat auch solche Unmenschlichkeit nicht von denen Juden selbsten, sondern (wer solte es ihme einbilden) von einem Gottlosen und Geldgierigen Christen erfahren; welcher von ihnen hierzu veranlasset worden; dann weilen sie eintweders selbsten sich nicht getrauten, oder nicht Gelegenheit hatten, allda einen Kinder-Diebstall zu begehen, haben sie einen Christen, einen Baurs-Mann zu solcher That mit Geld bestochen: sie versprachen ihme drey Gulden zu geben, wann er ihnen das Blut von einem Christen Kind überliefern wurde: fürwahr, ein schlechtes Geld gegen dem, was sich sonst dieses böse Hebräische Geschmeiß kosten lasset, was solches zu überkommen: jedoch vielleicht aus Armuth, oder gar zu grossem Geld-Geitz, lasset sich der Ehrvergessene Mann überreden, verspricht ihnen, ihrem Begehren um dieses Geld zu willfahren.

Zu solchem Ende muste ein vier-jähriges Knäblein her-halten, deme er das Blut heraus zapfte; allein weilen er nicht gar alles menschliches Mitleyden, wie die Juden mit dergleichen Kindern, beyseits gelegt, und ihme die Unschuld des armen Kinds sehr zu Herzen gienge, hat er auf der That sich ob sothaner eignen Grausamkeit sehr entsetzet, und geriete in grossen Schauder, und Schröcken, daß er darob ertappet, seine abscheuliche Mißhandlung bekennet, und darauf auch die verdiente Straf empfangen: massen er lebendig gerädbrecht; die Juden aber, als erster Ursprung, und Ursach dieser Boßheit, wurden durch das Feuer zu Aschen verbrennet. Dieses truge sich zu im Jahr nach der Gnadenreichen Geburt unsers Welt-Heylands tausend, vierhundert und eins.

Ob dieses unschuldige seelige Kind erst-erwehnt unglückseligen Baurens eignes Söhnlein, oder eines andern gewesen, darvon schweiget die Geschicht still; nichts destoweniger kann man aus denen Umständen nicht unschwär abnemmen, es könne selbes eines nicht viel bessern Herkommens gewesen seyn: deme doch die Jüdische Blutdurstigkeit das edle Martyr-Cränzlein aufgesetzet, wormit es alle Hochheit dieser Welt übersteiget, und mit Christo dem König aller König in Ewigkeit regieret.

Godefridus Henschenius in actis Sanctorum Tom. 2. Aprilis die 20. ejusdem in Passione B. Adelberti Pueri, num. 4. ad ejusdem appendicem.

Geschicht

# Geschicht von der grausamen durch die Juden verübten Mordthat an dem heiligen Bauren-Kind Andreas von Rünn.

Andreas dieses heilige Kind ist auf einem einschichtigen Bauren-Hof gebohren, nächst der Dorfschaft Rünn genannt, so im Tyrol zwischen Ynnsprugg, und Hall, jenseits des Ynnfluß auf einer Ebne eines Bergs lieget, unter das Bistum Brixen gehörig. Obwohlen sein Vatter, Simon Oxner, seiner Handthierung ein schlechter Gay-Schneider ware, so ist doch kein Zweifel, er werde sich auch zur Bauren-Arbeit haben gebrauchen lassen, sonderlich von dem Bauren, bey welchem er sein Herberg sammt seiner Ehe-Gattin Maria hatte: von destwegen haben nicht allein schier alle Geschicht-Schreiber, so von dem heiligen unschuldigen Andrea handlen, ihne allzeit unter dem Namen eines Bauren-Kinds bekannt gemacht; sondern auch die Mahler werden dasselbe niemalen anderst, gleichwie auch seine fromme Mutter Maria, mit Farben, als in einer Bauren-Kleidung entwerffen: ja nach dem Tod des Vatters unsers kleinen Andreas gienge seine liebe Mutter dem Bauren-Weesen nach; wie sie dann eben damals im Korn-Schnitt begriffen ware, da ihr liebes Söhnlein gemartert worden, wie wir in Fortsetzung der Geschicht anjetzo vernemmen werden.

Simon der Vatter gienge dem lieben Kind frühezeitig, nach anderthalb Jahren, mit Tod ab: nach welchem Maria die Mutter ihr kleines Aenderlein in diesem Haus ihres Gevatter, eines Baurs-Mann, Mayr mit Namen, auferzogen. Zu welcher Zeit die Land-Strassen nicht weit von dem Haus dieses Mayrs vorbey gienge, auf welcher

auch

auch viel Juden zu dem fast berühmten Jährlich viermal gehaltenen Botzner-Markt ihr Reiß nahmen.

Diese erblickten im Jahr tausend, vierhundert zwey und sechtzig neben dem Weeg den kleinen Andreas mit andern Kindern Kurzweil treiben: die schöne Gestalt des holdseeligen Kinds hatte sie gleich angereitzt, daß sie schon dazumalen dieß zarte Lämmlein mit sich zur Schlacht-Bank für ihre Ostern gestohlen hätten, wann nicht wegen der Gegenwart seiner Mutter wären abgehalten worden: doch erdenkten sie alle Weiß, ein andersmal dasselbe in ihre Klauen zu bekommen.

Die Juden hatten nicht weit darvon im nächst gelegenen Würths-Haus ihr Einkehr genommen, in welchem sich der gemeldte Gevatter Mayr, als ein nasser Bruder, unter denen Gläsern tapfer lustig machte. Sie lobten dem Mann die holdseelige Gestalt des Kinds, und sagten beynebens, es seye schad, daß dieses schöne Kind nicht eines höhern Herkommens, wenigist solte es besser verpflegt, und auferzogen werden. Dem Einfältigen Baursmann kützlete das verdrähte Lob seines Tauf-Göttens Andreas, und bekennte, wie er dieses Kind aus dem heiligen Tauf gehebt hätte. Daran die Blut gierige Juden ihme noch mehrers zusetzten, er solte ihnen das Kind überlassen, sie wolten demselbigen anstatt der Eltern seyn, und also verpflegen, daß es sein Lebtag wohl solte gehalten seyn; versprachen ihme über das ein gutes Stuck Geld zu geben, wann er ihnen das Kind über antworten werde. Der Gottseelige Verräther sagte ihrem Begehren zu, und versprache ihnen bey ihrer zuruckkunft um das geheissene Geld das unschuldige Engelein zu überlieferen.

Nach vollendem Markt zu Botzen nahmen die Juden den Ruckweeg, zehen an der Zahl, mit ihrem Rabbiener nach der vorigen Gegend zu Rünn, kehrten auch wiederum in dem bekannten Wirths-Haus ein, allwo sich dann der ehrlose Tauf-Path abermal einfinden liesse, und sich bey denen Juden guter Dings und vielem Zutrinken aufhielte.

Maria, des Kinds Mutter, gienge in dessen am nächsten Montag darauf, als den zwölften Heu-Monat, gedingter massen, zum Kornschneiden nacher Ambras, einer lustigen Gegend, nicht weit von Innsprugg entfernet: doch bevor sie sich aus dem Haus hinweck machte, befilchet, sie das liebe Kind ihrem Gevatter bittend, er wolle ihme nichts abgehen lassen, sondern desselben Sorg tragen. Nachdeme nun die Mutter hinweck, liesse der verrätherische Mann die Juden durch das hintere Haus-Thürlein hinein, übergiebt ihnen das Kind; welche auch zugleich ohne Verzug dem Bauren das versprochene Geld darreichten. Aber sihe, kaum umfangten sie das unschuldige Lämmlein, da ist gehling ein entsetzliches Wetter entstanden, daß die Juden aus Schröcken das Kind stehen liessen, und sich eylends ins Wirths-Haus zuruck zogen. Die Mutter aber auf dem Feld zu Ambras fiele entzwischen in eine schwäre Ohnmacht dahin, hat sich doch auch bald erhollet, bis sich mit ihr noch was anderes seltsames zugetragen, so wir gleich erzehlen werden.

Als dieses Schröcken-volle Wetter sich verzogen, schliche das verfluchte Juden-Geschmeiß wiederum durch das vorerwehnte kleine Thürlein in das Haus des Gevatters hinein, nahmen endlichen das zarte Engelein hinweck, und giengen geraden Weegs in das nächste Birken-Wäldlein, oder Au; traffen daselbst einen grossen Stein an, den man noch den Juden Stein nennet, auf welchem sie die grausame Metzgerey des Kinds anfiengen. Allda wurd erstlich das arme Aenderlein dem Blutgierigen Rabbineren übergeben, welcher ihme das Kleydlein ausgezogen, und damit nicht etwann das Kind mit Schreyen ihr Mörderische That offenbar machete, stopfte ihme der Jüdische Pfaf mit seiner Binden das Maul. Hierauf neigten sie das Kind ruckwärts auf den harten Stein, und streckten selbes Creutzweis auseinander: alsdann nahme der Juden-Pfaf ein sehr scharfschneidendes Messer, schnitte dem Kind die Puls-Aederlein an beyden Schläfen entzwey, daraus, wie leichtlich zu erachten, sehr viel Blut geflossen: Von denen Schläfen wendet er sich zu denen Wängelein, die er gleichfalls erbärmlich, und tief durchschnitten, daß nicht minder das Blut häufig hervor quellete. Hernach galte es die Brust, welche der Ertzbößwicht entsetzlich verwundet, und zerfleischet: Er hielte das herab wallende Blut, das man in Geschirrlein aufgefasset, unter entsetzlichen Gotts-Lästerungen in die Höhe: und zum Spott des empfangenen heiligen Taufs wurde das Kind auf Jüdische Art auch beschnitten.

Als dieses geschehen, gabe der Viehische Schinder das zarte Knäblein einem jeden aus diesem Mörderischen Gesindel Preiß, welche ihme Wechsel-weiß ob-unter dem Ellenbogen die Adern samt dem Fleisch, der Zwerch nach, entzwey schnitten: desgleichen thaten sie auch an denen Schenklen, und Füßlein. Und daurete diese grausame Schinderey des armen Kinds bey nahend eine ganze Stund. Wie sie endlich verspürt, daß nach heraus-gezapftem Blut, auch dem Kind das Leben begonnte zu weichen, legten sie selbiges Creutz-weiß auf den Stein, und gabe ihme der unmenschliche

Rabbiner zuletzt, welches er ihme noch vorbehalten, mit dem Messer einen Stich in Hals, vollends dem zarten Lämmlein den Garaus zu machen. Nachdeme solches geschehen, knipften sie das todte Leiblein am nechsten Birken-Baum auf, und machten sich ohne Verzug aus dem Staub.

Da dieses mit den unschuldigen Aenderlein vorbey gienge, geschahe es, daß auf dem Ambraser-Feld der Mutter von dem Lufft herab unversehens ein Bluts-Tropfen auf die rechte Handfiele, und dieses zum anderten, und drittenmal, welches auch die übrige beywesende Weiber sahen, mit Erstaunung der Mutter. Es gienge ihr nichts guts vor die Augen; sie machte, nicht ohne Grund, die Rechnung, vielleicht seye ihrem lieben Kind was übels widerfahren; gehet also schleinig nacher Haus, fragt den Gevatters-Mann, wo etwann das ihme anvertraute Kind hingerathen? der treulose Verräther stellte sich, als wuste er nichts darvon: die Mutter aber setzte ihme noch besser zu, daß er sie endlich bey der Hand nahme, in die Kammer hinein zoge, und zu ihr sagte: Sie solle ohne Sorg seyn, das Kind wäre wohl aufgehebt; zeiget ihr das Geld, so er von denen Juden empfangen; spricht ihr nebenbey zu, ein Theil darvon zu nemmen: ein Wunder Ding, alles Geld wurde in lauter Felber-Laub verändert. Der Verräther ertattert hierüber, und lage die Sach auf diese Weiß schon am Tag, daß er mit dem Kind nicht recht umgangen: Er bestehet letstlich den Handel, daß die Juden mit dem Kind ins nächste Wäldlein gewischet wären.

Die betrübte Mutter lauffet alsobald dahin, findet ihr liebes Kind ganz zerfleischt an dem Birckenbaum hangen, den grossen Stein aber voll des frischen Bluts. Da das arme me Weib dieses entsetzliche Spectackel sahe, heulete, und jammerte sie, und zersprange ihr vor Schmerz, und Leydwesen schier das Mütterliche Herz. Die Nachbars-Leut durch das Geschrey bewegt, lauften herbey, trösteten die Mutter, nahmen das heilige Kind von dem Baum herab; welches man auf dem Gotts-Acker, oder Freythof der heiligen Andreas = Kirchen zu Rünn nächst der Maur begraben, ohne daß man ein sondere Obacht auf diesen theuren Schatz, und Blut-Zeugen für damalen hatte.

Aber GOTT zeigte ihnen bald, mit was kostbarem Kleinod er sie begabet; indeme die Erden mit demselbigen anfienge zu prangen, und gleichsam denen Menschen, wie weit grösserer Ehre der kleine Martyrer würdig, zu verstehen zu geben. Es wachsete nemlich aus dem Grab des heiligen Kinds den gleich darauf eingehenden Herbst, wo sonst alle andere Blumen verwelken, ein Schneeweisse Lilgen hervor, und nachdem sich selbige in die Bletter ausgebreitet, hat man darauf gewisse Zeichen den Buchstaben beobachtet; doch waren sie jedermann so leicht nicht erkanntlich. Wähender Zeit, da man solchen Buchstaben nachforschen wolte, hat sich ein muthwilliger Bub (einige sagen, es seyen mehrer gewesen) aus dem Geschlecht der Pögler genannt, erkecket, und die Schnee-weisse Lilgen, nachdem sie etliche Täg gedauret, abgebrocket. Diese Bübische Meisterloßigkeit ist solchem Geschlecht bis zur Zeit theur gekommen: dann selten aus selbigen einer zum Grab getragen worden, der nicht eintweders eines unzeitigen, oder gewaltthätigen Todts gestorben.

Der Birken-baum, an welchem das heilige Kind aufgehenket ware, hat sich den folgenden Winter auf ein neues mit angenehmlicher Grüne hervor geklendet, welche wunderbarliche Grüne sieben ganze Jahr fortwährend gedauret; bis ein Geiß-Hirt sich erkühnet, den grünen Baum umzuhauen, und dieses, wie man sagt, aus Unmuth, daß er denen Geissen lang nachlauffen muste, welche aus Abgang andere Wayd, oft zu diesem immer grünenden Baum hinzu geloffen, die herab-hangende Sträußlein abzufressen; allein mit seinem selbst eignen grösten Schaden; dann da er den abgehackten Baum zum Verbrennen nacher Haus schleppen wolte, brache er ihme in dem Wald den Fuß entzwey: darauf er wegen der Wunden alsofort gleichsam ausgedorret, und gestorben.

Jedoch weit schärfer hat der verrätherische Gevatters-Mann die Rach GOttes erfahren müssen: gestaltsam er unversehens mit einer solchen Tobsucht, und Raserey überfallen worden, daß er als ein wüttiger Hund mit Strick, und Ketten in eben der Kammer, wo er das unschuldige Blut verkauft, hat müssen angebunden werden, und wurde dieser Gottlose Mann auf solche Weiß zwey ganze Jahr in Eysen, und Banden verwahrt, bis er endlich von der Fussohlen an bis auf den Kopf lebendig zu faulen anfienge, alsdann hat man ihne wegen unleydentlichen Gestank aus dem Haus hinaus geworfen, und in einem Winkel des Stalls angeschmidet, allda er nach zwey andern Jahren unter Wütten und Toben endlich die Seel ausgespyen.

Hingegen hat GOTT das kleine heilige Kind durch allerhand die Natur übersteigende Gutthaten vor denen Menschen gar scheinbar gemacht, also, daß selbiges in grösseres Ansehen, und Ehren bey ganzer Nachbarschaft kommen; vorderist nach verflossenen dreyzehen Jahren, Ursach eines an-

andern grausamen von denen Juden verübten Kinds-Mord zu Trient, an dem heiligen Knäblein Simon. Dann als die zu Rünn hörten, wie man zu Trient den seeligen Simon verehrte, sein heiliges Leiblein so kostbar verwahrte, giengen ihnen erst die Augen auf, daß sie alsobald zu gleicher Verehrung angefrischet worden, und wurden die heilige Gebein des unschuldigen Kinds Andreas im Jahr tausend, vierhundert, fünf und siebenzig, am Sonntag der Allerheiligsten Dreyfaltigkeit, aus dem Grab hervor genommen, und herrlicher zur Verehrung ausgesetzt. Auf dem Ort der Martyr stehet anheut ein schöne Kirchen, welche in ihren Umfang auch zur Epistel-Seiten den grossen Stein einschlüsset, auf welchem die unmenschliche Hebräer das zarte Kind aufgemetzget; hart daran sihet man dieses unschuldige Engeleins heilige Gebein in einem zierlichen Kästlein verschlossen. Kaiser Maximilian der erste diß Namens, hat zu Erbauung dieses GOttes-Hauses viel beygetragen.

Im übrigen so werden zu diesem wunderthätigen heiligen Kind viel Wallfahrten, auch von ganzen Christlichen Gemeinden angestellt, wegen so vielen und manigfältigen Gutthaten, welche seine Verehrer darvon erhalten; ich will deren nur zwey herbey bringen. Ein sehr Gottseelige Jungfrau, Barbara Sillerin mit Namen, ist dem heiligen Kindlein Andreas dermassen zugethan gewesen, daß sie täglich das Ort seiner Martyr besuchte: an Sonn- und Feyrtägen aber brachte sie schier die ganze Zeit alldorten zu, es möchte hernach das Wetter seyn, wie es wolte. Einsmals, da sie zu Sommers-Zeit zu dem heiligen Blut auf Seefeld (ist ein bekanntes etlich Stund weit von Rünn entlegenes sehr berühmtes Gnaden-Ort in gedachter Gefürsteten Grafschaft Tyroll) da Barbara, sage ich, zu diesem Gnaden-Ort ein

Wallfahrt einsmals anstellete, und erst spatt Abends, und zwar ganz nüchter naher Haus kehrte, asse sie doch nichts, bis sie ihre Andacht zu dem heiligen Knäblein verrichtet; daher, als sie auf ihren Knyen sich niedergelassen, und eine Zeitlang bettete, ist sie mit einer solchen Schwachheit überfallen worden, daß sie Kraftloß auf den Stein dahin gesunken: aber sihe! daß sie also darauf liegend, sich kaum umsehen konnte, vermerket sie erstlich aus dem Geruch, hernach greiffet sie mit denen Händen ein dermassen wohlgeschmackes Brod neben ihr liegen, daß sie, nachdem sie es verkostet, bekennet hat, nichts dergleichen ihr ganzes Leben hindurch geessen zu haben, welches sie durch Fürbitt des heiligen Kinds vom Himmel erhalten.

Ihro Königliche Hochheit der Herzog aus Lothringen, Leopold Joseph, hat nicht minder noch als ein fünf-jähriger kleiner Prinz zu Ynnsprugg in Tyrol eine grosse Gutthat von dem heiligen Andreas dem zarten Martyrer empfangen; Er konnte in erst-erwehntem Alter gar nicht auf seinen Füssen daher gehen; Eleonora sein Königliche Frau Mutter, eine Schwester Kaisers Leopold des Grossen, ruffet das heilige Kind Andreas zu Rünn um Hülf an im Jahr tausend sechshundert vier und achtzig durch ein gethanes Gelübd, mit so glücklichem Erfolg, das der Prinz alsobald einher gehen können, und den völligen Gebrauch der Füß erlanget. Eleonora hat zur Dankbarkeit ein von Silber ausgearbeitetes Paar Schuh nacher Rünn geschickt, die noch alldort zu sehen. Ja, der Durchleuchtigiste Prinz, nachdem er schon etwas erwachsen, hat sich persöhnlich von Ynnsprugg, allwo damalen seine Durchleuchtigste Eltern Hof hielten, den zwar harten Weeg nacher Rünn hinauf begeben, seinem heiligen Nothhelfer um die empfangene Gutthat Dank zu erstatten; und

als

also scheuten sich nicht, auch grosse Welt-Häupter ihre Knye zu biegen vor einem ehemals schlechten Bauren-Kind, nunmehro aber wegen um Christi willen vergossenen Blut gleichfalls grossen Himmels-Fürsten.

Adm. Rev. Ignat. Zach. Canonicus Regul. Præmonstrat. Profess. in Wilthauin sua de scriptione historica Martyrii B. Andreæ Rünnensi. Anno 1724. typis edita. Et alii plures.

## Der Seelige Michael, ein kleines von denen Juden umgebrachtes Bauren-Kind.

Augustinus der grosse heilige Kirchen-Vatter, da er von denen unschuldigen Kindlein, so durch die Grausamkeit des Königs Herodis getödtet worden, schreibet, sagt unter andern, daß dieser Wüttrich, wo er den zarten kleinen heiligen Martyrer zu meisten zum schaden vermeynte, habe er sie zu grösten Ehren beförderet, und durch sein unmenschliches Wütten ihnen ungemeinen Nutzen zuwegen gebracht; indeme selbige nicht allein bey der Welt herrlich gemacht worden, da man ihre sonsten bishero nicht einmal mehr gedenkt hatte, sonderen auch viel derselben wurden vermuthlich der ewigen Glückseeligkeit, die sie anjetzo genüssen, verlustiget worden seyn. Eben ein gleiches lasset sich von denen kleinen Christen-Kinderlein sagen, welche das unmenschliche Juden-Geschmeis so oft schon grausamlich hat aufgemetzget: manche aus diesen unschuldigen Lämmlein wurden auch vielleicht des Angesichts GOttes, das sie nunmehro in Ewigkeit anschauen, beraubt, und in die unglickseelige Höllen-Glut seyn gestürzet worden; oder wenigist wurde die spatte Nachtwelt ihrer wenig mehr in

Ehren gedenken, sonderlich der schlechten, und geringen Bauren-Kinderlein, wann ihnen nicht der Jüdische Haß das Martyr-Kränzlein aufgesetzet hätte: Also weiß die Göttliche Anordnung meisterlich aus denen Dörnern Trauben zu sammlen, will sagen, aus der Boßheit der einen, den Nutzen und die Glori der andern hervor zu ziehen, wie solches erhellet in diesem kleinen heiligen Bauren-Kind Michael genannt, von deme wir jetzt die Geschicht erzehlen.

In der Pfalz Neuburg unfern von der Haupt-Statt Neuburg selbsten, liegt ein Dorf, das man Sappenfeld nennet. In diesem haben zwey verruckte Juden im Jahr tausend, fünfhundert vierzig unter der Regierung Otto Heinrichs, Pfalz-Grafen am Rhein, damaligen Lands-Fürsten selbigen Herzogthums Neuburg, ein Kind gestohlen, welches drey Jahr, und sechs Monat des Alters zehlete: sein Vatter ware ein Baurs-Mann, schribe sich Georg Bisenhart. Die Gottlose Juden verbargen das arme Kind in einem Winkel ihres Hauses, bis sie zu gelegener Zeit ihr Viehisches Vorhaben ins Werk setzen möchten. Unterdessen, weilen das Kind nicht mehr nacher Haus kame, suchten es die betrübte Eltern aller Orten auf, so gar hat man es durch Vergünstigung des Bischofs von Aichstätt überall von denen Kanzlen verkündigen lassen, wer von dem verlohrnen Kind nur etwas, als Kleidlein, oder einiges Glied finden und denen Eltern liefern wurde, solte zur Vergeltung zehen Ducaten darvon tragen, allein alles ware vergebens.

Endlich hat der Vatter, der vor Kümmernuß, und Nachsuchen des Kinds noch essen, noch schlaffen konnte, Luft bekommen, es werde sein verlohrnes liebes Kind in dem Dorf Hiettingen bey denen Juden aufbehalten. Der Vatter saumet sich nicht, sondern gehet so gleich zu Herzogen Otto Heinrich dem Lands-Fürsten, bittet demüthigist, weilen Hiettingen in seinem Gebiet, er wolle doch verlauben, daß er in daßigen Juden-Haus sein Kind suchen dürfte, indeme er zuverläßige Kundschaft erhalten, es werde selbiges alldorten aufbehalten, damit es von diesem Gottlosen Gesindlein um sein Leben auf das grausamste gebracht werde. Allein der Fürst, welcher nicht unlängsten des Luthers Lehr angenommen, und von der wahren Kirchen abgefallen ist, gestattete dem betrübten Vatter diese Bitt gar nicht. Der Baur setzte auf neues an, und ware urbietig, ihme Haus und Hof zu verpfänden, wann die Sach sich anderst befinden solte: da auch dieses nicht erklecken wolte, hat er auf Leib- und Lebens-Gefahr solche Velaubnuß zu erhalten sich bemühet: jedoch ware alles umsonst. Otto Heinrich hat lieber denen Juden Schutz halten, als dem Catholischen Christen die verlangte Gnad zukommen lassen wollen.

Mithin, weilen die Juden sahen, daß dem lieben Vatter sein gerechtes Ansuchen bey dem Fürsten versagt worden, seynd sie ungehindert zur unbarmherzigsten Martyr mit dem Kind geschritten: sie haben es an eine kleine Saul angebunden, und drey ganzer Tag unmenschlich gepeiniget, Finger, und Zähen abgeschnitten, das ganze Leiblein mit Creutz hin und wider zerfetzt, ja also übel zugericht, daß nicht ein Ort mehr übrig ware, daß nicht verwundet, oder vielmehr geschunden worden: unter so vielen waren absonderlich zwey grosse Wunden, aus welchen sie alles Blut heraus gepreßt: ja man hat, durch fleißige auf Ihro Päpstlichen Heiligkeit angestellte Besichtigung, gefunden, daß die Juden dem zarten Martyrer Stuck Fleisch heraus geschnitten, damit man nicht sehen konnte die Stich und Wunden, mit welchen sie ihme zu-

gerichtet,

gerichtet, und endlich auch die schmerzliche Beschneidung an ihme vorgenommen, damit niemand zweiflen möge, wer diese grausame Kinder-Schinder gewesen wären: das Blut ist nachmals zu Possingen gefunden worden.

Diese unendliche Mordt-That ist durch Schickung GOttes auf ein artliche Weiß kundbar worden. Ein Juden-Bub gienge aus dem Haus hervor, wo diese Unthat begangen worden, er sprange zu seines gleichen Buben ganz freudig, und schrye: Der Hund (also nennen sie die Christen) der Hund ist endlich nach dreytägigem Geschrey stumm worden. Dieses haben einige aus denen Benachtbarten gehört, und ihnen gemerkt. Entzwischen aber haben die Juden das ermordte Leiblein in aller Still in nächsten Wald getragen, und alldorten in ein Gesträuß hingeworfen. Ein Hirten-Hund kame dem Geruch nach, und als er an das Ort gerathen, wo das Leiblein lage, fienge er auch an mit den Tatzen zuscharren, und weilen es nur mit dürren Laub überschüttet ware, hat es bald entdecket. Der Hirt folgte dem Hund nach, und als er das todte Kind ersehen, lauft er von der Stell, und ruft zusammen, was er nur konnte. Alle lieffen aus dem Dorf heraus, und sahen dieses erbärmliche Spectackel; wußten nicht, ob sie mehr mit dem so armseelig aufgemetzgten Kind ein Mitleyden, oder über die verfluchte Juden erzürnen solte. Das Geschrey kommt hin, und wider aus; gelanget auch zu den Ohren des Bischofs von Aichstätt, welcher gleich befohlen, man solle ihme das Leiblein bringen, so er zu jedermanns Beschauung ausgestellt. Als schon fünf Wochen verflossen, und man das Kind abmahlen lassen wolte, ist noch frisches Blut aus denen Wunden geflossen. Das heilige Leiblein ist hernach in die Kirchen der beyden Heiligen Johannes des Taufers und Evangelistens zu Aichstätt getragen worden, in welcher Fürstlich-Bischöflicher Residenz-Stadt es annoch so, viel mir wissentlich, ruhet.

Herr Hilbrand Thiermann von Erckertshofen hat die ganze Geschicht in teutschen Reimen verfasset, aber diese heilige Bemühung hat ihme einen schlechten Lohn eingetragen; sintemalen, als solches Otto Heinrich der Pfaltz-Graf, und grosser Beschützer der Juden vernommen, liesse er ihm aufpassen, und die Zungen, so weit man sie hat mögen ergreiffen, heraus reissen: welche doch, nicht ohne Wunder, wider gewachsen, also, daß er füglich reden können, und nach diesem Zufall noch auf die zwanzig Jahr sein Leben hinausgezogen.

Neben deme ist noch jemand (wenn solte es nicht Wunder nehmen?) gefunden worden, der sich der Juden angenommen, und sie für unschuldig, sowohl mündlich, als schriftlich ausgegeben, und verthädiget: allein diesem Unbesonenen hat jener berühmte Ingolstättischer Doctor, und Lehrer der Heil. Schrift, Herr Johann Eckius, tapfer das Maul gestopfet, und mit einem wohl- und schön geschribenen Buch zu Ruhe gelegt. Also ist sogar kein Laster auf dieser blinden, und bethörten Welt, welches mit seinen Verthätiger, und Lobsprecher findet.

In Bavaria Sancta Raderi Tom. 2. de B. Michaele Sappenseldensi, Puero a Judæis occiso.

Kur-

# Kurzer Bericht von einem seeligen Bauren-Kind, welches die Juden in Pohlen gleichfalls entsetzlich aufgemetzget.

Im Jahr nach der Gnadenreichen Geburt unsers Welt-Heylands tausend, fünfhundert und neunzig hat sich in dem Königreich Pohlen ein gleichmäßiges trauriges Schauspiel ereignet mit einem andern unschuldigen Bauren-Kind, welches die Juden nicht weit von einem Dorf, Szydlow genannt, Schelmischer Weiß gestohlen, und durch erschröckliche Pein, und Martyr jämmerlich zugericht, und umgebracht. Gestaltsam sie ihme die Aederlein entzwey geschnitten, das ganze Leiblein zerstupft, und durchstochen, alles Blut heraus zu pressen.

Sie vermeynten zwar, ein solche, mehr dann Barbarische That, zu verbergen; indeme sie das ermordte Leiblein des Kinds in ein abweegsames Ort warfen, allein das unschuldige Blut, wie einstens des Abels, schrye gen Himmel, daß das Leiblein durch sorgsamen Fleiß der lieben, sehr betrübten, Eltern endlich wiederum gefunden, und ans Tag-Liecht gebracht worden. Es laufte jedermann herbey, ein so wehemüthiges Spectacul anzusehen, aber niemand ware, der das arme, und sogar graußlich zugerichte Kind nicht ohne inneristen Schmerzen betrachtete; so unmenschliche Zeichen der Blutgierigkeit hat dieses verdammliche Juden-Geschmeiß an dem unschuldigen Engelein hinterlassen, also, daß diese grausame Mord-Knecht scheinen nach so vielen schon entsetz-

 lich

lich aufgemetzgeten Christen-Kinderlein, nur mehr und mehr dargegen verbittert zu werden, und in der Wuth zu wachsen, gleich denen Elephanten, die durch das angesehene Blut nur mehrer erwilden: jedoch von diesem etwas weitläufigers in nachfolgender Beschreibung.

Was ich aber noch beklagen muß, ist unter andern dieses, daß uns gegenwärtige kurze Geschicht von diesem seeligen Blut-Zeugen keine fernere Nachricht vergonnet; ja so gar nicht einmal das Alter, den Namen, sowohl des Kinds, als der Eltern, und anderes Merkwürdiges angezeiget, welches alles doch wohl werth wäre, auf Erden bey der Nachwelt in Feder eingeprägt zu werden.

Henschenius in actis Sanctorum, Tom. 2do. Aprillis, ad Diem 20. Ejusdem, in Passione B. Adelberti sive Alberti Pueri in Polonia occisi, num. 13. appendicis ad Acta Martyrii ejusdem Pueri.

## Ein anders daselbst von denen Juden ermordtes seeliges Bauren-Kind.

Das weitschichtige Pohlnische Reich, die Vormaur des Catholischen Christenthums, wie es benamset wird, kann eine gute Anzahl der von denen unmenschlichen Juden erwürgten Kindlein zehlen, unter welchen uns zwar nur drey absonderlich bekannt, daß sie von Bäurischen Eltern gebohren, und mithin in dieses Werklein gehören: von einem haben wir eben vorhero schon gemeldet: von dem zweyten solle es jetzt geschehen; dem auf dem Fuß das dritte aus erst besagtem Königreich folgen wird.

Die-

Dieses, dessen wir allhier gedenken, hatten gleichfalls nicht weit von vorgedachtem Dorf Sczydlow die Juden bey einem einfältigen Bauren erblicket, darnach ihnen sehr stark die Zähn wässerten, wußten aber nicht gleich, wie sie desselbigen habhaft werden möchten: endlich erdachten sie diesen von ihme allerhand Sachen zur Nahrung einzukauffen: Eund: sie giengen öfters zum Bauren, und verlangten der arme Mann, der selbst nicht viel zu nagen, und zu beissen hatte, sagt es ihnen allzeit rund heraus, daß er ihnen nichts geben könne: allein das Schelmische Geschmeiß liesse sich mit dieser Antwort nicht abfertigen: sondern sprachen zu ihm, er solte ihnen wenigst etwas von seinem guten Haus-Brod (also lobten sie es verstellter Weiß) ums Geld folgen lassen. Unter solchem Vorwand kamen sie also, wie gesagt, mehrmalen in das Haus, damit sie bey denen benachtbarten in keinen Argwohn des abgeredten gottlosen Diebstalls halber geriethen; bis sie einstens die Gelegenheit erhaschet, die lang gesuchte Beuth, ohne Auffseher, zu ertappen. Das Kind ware zu allem Unglück allein zu Haus, als diese Mörder abermal ein ein Brod von dem Bauren zu kaufen hinein schlichen; derohalben faßten sie es ohne Verzug, und in der Still, und trugen es in ihre Behausung: griefen auch bald hernach zur gewohnlichen, und erschröcklichen Metzgerey, mit dem heraus-gezapften vergossenen unschuldigen Blut haben sie ihr Synagog welche sie zu besagtem Sczydlow von neuem aufgeführt, besprenget, und gleichsam eingewenhet. Das heilige Leiblein des Kinds, als welches nach allem herausgelassenen Blut, über das auch durch die Hitz des Feuers ganz eingeschnurpft, und ausgedörrt ware, warfeu sie ausser dem Bezirk des Dorfs hinweck: ich sage: durch die Hitz des Feuers ausgedörrt; massen, da man es hernach gefunden, hat man vermerkt, daß es die wüttige Jüdische Schinder über das Feuer, wie

das

das gerauchte Fleisch, müssen gehängt haben; doch konnte man alle Wunden in dem entseelten Leiblein annoch wohl zehlen, deren so viel nebst der Beschneidung gewesen, daß es denen Zusehenden einen Schauder erweckte. Was Namen das unschuldige Engelein gehabt, und wo es anjetzo ruhet, oder verehret wird, darvon schweiget, wie vorhero, der Bericht, sondern setzet allein das Jahr hinzu, an welchem der Mord geschehen, nemlich, als man zehlet tausend, fünfhundert sieben und neunzig.

Jedoch, weilen ich ferners von dieser Geschicht nichts beyzubringen hab, wird der Leser nicht mißbilligen, wann ich meine Verwunderung an Tag gebe; ja er selbsten wird Zweifels-ohne in Ablesung so vieler von denen Juden verübten Kinds-Mord sich nicht genugsam erstaunen, noch viel weniger fassen können, was das für ein unbeschreiblicher Haß, und Durst nach dem unschuldigen Blut der kleinen Christen-Kinderlein seyn müsse bey diesen unmenschlichen Tiger-Thieren, und Viehischen Henkers-Knechten; dann ungeachtet, daß sie wissen, wie ihre Vorfahrer wegen so gräulichen Verbrechen nach aller Gerechtigkeit mit Feuer, und Schwerdt, mit Radbrechung, mit Folter, mit glüenden Zangen zwicken und was dergleichen mehr seyn mag, hergenommen worden, und annoch hergenommen werden; ungeachtet, daß ganze Chrichliche Gemeinden wider sie auf-gestanden, und so erschröckliche Mord-That, wiewohl mit Vorgreiffung der hierzu bestellten Christlichen Obrigkeit, ohne alle Barmherzigkeit gerochen; ungeachtet endlich, daß sie schon von so vielen Orten, Städten, ganzen Reichen, und Landschaften auf ewig erwisen worden, nichts desto weniger vermag alles dieses nichts, sie darvon abzuhalten, sondern scheinen von dem unschuldig eingesoffenen Christlichen Kinder-Blut nur mehr und mehr mit dessen Durst nach solchem erhitzet zu werden, daß der berühmte Thomas Cantipratanus schreibet, man habe es von gar gewisser Nachricht, daß dieses grausame Gesindel alle Jahr in einem jeden Land das Looß werffe, was es für Juden in einer Stadt, oder Markt-Flecken treffe, der hernach verbunden seyn, daß sie ein Christen-Blut auftreiben, und in die übrige Städt, oder Länder, wo sich dieses verruchte Juden-Geschlecht befindet hinschicke und austheile, welches ja nicht ohne Jährlichen Kinder-Mord abgehen kann; und dannoch werden sie mit grosser Beschwärnuß der Christen gedultet!

In Actis Sanctorum Henschenii Tom. 2. Aprilis die 20. ejusdem in Passione Adelberti Pueri in Polonia. Num. 13. Appendicis ad Acta B. Pueri Contipratanus Libr. 2. Cap. 29. artic. 23.

## Martyr des seeligen Adelberts, eines Bauren-Kinds, sonst auch Boccchus genannt.

Adelbertus das seelige Bauren-Kind, das man auch nach Pohlnischer Art Boccchus nennet, ist zu Swinartzewo, einem Dorf gedachten Reichs gebohren, in der Landschaft Podlachien unter dem Luceorischen Bistum: seines Vatters Namen ware Mathias Petrent, der Mutter Anna merkwürdig ist dieses von seinen frommen Eltern, daß obwohlen im ganzen Dorf alle andere Haushaaben der Griechischen Religion, oder Glaubens-Sätzen zugethan waren: allein Mathias, und seine Ehe-Gatten samt dem übrigen Haus bekannten sich zur Römisch-Catholischen Kirchen.

Die liebe Eltern hatten an diesem ihrem Söhnlein vor andern, deren sie mehr zehleten, einen sondern Trost, und Freud, weilen selbes von schöner Gestalt, munterm Geist, und feinen Sitten ware, mithin von ihme die beste Hofnung schöpften; dahero wolte es der Vatter Mathias stäts um sich, und gleichsam vor seinen Augen haben, so aber eben eine Ursach ware, daß es ihme bald aus denen Augen entzogen wurde; dann im Jahr tausend, fünf-hundert, acht und neunzig, den fünfzehenden Merzen, als der Vatter nach vollendten Oster-Feyrtagen wiederum auf das Feld gienge, dem Acker-Bau abzuwarten, nahme er wiederum sein liebes Adelbertl mit sich hinaus, das schon in das vierte Jahr seines Alters gienge. Der Abend ruckte alsgemach herbey, und weilen etwann der Vatter mit der Arbeit noch nicht gar fertig, wurde dem guten Kind schier die Weil zu lang; dahero der Vatter ihne allein nacher Haus gehen liesse, weilen der Weeg dahin schnur-gerad, und kurz ware, auch nichts wenigers als ein sothanes Unglück, so auf sein liebes Söhnlein wartete, damals befarchte.

Allein das Knäblein hatte den Weeg, wie es bey dergleichen Alter leicht geschiehet, fein richtig verfählet, und an statt das es nach dem Dorf, wo sein Vätterliches Haus ware, gienge, ist er auf den Weeg nach dem Dorf Woßnicki gerathen, woselbst ein Jud Marx mit Namen, ein Gast-Haus, und Träyd-Mühl Bestands-weiß innen hatte, und verpflegte. Dieses Judens Sohn Aaron, und auch sein Tochter-Mann Isaac, fuhren zum grösten Unglück des Kinds, auf eben diesem Weeg mit einem Karren daher. Es hat dem Aaron schon vorhinein ihr Rabbiener Salomon stark zugesetzt, daß er ihnen auf ihr zukünftiges Oster-Fest ein Christen-Kind zuwegen bringe; dahero, als Aaron sich mit seinem Schwager Isaac herum sahe, und alles sicher zu seyn wahr-nahmen, lockten sie das unschuldige Engelein mit allerhand Schmeichel-Wort zum Wagen lupften es endlich zu sich hinauf, und nach ertappter Beuth fuhren sie darmit in vollem Lauf der Rossen

dem

dem Dorf Wotznicki ins Haus des Juden Marxens zu, und versteckten alsobald das Kind in einem tieffen Keller-Loch.

Entzwischen kame der Vatter auch nacher Haus, fragte vor allem um sein liebes Söhnlein; die Mutter, und andere wolten nichts darvon wissen; derwegen eylet der Vatter geschwind zuruck um sein Kind aufzusuchen: ersuchte sorgfältig alle, die ihme begegneten, ob sie es nicht gesehen hätten? allein alles vergebens; das Söhnlein möchte weder angetroffen, weder erfragt werden: und bey diesem müste es der Trost-lose Vatter wegen angebrochner Nacht verbleiben lassen. Der angehende Tag hatte ihme seine Sorg und Kümmernuß verdoppelt: Er, und die Mutter giengen abermal aus, das verlohrne Kind zu finden: jedoch wiederum umsonst: so viel allein erhielten sie Nachricht von zweyen Edelleuthen, daß sie des Tags zuvor auf dem Weeg nacher Wotznicki zwey Juden mit einem Wagen fahren gesehen. Aus welcher Red die höchst betrübte Eltern gleich den Argwohn, doch nicht ohne Grund, faßten, das Kind seye von denen Gottlosen Juden aufgefangen worden, wie es auch an der Sach selbsten ware. Doch weilen sie mit klaren Beweisthum noch nicht auffkommen, noch bey Obrigkeit, welche damals zu allem Unglück abwesend ware, die Sach anhängig machen könnten, thaten sie allein ihren Verlurst beklagen: nichts desto weniger, damit der Vatter in der Eyl nichts unterliese, gehet er dannoch in des Judens Marxen Haus, und fragt, ob sein Söhnlein nicht da wäre? aber des Marxen Weib speißte ihne mit lähren, und verdrähten Worten ab, und muste der arme Mann auch für dießmal ohne sein liebes Kind nach seiner Heimath kehren.

Das seelige Knäblein aber ist in dessen immer in dem Keller verschlossen geblieben, welches sie einer Griechin mit Namen Anastasia zu verpflegen übergeben, die Schulden halber, so sie den Juden zahlen solte, aber nicht vermöchte, bey ihnen in Haus-Diensten stunde: diese dann, als wegen den Griechischen Glauben, auch sonsten denen Catholischen Christen abholde Anastasia thate dem zarten Kind verstellter Weiß schön, gabe ihme zu essen, und zu trinken, als wolte sie gleichsam das unschuldige Lämmlein besser zubereiten für die Schlacht-Bank ihrer grausamen Haus-Herren, welche nach verflossenen vier Tägen den Anfang genommen.

In dero Beschreibung mir schier die Hand erstarret wegen so ungemeiner Tobsucht, so diese verruchte Jüdische Schinder darbey blicken liessen, ich will nur allein das Allerunmenschlichste herbey bringen. Als nun die Zeit ihres Oster-Fests herbey kame, versammleten sich mehrer solche Böswicht aus denen benachtbarten Orten, worunter die vornehmste Moses, und Salomon der Rabbiner, aus deren Befelch schon vorhinein alles zur Metzgerey veranstaltet, und herbey geschaffet worden, und die finstere Nacht mußte ihre Schelmen-That noch mehrer verdunklen. Nachdeme sie alle beysammen, begehrten sie ein Liecht von einer andern, aber Catholischen Magd, Margreth mit Namen, die keine Wissenschaft noch hatte von dem Kinder-Mord, den ihr Haus-Vatter zu begehen Willens. Nachdeme sie das Liecht gebracht, liessen sie selbe schlaffen gehen. Alsdann zohen sie das arme Adelbertl aus dem Keller-Loch hervor, und giengen darmit in einen abgelegenen Winkel des Hauses; alle waren mit Messern zum Schinden wohl versehen: darauf zohen sie das Kind aus; das gute Tröflein merkte alsgemach, zu was die Sach gemünzet wäre, hebte derowegen an zu schreyen, und zu weinen: die Mörder aber warfen ihme einen Strick um den Hals, den sie hart zusamm zogen, und verstopften mit einem hölzernen Nagel, oder Keulelein die Gurgel; nach diesem nahmen Moses, und Salomon ihre Messer, welche von der Art waren, mit denen die Jüdische Pfaffen ihre Opfer zu schlachten pflegten, mit diesem stachen sie dem Knäblein unter der Brust zwischen denen Rippen hinen, wormit sie die Aederlein, so nach dem Haupt, sonderlich nach der Zungen giengen, entzwey schnitten. Unterdessen feyrete der andere Henker Isaac auch nicht; sondern zerschnitte dem Kind die Händ, und Füßlein jämmerlich, daß also überall das häufige Blut herab ranne: endlich nach verübter noch mehrer anderer Grausamkeit, haben sie das todte Leiblein unter die Bier-Fässer geworfen: weilen sie aber beföchteten, man möchte es bald allda finden, haben sie das Leiblein in das Geröhr eines nächstgelegenen Teuchs getragen, und verstecket: GOtt wolte eine so entsetzliche That dannoch nicht lang mehr verborgen lassen, sondern es wurde die Sach folgender massen entdecket.

Die Wild-Aenten hielten sich gar gern in diesem Teuch auf, dahero als ein Schütz denselben nachstellte, oder wie ein anderer Bericht lautet, deren Wild-Aenten Ayern nachsuchte, erblickte er ein Leiblein eines todten Kinds, welches er dann alsobald an gehörigen Orten angezeiget. Man zohe das Kind hervor; der Vatter wird herzu berufen, der ohnverzüglich erkennet, daß es das Leiblein seines lieben Kinds wäre: die Umstehende aber waren der einhelligen Meynung, ein solche That könne niemands anderer, als der Juden gewesen seyn: nebst deme hat es GOtt auf ein andere Weiß verhenget, daß dieser Mord lautmärig worden: dann Anastasia hatte sich in einem Dorf verschnappet, und mit unbesonnenen Worten so weit herausgelassen, daß endlich die That völlig ans helle Tag-Licht kommen: darauf hat man die Juden, den Marxen nemlich, seinen Tochtermann den Isaac, und seinen Sohn Aaron, so sich schon wolten aus dem Staub machen, von der Flucht zuruck gezohen, und gefänglich eingehollet.

Sie bekennten ihre unmenschliche That, auch unter andern, daß sie das unschuldige Christen-Blut theils unter den Wein zum Trinken, theils unter ihr Oster-Brod mischen; warumen aber sie dieses thun, wolten sie mit der Sprach nicht heraus: ein einziges bekannte noch Isaac der Rabbiner; daß sie solche ermordte Leiber deßwegen niemal unter der Erden vergraben, oder einscharren, weilen es bey ihnen ein höchst sträflich e Sach wäre, ein solches Liebs-Werk, so da ist, die Todten begraben, einem Heyden zu erweisen; also nemlich nennen, und halten sie alle diejenige, welche nicht ihrer Sect, und Glaubens seyn, wann sie auch einen wahren GOtt erkennen. Und hieraus kann denenjenigen geantwortet werden, welche oftermal wissen wollen, warumen die Juden dergleichen von ihnen ermordte Leiblein allzeit entweders in das Wasser, oder dicke Gesträus, oder sonsten anderstwo hinwerfen, niemalens aber unter die Erden begraben; indeme sie ja weit leichter, wenigstens öfters sicherer und längers ihren grausamen Kinder-Mord verhüllen konnten.

Nachdeme nun nach eigner der Juden Bekanntnuß die Sach genugsam erwisen ward, seynd auch die Thäter zur gebührenden Straf gezogen, und dahin verdammet worden, daß sie lebendig in vier Theil solten zerrissen werden: das Urtheil wurde nur allein an dem Marxen, und seinem Sohn dem Aaron vollzogen; indeme der Jud Isaac durch seine eigen mörderische Hand ihme selbst mit einem Strick seine gottlose Seel aus dem Leib gejagt, und dieß um derentwillen, weilen er sich in seiner Bekanntnuß zu weit heraus gelassen warumen sie die von ihnen ermordte Kinderlein nicht begraben, und zu was sie das Blut brauchen; in Bedenkung dieses haben den auch die Richter die Todts-Straf mit ihme verschoben, auf daß sie nachmals mehrers heraus forschen, und pressen möchten; allein, wie ich gemeldet, hat der verruchte Bößwicht Isaac ihm selbst zuvor den Garaus gemacht, und mit dem Strick die Gurgel zugezogen, damit die Zung ihre gottlose Geheimnussen nicht weiters entdeckte. Man hat aber an dem Cörper dasjenige Urthel ausgeübet, und selben auch in vier Theil zerreissen, welches dem Lebendigen vermeynt gewesen.

Der Hochwürdigste Bischof von Luceoria, nachmals der heiligen Römischen Kirchen Cardinal, hat hingegen das Leiblein des seeligen Kinds von Mathias dem Vatter begehret; welches er ihme gern zugestanden; darauf liesse er es mit grossen Ehrbezeugungen Anfangs in seiner Bischöflichen Haus-Capellen beylegen, nachmals wurde es endlich in unsere Collegi-Kirchen zu Lublin übersetzet, allwo es annoch verehret wird, nicht ohne seltsame Gnaden, die GOtt darbey gewürket, eines Theils seines kleinen Martyrers Glori und zugleich die Gottlosigkeit der Juden anderer Seits der ganzen Welt bekannt zu machen.

Godefridus Henschenius in Actis Sanctorum Tomo 2do Aprilis ad Diem ejusdem, de Passione Alberti seu potius Adelberti Pueri a Judæis occisi ex Simone Kacorovio S. J.

Kur-

# Kurze Lebens-Beschreibungen etwelcher Gottseeligen Hirten und Baurs-Leuten.

## Wunder-Geschicht von dreyen Jungfräulichen Bauren-Mägdlein.

Schön seynd die Lilgen in Gärten, schön auf denen Feldern; doch will Christus bey dem heiligen Evangelisten Matthäo am sechsten Capitel, daß wir mehrers unsere Augen, und das Gemüth zur Betrachtung der Feld, als Garten-Lilgen wenden. Betrachtet, sagt er, die Lilgen des Felds. Villeicht weilen diese seltsamer, und wegen so vielen Gefahren, unter denen sie aufwachsen, und blühen müssen, eben darumen schätzbarer: die Städt, und Clöster haben ihre Jungfräuliche Lilgen; aber auch draussen das Gay, und die Felder, die Mayrhöf, und Dorfschaften prangen mit den ihrigen. Der Leser hat in diesem Werklein bishero schon mehrer dergleichen gesehen in der heiligen Floriana, Paula, Georgia, Solangia, Maria der Elendigen, lauter schönste Lilgen der Reinigkeit, welche auf dem Feld, will sagen auf dem Gay unter der lieben Baurschaft erwachsen; anjetzo stelle ich wiederum drey solche edle Jungfräuliche Lilgen ihme vor die Augen, welche eigenthumlich auf dem Feld

zum

zum allerschönsten ihren schneeweissen Glanz der Reinigkeit der Nachwelt zu bewunderen hinterlassen, also, daß die obige Wort Christi des HErrns gar ähnlich hiehero mögen geleitet werden: Betrachtet die Lilgen des Felds. Und geben diese sowohl denen oberzehlten, als andern an dieser silber-reinen Tugend, wie auch an dem scheinbaren Wunder, mit deme der Himmel dieselbe bey diesen Jungfräulichen Herzen beschützet hat, im mindisten nichts nach: ja ich stehe stark im Zweifel, ob der Leser in dem letzten Stuck jemalens eine Erstaunungs-würdigere Begebenheit gehöret, oder gelesen hat: die Sach hat sich zugetragen, wie folgt:

Zu Meßin, oder auch Messen, einem Flecken in Flandern, drey Meil von der berühmten Stadt, und Vestung Lille, oder Rissel, wird ein sehr Wunder- und Gnaden-volles Maria-Bild verehret: dieses Ort, und allenthalben in selber Gegend bekannte Marianische Wallfahrt hat ihren Ursprung von dreyen Bauren-Mägdlein genommen, denen die Jungfräuliche Keuschheit über alles ware, und das Herz völlig in Besitz hatte. Sie giengen eines Tags auf das Feld, das Vieh zu hüten, wußten doch nicht, zu was für einem herrlichen Kampf sie GOtt alldorten beruffen. Unversehens naheten sich hinzu drey Soldaten, welche von der Landstrassen abgewichen. Diese nach freundlichen Gruß, und etlichen Fragen, so sie des Weegs halber an die drey Mägdlein stellten, haben die keusche Töchtern zur Schand-That angereitzt. Allein sie antworteten, wie es denen die Reinigkeit liebenden Seelen anständig, fürnemlich eine unter ihnen, welche denen unflätigen Kriegs-Knechten ihre Schand also vorgehalten, daß sie ihnen nicht wenig getrohet, als ob Leut aus dem Dorf kommen solten, sie, wann es vonnöthen wäre, mit Streichen abzufertigen, also, daß die

Soldaten nicht ohne Forcht, die Augen zu dem Dorf wendeten.

Als sie aber niemand ersehen, haben sie an diesen dreyen Heldinen Gewalt anlegen wollen. Es ist halt eine gar seltsame Sach, ein rarer Vogel, bey einem Kriegs = Mann, ein tapferes, aber zugleich keusches Herz als wann sie, da ihnen mit denen äusserlichen Feinden zu fechten, hingegen denen innerlichen, so die Laster seynd, keinen Krieg, bevorab der Unlauterkeit, ansagen därften, als wann nicht eben das sechste Gebott für sie, wie für andere, eingesetzt wäre.

In solcher Noth, da die arme Töchtern als schwache Weibs=Bilder, nicht mehr wo aus wo an wusten, batten sie die Soldaten mit weinenden Augen nur wenigstens so viel Zeit, und Frist zu verlauben, daß sie noch vorherd zur Mutter GOttes ihr Andacht verrichten möchten: das konnten ihnen die unverschämte Kerl nicht versagen. Darauf die drey Bauren = Mägdlein auf die Knye gefallen, ihre Hand, und in Zähern zerfliessende Augen gen Himmel erhebt, und mit kurzen aber eyfrigen Worten Maria der übergebenedeytisten Mutter, als einer mächtigsten Beschützern der keuschen Herzen, ihre äusseriste Noth vorgestellt, zugleich um Hilf angegerufen. Das Gebett wolte denen Soldaten schier zu lang werden, mithin gedachten sie schon Gewalt zu brauchen: aber, siehe! ob nicht der Himmel, wo alle menschliche Hilf verlohren, sich der keuschen Seelen annemme: unvorsehens lasset Maria die drey betrangte Töchtern ihres Schutzes genüssen, und zwar auf eine bishero niemalens erhörte Weiß; dann der grüne Wasen unter denen Jungfrauen fein sanft gewichen, und sich vertieft, daß sie nach und nach in der Erde versunken: jetzt sahe man schon bis an die Gürtel in der Erden, bald darauf

rauf etwas wenigs noch von denen Achseln, und denen gen Himmel aufgehebten Händen, letztlich ihre Augen mit Zähern benetzt, bis sie endlich gänzlich verschwunden; und (welches das Wunder vermehret) hat sich der grüne Waasen so glatt schön wiederum zusamm gezogen, wie er zuvor gewesen, als wann nichts dergleichen vorbey gangen wäre.

Als die Soldaten ein so grosses Wunder gesehen, erstattertten sie vor Forcht, in Meynung, daß der Himmel mit ihnen anderst verfahren werde; nahmen ihnen gleich auf der Stell eine ernsthafte Besserung des Lebens vor, gaben dem Kriegs-Weesen Urlaub, suchten in einer Wildnuß ein bequemes Ort zum einsamen Leben aus: allda thaten sie strenge Buß, bis an das End ihres Lebens: und wer wollte, oder solte sich nicht an ein so Erstaunungs-volles Wunder kehren? wäre dann Sach, daß einer anstatt eines Herzen gar einen Stein herum truge, der sich zur Lebens-Besserung gar nicht erweichen liesse.

Hiemit aber ware der Himmel, noch Maria die Königin des Himmels, nicht vergnügt, den Gunst, welchen diese drey edle Bauren-Mägdlein ihnen, vermög so ausgemachter Reinigkeit erworben, bey der Nachkommenschaft zu erklären: sondern vernemmet ein neues Wunder: im Jahr tausend, und sechzig ist ein Mann, Landerius mit Namen, des Grafens von Flandern Mund-Koch, so mit der hinfallenden Sucht behaftet ware, im Schlaf ermahnt worden, er werde in dem Wald Hilf finden. Er gehet aus innerlichem Antrieb dahin, und kame unwissend an ein Ort, das ihme das Heyl gebracht, nemlich eben dasjenige, allwo die vorbemeldte drey reine Mägdlein von der Erden in ihre Schooß genommen worden. Landricus setzte sich vor Mattigkeit daselbsten nieder, und schlaffet ganz sanft darbey ein; als er wiederum erwachet, vermerket er, daß er völlig frisch und gesund seye. Er sahe sich um, wo doch ein Anzeigen einer Andacht, oder Verehrung in der Nähe zu finden, deme er solche seltsame Gesundmachung zuschreiben konnte: allein es kame ihme nichts zu Gesicht, als der Wasen, auf deme er gesessen, und der Wald, in deme er sich verschlossen; dann, wie aus diesem erhellet, muß das Ort, wo die drey Bauren-Töchter die Heerd gehütet, und ein Feld, oder Matten gewesen, entzwischen nach so vielen Jahren in ein Wäldlein sich verwachsen haben.

Weilen nun Landricus nichts erblicket, deme, eine so grosse Gutthat dankbarlich zuzuerkennen, befraget er sich in nächst-gelegenem Dorf, allda er alles vernommen, was wir von denen dreyen glückseeligsten Bauren-Töchtern erzehlet; und das eben dieses das Ort seyn müsse, wo sie die Erden zu sich gezogen: worauf Landricus nacher Haus geeilet, solches der Gräfin seiner gnädigen Frauen hinterbracht: diese verfüget sich alsobald in eigner Person an das angedeute Ort, und Platz, forschet allem selbsten nach, und befilchet endlich die Erden auszugraben: als man nun Hand anlegte, geriethe man erstlich auf die Häupter der mehr besagten dreyen Gottseeligsten Bauren-Töchtern, alsdann nach und nach auf die übrige Gebein, die man in solcher Gestalt gefunden, wie sie knyend, und mit aufgereckten Händen von der Erden seynd empfangen, und verborgen worden.

So grosses neues Wunder hat alsobald das zulaufende Volk bewegt, zu Ehren der Mutter GOttes, als von welcher dieses hergerühret, ein Kirchen zu wünschen, welche dann ohne Verzug Adelhaid (dieses ware der Gräfin Namen) mit samt einem Closter erbauet, im obbedeuten tausend, und sechzigisten Jahr, in deme der Koch die Gesundheit erlanget.

langet. So ist auch Robert dem Grafen, erstbesagter Adelheid Sohn, wie die Erbschaft der zeitlichen Güttern, also auch in der Marianischen Andacht der eyfer verblieben; indeme er zwanzig Jahr hernach gemeldtes Gotts-Haus mit sondern Gnaden bereichet.

Wilhelm Patriarch von Jerusalem, und der Gräfin Adelheid Verwandter, hat ein Theil des heiligen Creutzes Christi dieser Kirchen verehret: solches hat der Himmels-Königin dermassen wohl gefallen, daß sie der Gräfin im Schlaf erschinen, und befohlen, gemeldten heiligen Creutz-Particul mit einem Jährlichen Umgang zu verehren, auch darneben den ganzen Weeg benennet, und mit einem seidenen Faden von dem Chor-Altar also ausgezeichnet, daß sie gemeldten Faden durch alle Gassen und Strassen, wordurch die Procesion, oder der feyrliche Umgang ihren Weeg nemmen solte, abgewunden, und letzlich wiederum an gemeldten Chor-Altar angebunden hat. Die Gräfin hat aller dieser gehörten Sachen so wohl mündlich, als auch gerichtlichen Bericht, aus Gelegenheit der Wallfart die sie nach Rom angestellt, bey dem Römischen Ober-Haupt, Pabst Alexander dem Andern, abgelegt; der dann auch besagten Jährlichen Umgang bestättiget, und gut geheissen.

Alles, was ich bishero von diesen dreyen alleredlisten Jungfräulichen Gemüthern erzehlet, gibet dir, mein Christ, sattsam zu verstehen, daß der Himmel allzeit bereitfertig, die Hand zureichen, sonderlich wann es zum Streit für die Reinigkeit kommet, wer nur immer von oben herab um dieselbige anflehet.

P. Gummppenbergius in Athlante Mariano Imagine B. V. miraculosa 16. de Imagine Mesinensi in Belgio.

# Marina eine hoch-edle Frau, nachmals für Christo schlechte Bauren-Magd.

Die hohe, und edle Seelen, wann sie einmal der Tugend sich recht ergeben, stehen mit ihrem Gemüth dergestalten über alles irrdische, und zergängliche Weesen dieser Welt, daß sie sich weder von dem Wohlseyn dieser Eytelkeiten erweichen, weder von denen Widerwärtigkeiten dieses armseeligen Lebens biegen, oder neigen lassen: es mag hernach die Bitterkeit der Trangsalen auf sie los gehen, wie sie wölle, erhalten sie dannoch stäts ihre Haitere; gleich dem Berg Olympo, welcher seine Gipffel über die Wolken, so mit Donnern, und Blitzen unter ihm alles in Forcht setzen, hinauf schwinget.

Marina war des gar edlen Herrns Gordiani Haus-Frau. Dieser Gordianus hatte in dem Jahr Christi drey-hundert, zwey und sechzig die Stell des Kaisers Juliani, des Abtrinnigen, zu Rom vertretten, und wurde von ihme zu seinem Sadthalter erkläret. Da Julianus, so vormals ein Christ ware, hernach aber aus einem Christen einer der grösten Verfolgern der Christlichen Heerd worden; da, sprich ich, Julianus dem Gordiano einstens Befelch zuschickte, daß er dem heiligen Priester Januarius vor sich kommen lassen, und ihme zur Verlaugnung des Glaubens Christi anhalten, wo ferner sich aber weigern wurde dem Todt überantworten solte: hat hingegen Januarius, dem Stadthalter Gordiano also zu Herzen geredt, daß er selbsten in seinem Heydenthum zu wanken begonnte. Gordianus ware ein Herr von hohem Verstand, und Bescheidenheit; und dahe-

ro,

o, wann dergleichen edle Personen eine Wahrheit anhören, und recht zu Gemüth fassen, können sie nicht anderst, als derselben beyfallen: und also geschahe es auch bey Gordiano. Er wurde von dem heiligen Priester so stark mit der Christlichen Wahrheit überzeuget, daß er nach einem mit ihme bey ytler Nacht allein gehaltenen Gespräch noch vor abbrechendem Tag mit Zähern ganz übergossen zu seiner lieben Gemahlin Marina gangen, und ihr dasjenige, was ihme Januarius von dem Christlichen Gesatz geoffenbahret, entdecket, und zugleich sein Vorhaben angedeutet, auch ein Christ zu werden.

Marina solte bald ihrem Gemahl, der samt ihr zu dem heiligen Januario zuruck kehrete, das Götzen-Bild des Jupiters, das sie vorhero verehrten, und anbetteten, zu ihme brachten, welches der heilige Priester im Feuer zu Aschen verbrennt, dieselbe in ein Schmid-Gruben, das beste Ort für ein solche eytle Gottheit, versenket; nachmals sowohl Gordianum, und Marinam, als drey und fünfzig aus dem Haus-Gesind in dem heiligen Glauben unterrichtet und darauf alle durch das heilige Tauf-Wasser der Christlichen Heerde einverliebt.

Da nun Gordianus wegen Januario dem heiligen Priester dem Clementiano, welcher zu diesem Ende von Juliano abgefertiget worden, Nachricht geben solte, was er mit Januario ausgerichtet habe: hat Clementianus erfahren müssen, was massen Gordianus, anstatt den Januarium von dem Christenthum abwendig zumachen, selbsten zum Fähnlein Christi übergangen. Wie sehr dieses Clementianus, und Julianus der Kaiser selbsten empfunden, ist nicht auszusprechen; dahero wurde er aller seiner Ehren, und Gütern entsetzet, und anfänglich in einen Kerker gesperret.

Ma-

Marina aber, welche nicht minder bey Christo, als ihr Ehe-Herr, steif Fuß haltete, wurde zum offentlichen Spott in ein nächst-gelegenes Dorf, ad Aquas Salvias genannt, zu eines Bauren Dienst, als eine verächtliche Magd verwiesen. Es ist nicht ein kleiner, sondern gewißlich grosser Schimpf, und Verschmähung eines solchen edlen Frau, gewesen, welche vormals so hoch in ganzer Stadt Rom angesehen, von allen geehret wurde, und dero zu Diensten, ihres Ehe-Herrns wegen, fast jedermann stehen: nun aber selbsten andern in denen schlechtisten Verrichtungen dienen, und von ihnen Befelch erwarten müste, als eine arme Bauren-Magd, die zuvor in silber und Gold herein geprangte. Allein Marina hatte sich schon hoher zu Christo geschwungen, daß sie alles dieß für nichts geachtet, und noch mehrers zu leyden bereit stunde.

Gordianus ist nachmals um seiner Beständigkeit willen enthauptet, und wider auf den zehenden May Monats, samt dem heiligen Epimacho, von der Römischen Kirchen verehret. Wie es aber Marina seiner Christ-eyfrigen Ehe-Gemahlin ergangen, ob sie also bis in ihr End in besagten schlechten Bauren-Dienst verharren, oder auch eines gewaltthätigen Todts hat sterben müssen, finde ich bey denen Geschicht-Schreiberen nichts eigentliches: es ist wohl zu glauben, daß, gleichwie sie so standhaftig angefangen, also werde sie auch beständig bis in ihr End verblieben seyn: vorderist aber wird ihr zu solcher starkmüthigen Beständigkeit ihr liebster Ehe-Herr Gordianus mit dem besten Beyspiel vorgeleuchtet haben, vermittelst seines ritterlichen Todts, den er für Christo überstanden.

Daß ich aber dieses tapfere Frauen-Bild unter die Zahl der Gottseeligen allhier beysetze, geschihet darumen, weilen ich h diese kurze Geschicht eingehollet, ersehen, daß sie mit dem Eh- n Titul einer Heiligein oder Seeligē aufgezeichnet wird; zweif- doch gar nicht, daß sich Marina auch unter der Schaar er glorreichen Martyrer im Himmel befinden werde.

Surius Tom. 3. Vit. SS. Ferrarius in Catalog. SS. Ital. Henschenus in Actis SS. Maji Tom. 2. ad diem 10. ejusdem Mensis, de SS. ordiano & Epimacho MM.

## Halwaldus, oder Hadoualdus, ein fast Gottseeliger Schaaf-Hirt.

Der gähe Tod ist nicht allzeit ein unversehener, viel weniger ein böser Tod, sondern allein denenjenigen die also ben als wann sie niemalen zu sterben hätten. Diesen Gottseligisten Hirten, dessen wir anjetzo gedenken, hat der Tod war überehlet; aber in einem Augenblick das glückseelige Thor er Ewigkeit eröfnet; weilen er sein Leben dergestalten nach er Richt-Schnur der göttlichen Gebotten, und Christ-mäßigen Vollkommenheit angestellt, wie wohl in einem einfältigen Hirten-Stand, daß er ihne nicht unbereitet angetroffen; assen die beste Zubereitung zum Tod ein frommes tugendsames Leben ist, er mag einen hernach erhaschen, wo, und wann will.

Vor Zeiten stunde in Engeland ein ehemals ansehnhes Closter, Streneshahl genannt, in dem Gebiet der utigen Grafschaft Eborac. Zu diesem Closter gehörte ein ndguth, oder Dörflein, wie ich aus der Geschicht abnimme, Osingab mit Namen, darinnen hatte bedeutes Frauen-Kloster ihre Schäfereyen und Vieh-Zucht: nebst vielen andern, so hierzu aus denen Ehehalten bestimmt waren, dem Vieh abzuwarten, und zu hüten, befande sich auch Halwald, ein gar fleißiger, und was an einem Ehehalten noch mehrers zu wünschen, zugleich ein frommer, und Tugendsamer Schaaf-Hirt, welcher einen löblichen Wandel führte und dardurch anderm Haus-Gesind die schönste Bespiel der Emsigkeit, und Frommkeit gabe.

Um das Jahr sechs-hundert sechs und achtzig stunde, als Abbtißin, dem ganzen Kloster vor Elfleda, eine Königliche Princeßin; die aber aus Liebe Christi die Eytelkeit der Welt verlassen, und eine Braut des Göttlichen Lämmleins hat seyn wollen: anjetzt bedeutem Jahr geschahe es, daß der heilige Bischof Cuthbertus in oben erwenhtes Dörflein kommen, daselbst die Pfarr-Kirchen einzuweyhen. Elfleda die heilige Abbtißin ware sehr froh, daß sie wiederum Gelegenheit hätte, mit dem heiligen Bischof zu sprechen, und auf ihrem Land-Gut zu bewirthen, hat den heiligen Mann mit allmöglicher Ehr-Bezeugung empfangen. Den Vorabend, ehe die Kirchen solte eingeweyhet werden, lude sie ihne zu einem kleinen Gastmahl. Der heilige Bischof, als welcher schon gewohnt ware, da der Leib mit Speiß gelabet wird, auch der Seel ihre Nahrung zu geben, will sagen, unter dem Essen, auch mit heiligen Betrachtungen umzugehen, geriethe gähling gar in eine Verzuckung, und wurde des Gebrauchs seiner Sinnen also beraubet, daß er das Messer, mit deme er etwann eine Speiß zerschneiden wolte, aus denen Händen unvermerkt entfallen liesse.

Da dieses zu Haus geschahe, hat sich hingegen auf dem Feld mit dem gottseeligen Hirten Halwald ein trauriger Fall zungetragen: dieser fleißige Mann, etwann weilen die Wayd ortherum schon zimlich abgefretzet, oder daß er denen Schafen was bessers vorwerffen wolte, stige auf einen Baum; hatte aber das Unglück, daß er die Sach etwas unvorsichtig angangen; und der gute Halwald von der Höhe des Baums auf die Erden zu todt herab gefallen.

Indessen ist Cuthbertus bey dem Essen auch von der Verzuckung zu sich selbsten kommen. Elfleda die heilige Abbtißin, welche wohl wuste, es müsse ihme widerum etwas himmlisches zu Gesicht kommen seyn, batte den Heiligen, er möchte ihr doch zum Trost, solches offenbaren. Cuthbertus als ein demüthiger Mann, wolte sich hierzu nicht verstehen; ingedenk dessjenigen, daß mit den Gnaden GOttes der Mensch behutsam umgehen müsse, und nicht jedem an die Zähn streichen; dahero machte er nur einen Scherz daraus, und sagt: Ich kann ja nicht den ganzen Tag alleweil essen: man muß ja auch ein wenig verschnauffen. Allein die Heilige liessen nicht nach, bis sie der Bitt gewähret worden, und Cuthbertus sein gehabtes himmlisches Gesicht erzehlet, sprechend: Ich sahe, wie die Seel eines deiner Kloster-Bedienten unter der Schaar der heiligen Englen in den Himmel getragen, und alldorten unter die H. Martyrer gesetzet worden. Elfleda begehrte stracks darauf, der Heilige solte ihr auch dessen Namen andeuten: Cuthbertus aber versetzte hinwiederum, und sagte: du wirst mir Morgen unter währendem GOttes-Dienst sein Namen selbsten anzeigen.

Auf dieses hin hat Elfleda einen eignen nach dem Kloster Eternesbahl abgeordnet, um zu fragen, wer dann von desten Kloster-Dieneren verschiden? welcher aber alles daselbst in guter Gesundheit angetroffen: als aber zu Morgens fruhe diese Zeitung der heiligen Abbtißin hinterbringen wolte, bekamen ihme einige auf dem Weeg, welche auf dem Karren den Leichnam des Verstorbenen, von einem Schäfer-Hüttlein, daher brachten, von denen der Abgeordnete verstanden, daß es der Leib des gottseeligen Halwalds seye, welche ihme zugleich alles erzehlten, wie es dem frommen Hirten ergangen. Solches hat der ausgeschickte Bediente eylends der Abbtißin hinterbracht, die ohne Verweilung zu dem heiligen Bischof sich verfüget, so die Kirchweyh schon vorgenommen, und eben in der heiligen Meß zu jenen Worten: gedenke, O HErr! deiner Diener: kommen, als Elfleda daher eylete, und zu Cuthberto sprache: ich bitte dich mein Bischof, und Herr! gedenke bey dem Opfer der heiligen Meß meines Halwalds, der gestern von dem Baum herunter gefallen, und todts verblichen. Wormit die vorbesagte Offenbahrung des heiligen Bischof auf das Nägelein erfüllet worden.

Aus diesem allem aber lasse ich jetzund den Leser erachten, was Halwald für ein grosser Diener GOttes gewesen; von deme ich zwar kleinen andern ausführlichen Bericht seines Lebens beyzubringen habe; wann anderst ein ausführlicherer Bericht zum Beweißthum seiner Tugend, und Gottseeligkeit nöthig. Wir wissen sonst, daß oft einige Christ-Catholische Menschen, auch von sonderbarem, lobwürdigen Wandel, ja so gar an Heiligkeit hoch berühmt, beynebens von erleuchtem Verstand, und Wissenschaften, nach langer, und eifriger Zubereitung zum Tod, dannoch wenig, oder viel in jener Welt abzubüssen hatten. Dieser Gottseeligste einfältige Hirt Halwaldus hingegen in seinem geringen Stand unvorsehens von dem Tod überfallen, floge zur Stund dem Himmel zu, zu welcher er das Zeitliche gesegnet; wie obverstandner massen der an Heiligkeit fast belobte Bischof Cuthbertus

in

in dem himmlischen Gesicht erkannt: welches ja in Wahrheit eine hellklare Zeugnuß ist seiner außerlesenen Tugend: womit auch wahr worden, was die göttliche Schrift sagt in dem Buch der Weißheit am vierten Capitel: der Gerechte, wann er von dem Tod wird übereilet worden seyn, wird in der Erquickung seyn; nemlichen des ewigen Lebens.

Venerab. Beda apud Bollandum in Actis Sanctorum Februarii Tom. 2. ad diem 8. ejusdem de S. Elfleda Abbatissa, Virgine.

## Geschicht von einem sehr gottseeligen, aber unbenamsten Hirten-Mägdlein.

Die Fürsten, und grosse Herren sehen oft nicht an die Gab, und das Geschank des Gebenden, sondern dessen Gemüth, und Zuneigung, welche machet, daß eine Schankung, wann sie schon schlecht, und gering, dannoch angenehm, und beliebig wird: welches sich sonderbar bey GOtt, und seiner werthisten Mutter zutraget; vorderist, wann solche Gaben mit einer zarten Reinigkeit, und Unschuld vergesellschaftet seynd: Maria die Mutter der schönen Liebe hat erwisen an einem armen Bauren-Mägdlein, so das Vieh zu hüten verordnet ware.

Diese hatte einstens (wie es oft zu geschehen pflegt, im Herumgehen, da unterdessen das Vieh auf der Wayd grasete,) auf einem Berg ein kleines Capellein angetroffen, welches zu Ehren der Himmels-Königin erbauet ware, jedoch ganz verlassen, und baufällig da stunde. Sie gienge stäts dahin, die seeligiste Jungfrau zu besuchen: daselbst empfunde de sie ihren einzigen Trost, und Freud. Nichts desto minder kam es ihr sehr schmerzlich vor, daß die Bildnuß Mariä nicht wie es sich gebührte, ausgezieret wäre: allein ihre Armuth vermöchte nicht mehrers zu thun, als daß sie allerhand Feld-Blumen immerdar sammlete, das Marianische Bild auszuschmucken; deme sie zuweilen, was sie etwann durch ihre Hand-Arbeit erspahret, hinzufügte: zu welchem aber über alles ein ausbündige Reinigkeit des Lebens kame, diese verursachte, daß alle so geringe Schankgaben das mütterliche Herz Mariä gewannen, und dieser gottseeligen Tochter überaus günstig machten: und in solchem Dienst, und Andacht fuhre das unschuldige, und fromme Mägdlein ein geraume Zeit fort.

Sie wurde aber mitter Zeit mit einer starken Krankheit überfallen, folgends gezwungen das Feld die Heerd, und sonders ihr geliebtes Capellelein zu verlassen, und nacher Haus in das Dörflein sich zu verschliessen: die Krankheit nahme entzwischen also zu, daß sie bald zu dem Ende ihres Lebens gerathen. Um diese Zeit reiseten zwey fromme Diener GOttes in selbiger Gegend vorbey; aus Mattigkeit, und Hitze der Sonnen setzten sich beyde unter einen schattechtigen Baum nider, ein wenig auszurasten. Den einen darvon hat auch ein Schläfflein überfallen. Da nun indessen der andere wachete, wurde er einer seltsamen Sach gewahr: er sahe nemlich eine Schaar der schönsten Jungfrauen, über die massen herrlich angekleidet: unter diesen aber befande sich eine, so die andere an der außerlesenen Schönheit, und Majestät weit übertrafe. Der Diener GOttes erstaunte über dieses wunderliche Gesicht, nahme ihme doch das Herz, und befragte diese edle Schaar, wer sie wären, und wohin sie giengen? Ich, sprache die Vornehmste unter ihnen, ich bin die Mutter GOttes, und verwirffe niemand, so mich besuchet: diese, so mich begleiten, seynd alle Jungfrauen, die ihr Schnee-weisse Reinigkeit unverlezt erhalten. Wir gehen hin, ein nunmehr in Zügen liegendes Hirten-Mensch, in dem nächsten Dörflein zu besuchen, und ich will ihr gleiches mit gleichem vergelten; sinte-malen sie, als annoch gesund, mich vielmal besuchet hat. Dieses ausgeredet, ist die ganze Jungfräuliche Schaar verschwunden.

Hierauf weckte er den Andern aus dem Schlaff, erzehlte ihm, was er gehöret, und gesehen hätte: allein auch dieser betheurte, er habe eben das im Schlaff gehört, und gesehen. Wohlan dann, sagten sie zueinander, lasset uns auch hingehen, diese Sterbende zu besuchen. Als sie in das Dörflein gelanget, und nach derselben umgefragt, zeigte man ihnen das Bauren-Hüttlein, darinn die Kranke lage. Die arme Tröpfin hatte kein andere Ligerstatt, als einen schlechten Stroh-Sack, da beyde Diener GOttes hinein kamen, grüßten sie die Tod-Kranke, welche alsobald zu ihnen sagte, sie möchten ihre Häupter entdecken, und GOtt bitten, daß sie auch der Gesellschaft möchten ansichtig werden, so bey ihr gegenwärtig wäre. Auf dieses warfen sie sich unverzüglich auf die Knye, und nach kurzem, aber innbrünstigem Gebett haben sie auch die Gnad erlanget. Sie sahen alsdann, wie nächst bey der Sterbenden die heiligiste Jungfrau Maria mit einer herrlichen Cron in der Hand, stunde, und die Tods-Schwache liebreich erquickte, und tröstete. Der Chor der Jungfrauen hat mit solcher Lieblichkeit zu singen angefangen, daß die gebenedeyte Seel der frommen Dienerin Mariä endlich von dem Leib aufgelößt, von der göttlichen Mutter gecrönet, und in Begleitung dieser außerwählten Gesellschaft dem Himmel zugeflogen. Was dieses denen zweyen Anwesenden für herzliches Spectacul gewesen seye, mit was für einem grossen Trost, und Süßigkeit sie überschüt-

tet

tet worden, das lasset sich leichter gedenken, als ich mit der Feder beschreiben; haben aber anbey wohl erlernet, daß man oft mit einer schlechten Gab, und geringer Andacht, wann sie beständig ist, und aus reinem aufrichtigem Herzen entspringet, grosse Gunst, und Gnaden von dem Himmel erwerben mag.

P. Thomas Auriemma in suo Opusculo, cui titulus: Affetti scambievoli tra la Vergine santissima, e suoi Divoti. Parte 2da Cap. 8.

## Ein sehr frommer Baurs-Mann zu Vohburg in Bayern.

GOtt lasset zuweilen der Menschen Boßheit aus seinen unerforschlichen Urtheilen den Lauf, denen Frommen hierdurch zu grossen Verdiensten, so er mit der unsterblichen Cron der Glori belohnet, Gelegenheit zu geben. Vohburg ist ein alter, und bekannter Markt-Flecken in dem Churfürstenthum Bayern, nicht unweit von der Vestung Ingolstatt, an der Donau gelegen. In der Gegend dieses Markt-Fleckens ware schon alt erlebter Baur, welcher nach dem Tod seiner Ehe-Gattin, und lieben Kinderlein in einem schlechten Häuslein seiner täglichen Andacht, und Gebett abwartete: weilen er Alters halber, und in Abgang der Kräften zur Arbeit nicht viel mehr tauglich ware; hatte also auch wenig zu nagen, und zu beissen: dahero er zum öftern nacher Vohburg gienge, alldorten von denen gutherzigen Innwohnern etwas für seine Gottsforcht, und alt-fromme Redlichkeit gar wohl bekannt waren, mithin ein Allmosen zu erhalten mehr dann alle Wort erkleckten: also zwar, daß er von demjenigen, was er an

Sonn-

Sonn- und Feyrtägen (so oft nemlichen dem GOttes-Dienst beyzuwohnen, verfügte sich der fromme Mann in den Markt-Flecken) darinn erbettlet, die übrige Wochen hindurch nach einer Gesparsamkeit schlechter Dings hin zu leben hatte.

Allein eben diese Freygebigkeit der Burger zu Vohburg gegen den lieben Alten brache ihme auch den Hals. Ein Paar gottloser Gesellen geriethen in Argwohn, es müsse der alte Greiß von so viel gehollten Allmosen, und seiner Gesparsamkeit ein zimliches beysammen haben; machten sich deshalben bey eitler Nacht über sein Gütlein, brechen in dasselbe hinein, und fallen den lieben Mann grimmig an, trotzend, wann er ihnen nicht alsobald alles, was er hätte, dargeben werde, so solle er eines weit andern Verfahrens gewärtig seyn. Der arme Baur wußte ihnen noch zu zeigen, noch zu geben, was er nicht hatte: es halfe aber nichts an denen Gottlosen Bößwichten, sie kamen von denen Worten zum Werk, warfen dem armseeligen Tropfen einen Strick um den Hals, und ertroßleten ihne jämmerlich. Damit sie doch dieser grausamen That ein Färblein anstreichen möchten, haben sie den Todten-Cörper mit dem Strick an einen Balken aufgeknüpft, die Thür innwendig verriglet, und sich durch ein anders Schlupfloch aus dem Staub gemacht, und also, vermeynten sie, werde jedermann glauben, der Alte habe ihme aus Verzweiflung selbsten den Garaus gemacht.

Der Handel gienge auf eine Zeit-lang an; gestaltsam weilen der fromme Mann an denen Sonn- und Feyrtägen nicht mehr nacher Vohburg, auch sonst nicht mehr zum Vorschein kommen, geriethe man in Arwohn, es müsse ihme sonst was Leyds widerfahren, oder wohl gar des gähen Tods verblichen seyn, welches bey denen Alten leichtlich geschihet: derowegen gienge man zu seiner Hütten: man klopfet an;

und weilen niemands die Thür eröfnen wolte, brache man mit Gewalt hinein, und triffet den Alten am Strick hangend an. Die Sach wird der Obrigkeit angedeutet, welche, ohne weiteres Nachforschen, geurtheilet: es könne nicht wohl anderst seyn, der Baur müsse aus Verdruß so armseeligen Lebens, oder einer andern Ursach halber, ihme selbsten das Leben benommen haben: mithin als sein eigner Mörder solte er von dem Scharf-Richter unter dem liechten Galgen eingescharret werden: welches auch alsobald vollzohen worden. Aber wie weit anderst seynd die Anschläg, und Urtheil GOttes, als der Menschen; der zwar die Unschuld ein Weil drucken, und unterliegen lasset, aber selbige zum Spott, und Schaden der gottlosen Beneyder, nachmal zu höchsten Ruhm des Verfolgten der ganzen Welt bekannt machet.

Ueber ein Zeit fallete zu mehrgedachtem Vohburg ein Jahr-Markt ein, wobey sich dann, wie es zu geschehen pflegt, allerhand Leutlein einfinden lassen, ihren Nutzen zu suchen: so geschahe es nun, daß ein Blinder vor dem Hoch-Gericht vorbey geführet wurde, als er zu dem Ort gerathen, wo der unschuldig ermordte Baursmann lage, ist er augenblicklich sehend worden: auf den Blinden folgte ein Krumper, deme dann eben solche Weiß seine lahme Glieder gerad worden: und endlich bey gleicher Gelegenheit hatte ein vorbey gehender Aussätziger seine völlige Gesundheit erlanget. Die seltsame, und ungewöhnliche Sachen bey einem Hoch-Gericht seynd alsobald kund worden: man geriethe zwar in Argwohn, ob es nicht von dem alldort begrabnen Bauren herkäme? allein konnte man doch keinen rechten Glauben beymessen, bis gleichwohl GOtt noch auf eine andere Weiß die Sach völlig entdecket, und die Unschuld an Tag gelegt.

Entzwischen, als sich dieses zugetragen, seynd die zwey Mörder zu Vohburg, anderer Verbrechen halber, eingezogen zen worden: man erzehlte ihnen auch unter andern, was für wunderliche Sachen bey dem Hoch-Gericht geschehen wären, allwo man nicht unlängsten einen alten Bauren, der sich selbst erhenkt, eingescharret. Als dieses die gottlose Uebelthäter hörten, haben sie sich sehr darüber entsetzet, und von dem eigenen Gewissen hierzu angetriben, bekannten sie den ganzen Verlauf der Sachen, und daß sie den Unschuldigen, aus Geld-Begierd, so erbärmlich hätten umgebracht. Alles wird von dem Rath zu Vohburg unverzüglich dem Bischof von Regenspurg, unter dessen Bistum dieser Markt-Flecken gehörig, überschriben; welcher so gleich mit der Geistlichkeit, und grosser Menge Volks nach Vohburg, und an das Ort, wo der unschuldige Baur begraben worden, hinaus gangen, den Leichnam ausgegraben, und auf seinen, und der Seinigen Schultern nacher Vohburg getragen, auch alldorten in der Spital-Kirchen mit grosser Ehr beygesetzet: wo hernach die göttliche Allmacht nicht ermanglet, mit mehrern Zeichen die Verdienst dieses einfältigen, aber getreuen Dieners zu erkennen zu geben. Die Mörder haben auch ihre wohlverdiente Straf durch die Hand des Scharf-Richters empfangen. Wann aber dieß alles sich zugetragen, und was Namens dieser gottseelige Baurs-Mann gehabt, das haben jene in diesem Stuck sorglose Zeiten aufgezeichnet. Uns ist genug, daß wir hierinnfalls erlernen können, GOtt habe auf die unschuldig Unterdruckte, und Geplagte allzeit sein Aug offen, sie auf dieser Welt ansehnlich, und ihre Unschuld offenbar zu machen, wann es an uns nur nicht ermanglet, und wir nicht selbsten durch unsere Gebrechen, und Sünden es verhindern.

P. Matthæus Raderus in Bavaria Sancta Parte tertia sive Pia de Anonymo Agricola Vohburgensi.

# Christophorus Lutsch, ein sehr frommer Baurs-Mann.

Wir müssen nicht vermeynen, als hätte die edle Tugend ein Scheuen, auch bey denen gemeinen Baurs-Leutlein ihr Einkehr zu nemmen, nein; sie wohnet eben so gern bey ihnen, wann sie nur ihr den Zugang nicht versagen, vermög dessen oftermal sie sich gleichfalls hoher Himmels-Gunst, und Gnaden theilhaftig machen können. Um das Jahr tausend, vier hundert und neun, lebte im Tyrol zu Matray, einem feinen Markt-Flecken auf dem bekannten Brenner-Gebürg, wo sich dieses allgemach noch besser in die Höh zu schwingen anfanget, ein frommer Baurs-Mann, Christoph Lutsch mit Namen, zwar von geringen Mittlen, doch reich an Tugenden, wordurch er denen Englen, und vorderist Maria ihrer Königin, so angenehm worden, daß sie ihne, vermittelst dieses seines unsträflichen Lebens-Wandel, mit besonderer Gunst begnadet.

Es vermahnete Chrstophorus etliche mal bey Nächtlicher Ruhe ein Englische Stimm, die ihme befahle, eine Kirchen auf einem hohen Gebürg, an dem Ort, Waldrast genannt, zu Ehren der Jungfräulichen Mutter GOttes aufzurichten. Obwohlen der fromme Mann sahe, daß ihme zu solchem Werk seine Armuth in dem Weeg stunde, kame er nichts desto weniger dem Befelch des Himmels nach, mit bestem Vertrauen, er werde ihme ein solches zubewerkstelligen, auch Mittel, und Weeg an die Hand geben, gleichwie ers ihme zu unternemmen in Sinn gegeben. Derohalben besteiget der gute Mann das Gebürg, so bald bey Martray den Anfang nimmet: und als er an das bestimmte Ort kommen, nen, und seine abgematte Glieder ausruhen liesse, überfiele ihne ein sanftes Schläflein, unter welchem ihme die allerseeligiste Mutter GOttes erschine, und gleichfalls von dem frommen Mann begehrte, daselbst Ihro zu Ehren ein Kirchlein aufzubauen.

Ueber das kame ihme vor, als höre er ein süsses Gethön zweyer laut klingenden, Glöcglein, welches auch, nachdeme er erwacht, noch in seinen Ohren erschallete, so nichts irrdisches, sondern gewißlich was himmlisches gewesen; weilen in selbigem dicken Wald, und rauhen Gebürg von weitem keine Gloggen zufinden ware. Ein andere Beschreibung sagt, daß unser Gottseelige Christophorus von dem Hall der zweyen Glögglein urplötzlich erwacht, und erst hernach mit erhobenen Augen eine ganz Schneeweiß bekleidete Frau mit einem holdseeligsten Kindlein auf denen Armen, und mit Sonnenklarem Glanz umgeben, ersehen habe. Durch solches himmlisches Gesicht auf ein neues gestärkt, fanget Christophorus an das Werk zu legen, und hat mit Beyhilf vieler anderer frommen Christen, die das ihrige hierzu nicht gesparet in Kürze ein feines Kirchlein aufgerichtet, welches mit der Zeit hernach Erz-Herzog Leopold aus Oesterreich, damals Landsfürst in Tyrol, auf das schönste erweiteret, und samt dem beygesetzten Closter dem Orden der Dienern unser lieben Frauen, insgemein die Serviten genannt, übergeben.

Nachdeme nun das Kirchlein aufgericht, ware die Frag, was für ein Mutter GOttes-Bild (weilen das Kirchlein, wie gesagt, zu Ehren Mariä erbauet worden) in diesem neuen heiligen Wohn-Ort zu offentlicher Verehrung solte ausgesetzet werden? Als demnach Christophorus mit andern sich deßwegen berathschlagte, sihe! da hinterbrachten zwey Hirten, daß sie in einem Lerchen-Baum (deren daselbst sehr häufig aufwachsen) ein altes Mutter-GOttes-Bild angetroffen hätten. Alle giengen geschwind zu dem Ort hin, das die Hirten angezeigt; ein jeder wolte die heilige Bildnuß, für welche der Himmel auf so verwunderliche Weiß dieß Kirchlein aufzubauen dem frommen Christoph befohlen zu haben, der Erste sehen, und verehren. Man truge es hernach mit möglichster Andacht, und ungemeinem Trost des Gottseeligen Manns, in sein aufgebautes kleines Gottes-Haus, allwo es mit häufigen, und grossen Gnaden noch heutiges Tags die ganze Gegend erfüllet.

Das erst-gedachte Mutter GOttes-Bild solle in Jahr tausend, dreyhundert, drey und neunzig, von Englischer Hand aus einem lerchenen Stuck Holz seyn gestaltet worden: also hatte aus einer besessenen Person der höllische Geist durch Kraft GOttes hierzu gezwungen, lange Jahr hernach betheuret, und ausgesagt.

Ausser diesem, was wir bishero von Christoph von dem Gottseeligen Baurs-Mann denkwürdiges beygebracht, finde ich weiter nichts mehr von ihme, auch so gar nichts von der Zeit, zu welcher er aus dieser mühseeligen Welt abgeschieden. Allein solle uns auch dieses wenige von ihme genug seyn; indeme hieraus in kurzem Begriff sattsam seyn tugendsamer, und GOtt gefälliger Wandel am Tag lieget; anerwogen sonsten der Himmel gewißlich nicht gern zu denen GOtt, und seiner werthisten Mutter angenehmen Werken sich der gottlosen, und sündhaften Menschen für einen Werkzeug zu gebrauchen pflegt, sondern deren, die sich in Heiligkeit, und wahrer GOtts-Forcht vor andern solchen Gunsts würdig machen.

Ex

Ex Atlanti Mariano P. Gumppenbergii Soc. JESU Parte Prima fol. 285. n. 170. Item aus dem heiligen Ehren-Glanz der Gefürsteten Grafschaft Tyrol, Parte tertia fol. 44.

## Leben der Gottseeligen Johanna von Ark, insgemein: Das Mägdlein von Orleans genannt, einer Hirten-Tochter.

Einmal für allemal muß man gestehen, daß die Allmacht GOttes niemalen klarer hervor scheine, als in denen geringen Sachen, und blicket sie desto grösser hervor, je schlechter, und untauglicher diese hierzu zu seyn scheinen: wann ich dessen eine besondere Prob einstens gelesen, ist solche gewiß in folgender kurzen Lebens-Verfassung dieser Hirten-Tochter zu ersehen, worbey auch GOtt gezeiget, wie leicht es ihme seye die Seinige aus den schon verzweifleten Zufällen widerum heraus zu wicklen, und empor zu heben, auf welche er sein Aug geschlagen, und welche zu ihme die Zuflucht nemmen.

Dieses Mägdlein, und für wahr grosses Heyl des edlen Französischen Reichs, ware daselbst gebohren in einem Dorf Damremy genannt, an dem Maaß-Fluß. Ihr Vatter nennt sich Jacob von Ark, die Mutter Isabella Gantier ihres Stands nach Vieh-Hirten, welche diese Tochter auf dem Land erzogen, allwo sie gleichfalls das Vieh gehütet, und anderer Bauren-Arbeit obgelegen.

Zu dieser Zeit, als eben König Karl dieß Namens der Siebende, der Sieghafte zugenannt, Frankreich beherrschte, spieleten in diesem edlen Reich die Engelländer schier völlig

lig den Meister, also, daß sie fast alles ihrer Bottmäßigkeit unterworfen; etwelche wenig aus denen vornehmern Städten ausgenommen, darunter auch Orleans die berühmte Stadt ware, die doch ebenfalls schon in Zügen lage. Bey so verwirrtem Handel, und da bald alles zu Trümmer gienge, halfe GOtt, in dessen Händen die Länder, und Reich seynd, dem betrangten Frankreich, und zwar vermittelst eines schwachen Werkzeugs, will sagen, durch dieses Hirten-Mägdlein Johanna, das ware ihr Namen, als sie bis achtzehen, gegen die zwanzig Jahr des Alters zehlete.

Dieser dann befahle GOTT durch einen Engel zwey Stuck: Erstlich, daß sie daselbst nacher Orleans gehen, und diese Stadt von der Belagerung der Engelländer befreyen: Andertens, daß sie den König Carl nacher Reims, in welcher Stadt die Französische König pflegen gesalbet zu werden.

Diesem Befelch gemäß, begabe sich Johanna zu Ende des Monats Hornung im Jahr tausend, vier-hundert, neun und zwanzig zu einem vornehmen Königlichen Stadthalter in Champagne, zeigte ihme an, was ihr der Himmel aufgetragen. Der edle Herr schickte also fort zu dem König Carl: GOTT aber bestättigte die Sendung dieses Mägdleins mit Wunderzeichen; inmassen als sie an dem Ort, wo der König sich befande, obwohlen er mit einem schlechten Kleid angethan, hat sie ihne unter vielen Edelleuten, die darbey stunden, alsobald erkennet, und sich vor ihme allein geneiget, ohnerachtet sie den König niemalen zu vor gesehen. Ferners, als sie auf Befelch des Königs von denen Gotts-Gelehrten, und auch denen Königlichen Räthen befragt, und ausgeforschet wurde, erkannte jedermann, daß sie etwas mehr als menschliches an sich hätte. Und endlich begehrte Johanna

selbst

elbst an den König, man solte ihr einen Degen von einem gewissen Ritter geben, welcher hinter dem grossen Altar der Kirchen St. Catharinä in dem Schloß zu Fierbois, in dem Gebiet Tours begraben liege, auf dessen Klingen-Creutz, und Zügen eingeätzet wären: eine Sach, die jedermann unbekannt gewesen, ausser dem König, welcher zu dem umstehenden Adel gesagt: Sie hätte ein Geheimnuß errathen, daß ihme allein bekannt wäre.

Diesem nach wurde ihr der Degen herbey gebracht, mit welchem Johanna sich umgürtete, und in männlicher Kleidung zu Pferd setzte, diejenige Regimenter, die ihr der König angewisen, selbsten anzuführen: Sie gienge geraden Weeg der Stadt Orleans zu, zwange die Engelländer mit grossem Muth, und Glück, die harte Belagerung aufzuheben: und von dieser bey Orleans so beglückten und ersten Unternemmung hat sie hernach den Beynamen ererbet, daß man sie insgemein das Mägdlein von Orleans nennet. Nach entsetzter dieser Stadt ruckte sie vor eine andere, vier Meil darvon entlegene Stadt, Gergeau, welche sie auch mit gleicher Tapferkeit von denen Engelländern erlediget. Worauf noch andere Städt folgten, darunter auch Reims ware.

Dahin führte Johanna selbsten den König, welcher sich allda von dem Erzbischof selbiger Stadt salben liesse. Als dieses geschehen, wolte Johanna widerum in ihre Baurenhüten zuruck kehren, mit Vermelden: Sie hätte nun die zwey Geschäft, so ihr der Himmel aufgetragen, ins Werk gesetzt: nemlich Orleans von der Belagerung befreyet, und den König salben lassen. Allein diese Officier, und Soldaten (die sich unter ihrer Anführung für unüberwindlich zu seyn vermeynten) batten dieselbe so inständig, daß sie sich endlich erbitten liesse, bey ihnen zu verbleiben. Der König wolte, daß man auf Pariß los gehen solte, welche Stadt noch immer von denen Engelländern besetzt gehalten wurde. Mit dem König gienge auch Johanna dahin, und wurde im Treffen, wiewohl nicht gefährlich, verwundet. Nachdeme die Belagerung der Stadt Pariß lähr abgeloffen, ware nöthig, der Stadt Compiegne zu Hilf zu kommen, welche von dem Herzog in Burgund, der es mit denen Engelländern hielte, belageret, und beschlossen wurde. Sie kame auch glücklich in die belagerte Stadt hinein: wurde aber am folgenden Tag bey einem herzhaften Ausfall gefährlich verwundet, und zu Boden geworfen: ungewiß, ob es durch ihr eignes Pferd, oder durch den harten Lanzen-Stoß, so sie von einem Ritter empfangen, geschehen seye. Also wurde Johanna von denen Burgundern gefangen, denen Engelländern um grosses Geld verkauft, und nacher Rohan geführt.

Die Engelländer waren wider diese Heldin, als einer andern Französischen tapfern Judith, ganz rasend, weilen sie schon mehrmalen von ihr eine gute Schlappen bekommen, und ihr Glück durch sie den Krebbsgang zu nemmen anfienge. Solchemnach verklagten sie selbige auf eine unerhörte falsche Weiß vor dem geistlichen Gericht, und beschuldigten sie viererley Lastern; erstlich, daß sie eine Zauberin; andertens, eine Ketzerin, drittens, eine Verführerin; und letztlich, eine Schandlose Vettl wäre. Obwohlen nun kein einziger Beweißthum solcher groben Verbrechen wider die unschuldige konnte herbey gebracht werden, triben doch die Ankläger die Sach durch allerhand Ränk, und Versprechungen so weit, daß man sie zum Scheutterhaufen verurtheilet. So weit bringt es oft ein gottlose gehäßige Zungen, welche doch nicht merket, das sie ihr selbst das Messer zu ihrem eignen Untergang wetzet; hingegen denen unschuldig Beklagten den Weeg zur grössern Glori bahnet. Nach ausgesprochnem ungerechtem Urtheil wird also Johanna zum Scheutterhaufen geführet; ehe aber dieser angezündt worden, hat sie offentlich ihr Unschuld dargethan, und denen Engelländern den Untergang in Frankreich sowohl, als in Engelland selbst, wie man schreibet, vorgesagt. Als der Leichnam zu Aschen verbrennet worden, hat mann, dem gemeinen Ruf nach, ihr Herz ganz frisch, und unversehrt gefunden, und solle eine weisse Dauben, als ein Sinnbild, Zeugnus ihrer Unschuld, aus den Scheutterhaufen hervor geflogen seyn. Ihr Tod hat sich im Jahr tausend, vierhundert, und dreyßig zugetragen: mithin hat sie nicht mehr als ein Jahr dem betragten Frankreich wiederum Luft machen können, bis gleichwohl es selbsten durch so glücklichen Anfang die Sieg fortgesetzt.

Da die Franzosen dieses gräulichen Verfahren wider ihre Johanna vernommen, entsetzten sie sich, und liessen alsobald die Sach an Ihro Päbstliche Heiligkeit Callisto den Dritten gelangen, welcher die Sach wohl untersuchen ließ, auch hernach die Gottseelige Heldin für unschuldig erkläret hat, mit ungemeiner und offentlicher Ehren- und Freuden-Bezeugnuß sowohl des König Carls, als des übrigen Französischen Volks. Darauf hat gedachter König das ungerechte Urtheil, und Proceß wider Johnnam offentlich durch den Henker verbrennen lassen. Wider die gottlose Richter aber hat der Himmel die verdiente Straf vorgenommen: Einer darvon, ein Bischof, ist durch unversehenen Tod: Zwey andere, gleichfalls nach der unschuldigen Johanna Tod, in die andere Welt abgeforderet worden; dahero derselben Gebein nachmals aus denen Gräbern hervor gerissen, durch das Feuer verzehrt; und endlich die übrige Zwey an diesen ungerechten Richteren wurden lebendig verbrennet.

So ist auch die Weissagung Johannä an denen Engelländer völlig erfüllet worden; massen sie nicht allein mit innerlichen Kriegen in ihrem eignen Reich Engelland gar fast beunruhiget worden, sondern sie verlohren auch alles wiederum, was sie in Frankreich erobert hatten, ausser eines einzigen Meer-Hafens den die Stadt Calais, und musten mit größtem ihrem Spott Frankreich beurlauben. Man sagt, daß, als die Engelländer ihre Sachen eingeschiffet, um in ihr Land zuruck kehren, habe ein Französischer Soldat Spottweiß zu einem Engelländer gesagt: Wann sie im Sinn hätten, wiederum in Frankreich zukommen? Worauf der Engelländer geantwortet: Wann die Sünden der Franzosen grösser seyn werden, als der Engelländer. Es redete dieser in Wahrheit nicht übel von der Sach: indeme gewißlich alles Unheil ganzer Reich und Landschaften ursprünglich unseren Sünden zuzuschreiben, wie GOtt selbsten an mehr Orten der Schrift uns solches genug zu verstehen giebet.

Uebrigens zu unserem unschuldigen Hirten-Mägdlein, und tapfermüthigen Johanna uns zu wenden, so hat sie nicht allein mit ihrem vom Himmel erhaltenen Helden-Geist durch so schöne Sieg und Thaten, sondern auch durch so herzhaft übertragenen Tod ihren Namen bey der Nachwelt verewiget, dero man sonsten gewißlich wenig oder gar nicht, als einer Person von so schlechtem Herkommen, wurde gedacht haben.

P. Antonius Foresti Soc. JESU in Parte tertia Præclari sui operis historici cui titulus: *Mappa-Mondo Istorico:* de Regibus Galliæ, in vita Caroli Septimi, alique Plures.

Leon-

# Leonhard Weissensteiner, ein alt-frommer Baurs-Mann.

Gleichwie, nach Zeugnuß der heiligen Schrift, GOtt gern mit denen Einfältigen, wann sie nur eines aufrichtigen, und Gottsförchtigen Herzens seynd, zureden, und zu handlen pflegt, also nicht minder machet es auch die Göttliche Mutter: auch sie pfleget gern mit diesen umzugehen, und ihnen ihre Mütterliche Gnaden mitzutheilen. Einer aus diesen ware nicht gar vor langen Zeiten gewesen Leonhard, von seinem Mayr- und Bauren-Hof der Weissensteiner zubenamst, ein war einfältiger, aber alt-frommer, und Gottsförchtiger Baurs-oder Ackers-Mann auf einem hohen Gebürg wohnhaft, fünf Stund von der berühmten Handels-Stadt Bozen im Tyrol entlegen.

Die Himmels-Königin Maria truge zu Leonharden wegen seinem lobsamen Tugend-Wandel ein sonderbare Wohlgewogenheit. Er wurde einstens von einer schwären Krankheit dergestalten überfallen, daß ihne die Häftigkeit derselben des Verstands gänzlich beraubet, und der armseelige Leonhard drey Jahr lang liegerhaft: ja so gar in Ketten, und Banden verharren muste, darob jeder männiglich ein grosses Mitleyden truge, weilen der fromme Mann wegen seiner Aufrichtig-und Gutherzigkeit allen lieb, und werth ware. In diesem Elend liesse doch die göttliche Mutter ihren lieben Leonhard nicht ohne Trost: sie ist ihme zuweilen erschinen, und sprache dem Armseeligen mildherzig zu; benennte auch den Ort, an deme sie verlangte, daß er ihr ein Kirchen erbaue, welche künftighin dem herzulauffenden Christlichen Volk ein Quell-Bronnen allerhand Wunder-Gnaden seyn wurde. So lang Maria bey dem Kranken sich befande, so grossem Trost auch bey guten Sinnen: so bald aber Maria verschwunden, verschwande gleichfalls wiederum alle vorige Heitere des Verstands, und wurde er, wie zuvor, allzeit Sinnlos.

Auf eine Zeit hat er die Hausgenossene, welche eben damals keine sondere Sorg auf ihn hatten, weiß nicht wie, hinterlistet, und von den Banden sich frey gemacht: darauf er einem Wald zugeeylet, welcher kaum ein Viertelstund weit von dem Hof entfernet ware, daselbst geriethe er auf eine Anhöhe, von welcher er in ein gähes, und tiefes Thal hinab gestürzet: jedoch befande er sich ganz unverletzt, frisch, und gesund auf der Erden sitzend: und, was ihne eines Theils diese augenscheinliche Gefahr schier hätte erwünschlich machen können, so genosse er darauf die völlige Heitere der Sinnen, und kame gänzlich zu seinem Verstand. Es schauderte ihne, da er von dem tiefen Abgrund in die Höhe hinauf sahe, und auf die Felsen, an denen er in viel Stücken sich hätte zerfallen können: aber er vermerkte anbey, daß ein andere, mehr dann irrdische Hand, alles abgewendet, und ihne darvor behütet.

Eines entrüstete den guten Leonhard, daß er nemlich keinen Steg antreffen möchte, nach seinem Haus, und Hof zuruck zu kehren. Unter solcher Betrübnuß, und schwarzen Gewülk der Traurigkeit, erscheinet ihme der hellglanzende Stern Maria, und verspricht ihme die völlige Gesundheit: sagte nebenbey, daß die Seinige ihne nach neun Tägen an diesem Ort finden werden: Damit aber dieses, sprache weiters Maria nicht ohne Wunder hergehe wirst du bisdahin ohne Speiß leben, und an Leibs-Kräften dannoch nicht abnemmen. Dieses geredt, verschwande die göttliche Gnaden-Mutter.

Un-

Unterdessen wird der verlohrne Leonhard allenthalben aufgesucht: man liesse auch für seine Wohlfahrt das heilige Meßopfer halten: endlich am neunten Tag, wie Maria vorgesagt, fanden sie ihne in vorbesagten Thal, wohlauf und gesund. Er umfienge die Seinige mit Freuden, die ihne auch frolockend nacher Haus führeten. Unter Weegs erzehlte Leonhard, wie er von der Mutter GOttes getröstet, wie oft sie ihme erschinen, und was sie vorgesagt, und daß er durch ein theur gethanes Gelübd ihr ein Capellelein zu erbauen sich verbunden.

Wer solte nicht vermennen, daß nach so ausserordentlichem Gunst, und Gnaden des Himmels Leonhard auf nichts anders denken wurde, als wie er dasjenige, was er seiner barmherzigsten Versprecherin verheissen, auch werkstellig machen werde? allein es ist kaum etwas veränderliches, und wankelbarers, als der Mensch selbsten. Leonhard ware noch etwas zu fast seinem zeitlichen Weesen, und Nutzen angebachen, welcher ihne dahin vermöcht, daß, als er heim kommen und wahrnahme, wie die Haushaltung, Zeit währender seiner drey-jähriger Krankheit, zimlich verwahrloset worden, sein erste Sorg gewesen, solche wiederum aufzurichten; liesse hingegen alle Gedanken von der Erbauung des versprochenen Capelleleins fahren: aber mit seinem grösten Schaden; gestaltsam er wiederum in die alte Krankheit gefallen, und muste auf ein neues, wie zuvor, in Ketten und Banden elendig gefeßlet werden: worbey er auf solche Weiß, wohlverdienter massen, da er das nothwendigere Geschäft Mariä, und seiner Seelen vergessen, auch dasjenige nicht ins Werk zu setzen vermöchte, wegen welchem er das bessere unterlassen; Jedermann zu einer heilsamen Warnung, daß, was man denen Heiligen verspreche, keines Weegs auf die lange Bank zuschieben, und vor allem nach den Rath Christi, das Reich GOttes zu suchen.

In diesem seinem abermaligen leydigen Stand vermöchte Leonhard dannoch so viel, daß er mit wehemüthigem Schmerzen sein neues Unglück bedauren könnte, erinnerte sich mit Seufzen seines gethanen Gelübds: wurde auch von seinen Hausgenossenen an dasjenige Ort geführet, wohin ihm die göttliche Mutter das Kirch= oder Capellelein zu bauen anbefohlen, nahend bey seinem Haus, daselbst oftermalen zuvor ein ungewohnliches Liecht bey finsterer Nacht gesehen worden.

Demnach ergreifet Leonhard die Hauen, und Pickel, das Fundament für die zukünftige Capellen auszugraben, und siehe ein neues Wunder! Kaum hatte er etlichmal mit seinem Werk= Zeug in die Erden gesetzt, da zeiget sich alsobald aus weissem Stein ganz schön gestaltes Maria = Bild, auf der Schooß ihren von dem Creutz herab= genommenen Sohn, und Welt= Erlöser haltend. Ein weit herrlicher Schatz, als wann dieser glückseelige Baurs = Mann viel Silber, und Gold heraus gegraben hätte. Wie diese Bildnuß an dieß Ort gekommen, oder vergraben worden, hat man auf keine Weiß erfahren. Die Kunst zeigte sich bey dem Werk an dem Bild: die Materi aber betrefend, ob es Alabaster, oder Marmor= Stein, wird gezweiflet.

Leonhard hat darauf nach wiederum erlangter Vernunft das angefangene Werk mit höchstem Fleiß, und Sorg fortgesetzet, und glücklich zu End gebracht, und nach erbautem Capellein das Marianische gefundene Bildlein darinn auf dem Altar zur Verehrung ausgesetzt: auch das Kirchlein mit einer kleinen Gloggen versehen, wormit er, gleich einem Meßner, denen herumliegenden Nachbarsleuten das Zeichen in das Kirchlein zu gehen gegeben, und zum Gebett ermahnt.

Wei=

Weilen er nun auch weißlich erachtet, daß nach so vielen und grossen von Maria empfangenen Gnaden sich auf alle Weiß gebühre, nicht mehr einem andern, als GOtt, und seiner allerheiligsten Mutter aufzuwarten, so entschlosse sich Leonhard, seine übrige Lebens-Täg dem Dienst beyder völlig zu schencken; dahero er sich seines Haußweesens, ja alles Zeitlichen, fürdershin gänzlich entschlagen, ist allein Mariä, und ihrem werthesten Sohn zu dienen fortgefahren, bis er endlich als ein getreuer Knecht von seiner grossen Frau des Himmels zur ewigen Belohnung beruffen worden. Wann sich aber sein Gottseeliger Tod ereignet, darvon ist mir nichts gewisses zu Handen gekommen.

Nach seinem Absterben hat die Andacht zu dem Marianischen Gnaden-Bild nicht allein keinen Abgang erlitten, sondern sie vermehrte sich von Zeit zu Zeit dermassen, daß Weissenstein anjetzo zu einer der berühmtesten Wallfahrten im ganzen Tyrol, und zu einem allgemeinen Zufluchts-Ort der Sünder erwachsen; dahin erst zu unsern Zeiten denen Wohl-Ehrwürdigen Vättern des Ordens der Dieneren unser lieben Frau oder Serviten, wie auf dem Gnaden-Ort zu Walldrast, ein schönes Closter aufgeführt worden, damit sie mit ihrem allenthalben bekannten Mariamischen Eifer die Andacht der Christglaubigen Wallfahrtern befördern; folglich hat der fromme Leonhard mit seiner Gottseeligkeit nicht allein ihme selbst eine grosse Menge Verdiensten gesammlet, sondern ist auch eine Ursach und Anfänger gewest des Heils so vieler Seelen, so viel selbes bishero gesuchet, und hinfüro alldorten noch suchen werden.

P. Gumppenbergius in suo Atlante Mariano Centur. 3. fol. 400. num. 290. Item aus dem heiligen Ehren-Glanz der gefürsteten Grafschaft Tyrol, parte 3. fol. 95.

# Matthäus ein Christ-eifriger Bauers-Mann in Japonien.

Das grosse Reich Japonien, so gegen Aufgang der Sonnen liegt, und viel andere kleinere Königreich in sich schliesset, nachdeme es von dem heiligen Indianer-Apostel dem heiligen Francisco Xaverio mit dem Liecht des wahren Glaubens ist bestrahlet worden, hat es gar herrliche Früchten des Christenthums hervorgebracht; Erstlich zwar ein überaus grosse Menge der tapfersten Blut-Zeugen, welche für die Wahrheit ihres angenommenen Christ-Catholischen Glaubens Leben und Blut aufgesetzt, und dieß zwar in denen grausamsten Marter-Peynen, die immer zu erdencken gewesen: ja es kame die Begierd für Christo zu sterben so weit, daß so gar die kleine kaum einige Jahr alte Kinder mit Freuden zur Marter lieffen, ja wohl auch kein Abscheuen hatten zu ihren Eltern, welche lebendig im Feuer gebratten wurden, und endlich zu Aschen suncken, sich auch hinein zu schwingen und mit ihnen gleichen Tods zu sterben, aber auch gleicher Marter-Cron theilhaftig zu werden.

Andere aber, denen es nicht geglücket den edlen Palm der Martyrer darvon zu tragen, haben nicht allein mit schein-

scheinbaren Tugenden dem Vatterland geleuchtet, sondern auch mit Apostolischem Eifer in die Fußstapfen ihrer ersten Glaubens-Lehrer nach ihrer Möglichkeit zu tretten sich beflissen; welches dann denen geistlichen Seelen-Hirten, und Verkündigern des heiligen Evangeliums stattlich wohl zu Nutzen kame; dann weilen der Arbeitern in so grossem Weinberg, und für so viel Menschen sehr wenig waren, so haben die andere ihnen trefliche Dienst geleistet in so heiliger Apostolischer Arbeit, und Beförderung des Heils der Seelen. Ich zweifle nicht, das sowohl unter diesen, als denen vorigen viel werden gewesen seyn, auch aus dem geringen Hirten- und Bauern-Stand: aus solchen aber finde ich nicht mehrer als einen einzigen, der sonderbar benamset wird, und dieser ist gegenwärtiger Christ-eifriger Bauersmann, Matthäus mit Namen; und obschon ich auch von ihme nichts anders aus den Japonischen Geschichten aufweisen kan, als bloß seinen Namen, den er in dem heiligen Tauf empfangen, und ein besonders Stuck seines Apostolischen Eifers, so ist doch dieses von einer solchen Merckwürdigkeit, daß er nicht allein darumen wohl verdienet allhier unter andern Gottseeligen Hirten und Bauers-Leuthen ein Ort zu haben, sondern auch lasset sich aus deme genugsam schliessen, was Matthäus für ein ausbündiger Christ und tugendsamer Bauersmann gewesen. Er erweiset zugleich allhier mit dieser That, was ersprießlichen Nutzen einer ganzen Gemeinde und Dorfschaft zum Christlichen Aufnehmen und Frommkeit der Seelen ein einziger Gottesförchtiger Mann beytragen und schaffen kan: Ich schreitte zur Erzehlung der Sach.

Als im Jahr tausend fünfhundert und achtzig dieser unser Gottseelige Bauersmann Matthäus im nächsten Wald ihme zur Hauß-Nothdurft ein Büschel abgehacktes

Holz aufgebunden, und mit solcher Burde das Dorf durchzoge, fande er das heydnische Volck in grosser Versammlung, den Ehren-Tag eines Abgotts oder Götzen-Bilds mit feyerlichem Gepräng begehen. Was dieses Ansehen dem Christ-eifrigen Matthäo für ein Greuel in denen Augen gewesen, das erhellete alsobald aus der That. Er entzündete sich mit einem solchen gerechten Eifer, daß er die Holz-Burde von sich geworffen, durch den abgöttischen Hauffen hinein gedrungen, und ihnen ganz unerschrocken ihre Mißhandlung, dardurch sie dem wahren GOtt die gebührende Ehr entzogen, hingegen dem Teufel schändlich zugeeignet, mit Christlicher Freymüthigkeit in das Angesicht hinein verwiesen. Die Heyden, obwohlen sie eine grosse Anzahl ausmachten, so getraueten sie sich ihme doch nicht zu widersetzen; dahero auch Matthäus die Gelegenheit vor die Hand nahme, und brachte die Grund-Lehren des wahren GOttes-Diensts mit so grossem Nachdruck vor, daß die Heyden über ihre Blindheit, in der sie bishero gestecket, sich sehr bestürzet, auch nach und nach auf eifriges fortwährendes Zureden des Gottseeligen Matthäus dahin bewegt worden, daß keiner aus diesem zahlbaren Hauffen gewesen, den nicht Matthäus mit eigener Hand durch den heiligen Tauf abgewaschen, und der wahren Kirchen einverleibet hat.

Bey diesem verbliebe es noch nicht, sondern was seinen Apostolischen Eifer noch verwunderlicher machet, so hat sich solcher in das ganze Dorf ergossen, und wurden alle vermäg des heiligen Tauf-Wassers, das er ihnen auch selbsten aufgegossen, in den wahren Schaaf-Stahl Christi gebracht: mit was unbeschreiblichem Trost dieses Apostolischen Bauersmanns, und Freud der geistlichen Glaubens-Lehrern; ist leichtlich zu erachten. In Be-

denckung

denckung, daß auf Zureden eines dem Stand nach einfältigen aber mit wahrer Glaubens-Lehr wohl unterrichteten Ackersmann ein zahlreiche Menge der Heyden so geschwind unter das Joch Christi gebracht worden. Fürwahr, dieser so belobte Acker- oder Säemann hat niemahlen so guten Saamen ausgeworffen, als diesen des heiligen Evangeliums, welcher auf einmahl und so geschwind so stattliche Frücht hervorgebracht, ihme aber selbsten so wohl hie auf Erden, als dorten im Himmel einen unsterblichen Ruhm erworben, mithin ist auch an unserm Bauersmann Matthäo erfüllet worden, was der heilige Matthäus der Evangelist sagt am achten Capitel nach Weissagung des HErrns, daß viel kommen werden aus Morgenland oder Aufgang der Sonnen, wozu Japonien lieget, und mit Abraham, Isaac und Jacob sitzen werden im Himmelreich.

Cornelius Hazart Soc. JEsu in seinen Kirchen-Geschichten, oder Catholischen Christenthum: de Japonia, parte 3. c. 16. ad finem.

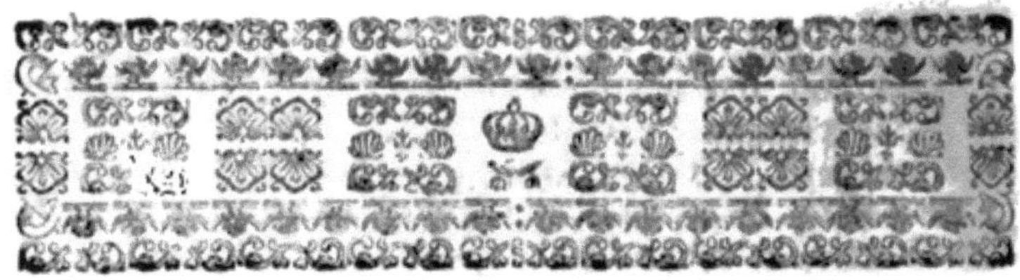

# Von einem sehr andächtigen Ackersmann zu Rom in Welschland.

Daß eine in GOtt verliebte Seel in ihrer Einsamkeit, zwischen vier Wänden eingeschlossen, in GOTT vertieft verbleibe, und mithin des himmlischen Trosts und Gunsts sich fähig und tauglich mache, ist so seltsam nicht, als bey einem, der in Mitte der Welt seiner schweren Arbeit und Geschäften obliegen muß, und nichts desto weniger gar künstlich weißt sein Herz und Gemüth also zu versammlen, daß solches stets mit GOtt vereiniget verbleibe, und einfolglich auch gleicher Gnaden sich würdig mache. Unser Ehrwürdige Pater Lancicius, ein Mann schon aus seinen Büchern wohl bekannter Weißheit, und Gottesforcht, erzehlet in einem derselben, daß, als er sich in Rom befande, (er befande sich daselbst viel Jahr lang) als er, sprich ich, in Rom sich befande, habe er einen einfältigen schlechten Bauersmann gekennet, welcher wegen seinen bekannten Tugenden bey allen lieb und werth ware: Dieser, wann er auf dem Feld dem Acker-Bau abwartete, pflegte er allzeit mit heiligen Gedancken sein Herz und Gemüth zu weiden, jedoch mit so ungewöhnlicher Belohnung des Himmels,

welcher

welcher daran ein so grosses Wohlgefallen hatte, daß in währender dieser Mühe- und Schweiß-vollen Arbeit des Acker-Baues er die Engel in dem oberirdischen Paradieß singen, und GOtt loben hörte, als wann sie gleichsam mit ihme, sagt Lancicius, Wechsel-weiß GOtt benedeyen wollten. Unschwer ist hieraus zu schliessen, mit was grosser Süßigkeit der liebe Mann überschwemmet worden seye, daß er wenig von seiner Hand-Arbeit der Mattigkeit halber sich werde zu beklagen Ursach gehabt haben. Mehrers hat gedachter Pater Lancicius von ihme nicht hinterlassen, ausser daß er auch zu seiner Zeit mit gleichem Ruf der Heiligkeit, wie bey seinem Leben, aus dieser Welt verschieden.

Venerab. P. Nicolaus Lancicius. Opusc. 15. de Officiis Laicorum in Relig. c. 6. n. 65.

Kurze

Kurze

# Lebens-Beschreibung

des

# Georgius Gasteiger

eines

Gottseeligen Bauersmann.

Der Gottseelige Bauers-Mann Georgius Gasteiger ist im Jahr tausend fünfhundert ein und sechzig gebohren in einem Häußlein oder Bauern-Höfl, dessen schier vornehmste Zierd ware, daß es nicht weit von jenem Gnaden- und Marianischen Wunder-Ort Alten-Oetting in Bayern entfernet stunde. Seine zwar geringe aber ehrliche Eltern haben ihn von Kindheit an zu aller Ehrbar- und Frommkeit angeleitet, welche dann so tief in seinem Gemüth eingewurzlet, daß sie in dem schier hundert-jährigen Alter, welches Georgius bey nahe erlebt, niemahl verdorret: und wie sollte, oder konnte es wohl anderst seyn? in deme nach Zeugnus der

der Göttlichen Schrift, ein Kind von dem Weeg auch in seinem Alter nicht abweichet, in dem es schon in der ersten Blühe der Jahren dahergeloffen.

Von seinen Andachts-Ubungen will ich nur einige Beyspiel, andern zu gleichem Exempel, und Antrib zur Nachfolg herbeybringen. Sie waren dann diese: Alle Sonn- und Feyrtäg machte er sich zeitlich auf, besuchte vor allen die heilige Capellen des Marianischen Gnaden-Bilds, daselbst er ein, und anderer Meß mit grosser Versammlung des Gemüths beywohnte. Von dannen gienge er geraden Wegs in die nächst gelegene Stifts-Kirchen, das Wort GOttes von der Canzel anzuhören, und verbliebe alsdann bey dem alldortig-übrigen Hochamt, und Gottesdienst. Wann nun selbigen Tag eine Versammlung in der von denen Vättern der Gesellschaft JEsu aufgerichteten Marianischen Bruderschaft gehalten wurde, so ware unser Georgius einer aus denen ersten, der sich darbey einstellte; gleichwie er auch einer aus den ersten ware, der seinen Namen, aus Begierd einen rechtschaffenen Diener Mariä abzugeben, einschreiben lassen, als jetztgedachte Congregation oder Bruderschaft, unter dem Namen Mariä Verkündigung, kurtz zuvor aufgerichtet worden. Und muß man gestehen, daß Georgius an dem Eyffer eines wahren Mitgliedes dieser Marianischen Versammlung was besonders hatte; Er unterliesse nichts, so immer von einem solchen kunte erfordert werden; auch bis an sein spates, und so fast betagtes Alter hat er niemallen eine Versammlung verabsaumet, es möchte hernach ein Wetter eingefallen seyn, wie es wollte, von Wind, Regen, oder Schnee: ja, wann er etwann vorsahe, daß er nach vollendten vormittägigen Gottesdiensten, nicht so zeitlich nacher Hauß zum Tisch kommen, und von danen widerum sich bey der Marianischen Versammlung Nachmittags einfinden kunte, hat er manchesmahl mit einem Stuck Brod seinen hungerigen Magen entzwischen befridiget, auf daß er nur nicht versaumen möchte das Wort GOttes, und das Gebett, als ein weit bessere Nahrung der Seelen, welches in mehrgedachten Versammlungen gehalten wird.

Nachdem dergleichen Marianische Zusammenkünften geendiget, kehrete der liebe Mann wider in seine Wohnung, und brachte die übrige Zeit mit Ablesung geistlicher Bücher zu, damit er die übrige Täg der Arbeit, gleich als ein folgsames Schäflein von dieser geistlichen Seelen-Wayd etwas hätte, so er durch heylsame Betrachtung öfters, also zu reden, widerkäuen, und erhollen kunte. Zu solchem Ende hat ihme Georgius einen guten Vorrath allerhand schöner geistlichen Bücher zusamm gesammlet, als der ohne Zweiffel besser erachtet, dasjenige Geldlein, welches oftermahls die liederliche Zech-Brüder an denen Gottgeheiligten Tägen in denen Wirths-Häusern, oder durch die Hoffart, und Spielen verschwenden, vielmehr um Erkauffung sothaner nutzlichen Büchern anzuwenden, wovon nachmahls nicht allein die Zeit ersprießlich zugebracht, sondern auch dem ganzen Haußhaben viel zur Seelen-Heyl gedeyliches mag erlanget werden.

Und eben von seinem Hauß-Wesen zu reden, hat er dasselbe also angeordnet, daß man es mehr für ein Closter, als eines Bauern-Hauß ansehen möchte: Er litte nicht das mindeste an denen Seinigen, so da denen Göttlichen Gebotten zuwider; und es ware ihme nicht genug, selbsten vor GOtt gerecht seyn, sondern suchte ein gleiches bey seinen Untergebenen, wohl wissend, daß er im widrigen Fall sich der fremden Sünden, als ein Hauß-Vatter, der für die Seinige müsse Rechenschaft bey GOtt geben, theilhaftig machen wurde. Dahero ihne auch GOtt in dem Zeitlichen wohl gesegnet, daß er untern andern seine Tochter mit gar ehrlicher Aussteuer versehen, und selbige in ein Closter gebracht; allein über all diese Aussteuer ware die Tugend, so selbige von dem Vatter ererbet, und mit sich in besagtes Closter übertragen.

Der Tod hat seine liebe Ehe-Gattin dreyßig Jahr zuvor, ehe er selbst das Zeitliche gesegnet, aus dieser Welt abgefordert; doch ware weit von ihme, daß er zur andern Ehe schritte, sondern er ergabe sich nur mehr der Andacht, auf daß er seinen wittiblichen Stand mit solcher mehr zieren, und heiligen kunte. Und durch diese Fromm- und Gottseeligkeit, wie auch durch seine aufrichtige Redlichkeit, die aus seinem Wandel hervorschiene, wie nicht weniger durch die freundliche Weiß zu handlen, machte er sich bey der ganzen Gemeinde also

beliebt,

beliebt, und erwarbe ihme ein solche Hochschätzung, daß er sehr tauglich ware, auch schwere Uneinigkeiten aufzuheben, und Friden zu stiften.

Das hohe Alter der neunzig Jahren hat ihn also entkräftet, daß er noch die Kirchen mehr zu besuchen, noch dem geistlichen Lesen obzuligen vermöchte; anstatt dieser hat er sich der Betrachtung bedienet, und absonderlich der Geheimnussen des heiligen Rosenkranzes. Er lebte noch, von Anfang solches von dem Alterthum verursachten Zustands in die acht Jahr, nach welchen endlich der liebe Georgius nicht so fast voll der Jahren, als Verdiensten, und Tugenden, derselben Belohnung einzuhollen, in Himmel, wie wir nicht zweiflen, abgefordert worden, mit allen heiligen Sacramenten auf das andächtigste zu dieser Reiß gestärcket. Welches geschehen im Jahr tausend sechshundert und neun und fünfzig. So hohes, acht und neunzig-jähriges Alter hat gewißlich unser Georgius sein er grossen Mäßigkeit zuzuschreiben, also, daß sich niemand verwundern darf, daß ein Mann unter so vieler schweren Bauern-Arbeit zu Feld, und zu Hauß seine Jahr so weit hinaus gezogen: und wurden vielleicht manche Dorfschaften mehrer eißgraue, und betagte Nachbaren zehlen, wann die unmäßige Schlemmerey, vorderist in der Jugend, ihnen den Lebens-Faden liesse länger hinaus ziehen.

Ubrigens hat Georgius wegen seinen Gottseeligsten, und auferbäulichsten Wandel so guten Nachruhm hinterlassen, daß so gar noch heut zu Tag von seiner Frommkeit seiner Wohnung der Namen verblieben; also bezeugen uns die Jahrs-Schriften oft-ermeldter Marianischen Bruderschaft zu Alten-Oetting, die sich einen solchen eyfrigen Diener Mariä unter die ihrige gezehlet zu haben annoch erfreuen wird; wie nicht minder eine andere Bruderschaft, welche daselbst in der Stifts-Kirchen zu Ehren, und unter dem Namen des Spanischen Bauers-Mann des heiligen Isidori aufgerichtet ward, in dero gleichfalls Georgius einverleibt gewesen, und auch selbe, wie dessen schriftliche Urkund vorhalten, mit seinem auferbaulichen wandel gezieret hat.

Maximilianus Raßler in Suplement. ad Bavar. Sanct. P. Matth. Raderi, ex Diario Congregat. B. V. Annunt. Oetting. Vet. Item ex Actis Congregat. S. Isidori ibidem.

# Eine fromme Bäurin aus dem grossen Kayserthum China.

Gleichwie ich nicht lang vorher aus dem grossen Japonischen Reich einen Christ-eyffrigen Bauers-Mann unserer Europäischen Hirten- und Bauerschaft zum Exempel und Beyspiel habe herbeygebracht, also ziehe ich zu eben diesem Ziel, und End mit einer frommen Bäurin allhie auf die Bahn aus einem andern, und zwar so sehr berühmten, gleichfalls gegen Aufgang der Sonnen gelegenen Reich, nemlich aus dem mächtigen Kayserthum China, oder auch Sina genannt: und dieses um so viel lieber, damit das liebe Hirten- und Bauern-Volck wisse, daß nicht allein in unserem Welt-Theil Europa unter ihnen der Tugend beflissene Personen zu finden, sondern auch in andern weit entlegenen Landen, und Theilen der Welt, und zwar solche, welche kurtz zuvor noch dem blinden Heydenthum anhiengen, und mithin werden diese Bauers-Leuth einstens desto mehr an dem grossen Tag des Gerichts diejenige beschämen, welche von Jugend auf in denen rechtglaubigen Orthen gebohren, und erzogen, dannoch nicht viel Christliches an sich haben, oder wohl gar den Weeg des Verderbens lauffen.

Diese fromme Bäurin dann ist zwar nicht von der Geburt und schlechtem Herkommen zu dem Bauern-Stand gewidmet worden, sondern ein anderer Unglücks-Fall gabe hierzu Ursach, den ich bald erzehlen werde. Sie ware vielmehr von der Natur zum Herrschen, als zu so geringer Lebens-Art erkohren; gestaltsam sie eine Kayserliche Prinzeßin gewesen aus dem uralten Taimingischen Geschlecht, und wurde in ihren Mannbaren Jahren einem Prinzen aus eben gedachtem Stammen Kayserlichen Geblütes vermählet, ungefähr im sechs und zwanzigsten Jahr ihres Alters. Nachdeme sie die Wahrheit des allein seeligmachenden Christ-Catholischen Glaubens vernommen, bequemte sie sich zu dem süssen Joch Christi, und liesse sich von einem unserigen Priester der Gesellschaft JEsu tauffen: was Namens sie aber darbey erworben, ist von dem Geschicht-Schreiber in der Feder gelassen worden. Es hat diese fürtrefliche Prinzeßin den einmahl angenommenen heligen

Glauben, ob sie schon hernach sehr viel Widerwärtigkeiten übertragen müssen, gar standhaftig behalten bis in ihr spates Alter, und wurde ohne Zweiffel selbigen noch mehrers unter die ihrige ausgebreitet haben, sofern nicht folgender Reichs-Untergang alles verhindert hätte.

Die Ost- oder Morgenländische Tartarn aus schon lang, und tief gegen die Sineser eingewurtzletem Haß, haben, ungeacht der sehr groß, und dicken Sinesischen Mauer, welche schier, als das achte Welt-Wunder von einem Gebäu, das Kayserthum Sina von der Tartarn Einfällen sicher halten sollte, ungeacht, sprich ich, dieser ungeheuern Mauern, haben sie dannoch, gleich einem reissenden Strom in Sina hineingedrungen, und erschröcklich mit Feuer, und Schwerd gehauset, und weilen sie trachteten, sich dessen Reichs-Thron völlig Meister zu machen, und den Namen des vorigen Kaysers gäntzlich zu vertilgen, suchten sie allenthalben, was nur immer von dem Kayserlichen Geblüt herstammete, zu ermorden. Nun also einem so grossen Unheyl vorzubiegen, und sich dem grausamen Mord-Schwerd zu entziehen, erachtete die Fürstin nichts thunlichers zu seyn, als ihre Hochheit unter schlechten Bauern-Joppen zu verstecken: folglich wirffet sie die Fürstliche Kleyder von sich, verbirgt sich im Bauern-Kleyd, ja ernährte sich mit gleicher Hand-Arbeit beständig bis an ihr End. Mithin hat ihr schlechte Bauern-Joppen jene Sicherheit gegeben, die sie sonst vielleicht hinter denen stärckesten Mauern bey diesen Umständen nicht wurde gefunden haben. Leichtlich kan man allhier erachten, wie schwer dieser Stand einer solchen Prinzeßin, welche von zarter Natur zu sothaner Arbeit ungewohnt, ankommen. Dessen ungeacht, schreibet hiervon der Bericht, hat sie um desjenigen willen, welcher, da er reich war, für uns ist arm worden, solche Ernidrigung starckmüthig ausgestanden, und so lange Jahr bis an den Tod bey dem wahren Glauben verharret, ja mit solchen schönen Tugenden gezieret, daß sie recht heiliglich gestorben.

Das Bauern-Dorf, in welchem sich diese Bäurin aufgehalten, ware nur drey Stund weit entlegen von der Stadt Nantschangfu, einer der vornehmsten Städten des Sinesischen Reichs, daselbst langte P. Hieronymus Franchi, ein Jesuiter aus der Oesterreichischen Provintz an; da er sich nun alldort aufhielte, wurde er gähling in besagtes Dorf beruffen, dieser Bäurin, als welche schwerlich kranck lage, die

die letzte heilige Sacramenten mitzutheilen, welches er auch, mit seinem grossen Trost, gethan; worbey ihme alles obige von denen andern umstehenden Sineseren erzehlet worden, das er hernach schriftlich aufgezeichnet, und nacher Europa geschickt.

Obwohlen diese Gottseelige Bäurin so viel Trübsal, und Ungemach ausgestanden, brachte sie doch ihre Lebens-Jahr auf das sechs und achtzigste; darvon sie sechzig in dem angenommenen heiligen Glauben hinterlegt, das Zeitliche aber hat sie verlassen in gegenwärtigem hundert-jährigen Welt-Lauf, nemlich im Jahr unsers Heyls tausend sibenhundert und zwey.

Von dieser Gottseeligen Bäurin mag ich wohl sagen, daß sie eines aus jenen starckmüthigen Weibs-Bildern seye, nach welchen Salomon am 31. Capitel seiner Parablen gefragt, dessen theuerer Werth weit, und an denen äussersten Gränzen der Welt (allwo das grosse Kayserthum China liget) entfernet ist: obschon es einigen vielleicht beduncken möchte, als wäre so viel merckwürdiges nicht daran, daß ich von ihr eigenthumliche Meldung allhier gethan: allein wer die Sach reiffers erweget, wird mein Vorhaben und Mühe gewiß billigen, in Bedenckung, daß sie eine grosse Frau, von so hohem Stammen entsprossen, von erster und zarter Kindheit in den Heydenthum erwachsen, und dannoch in so grosser, und müheseeliger Glücks-Wechslung den einmahl angenommenen Römisch-Catholischen Glauben nicht allein beständig bekennet, sondern auch das so ungemächliche und arme Bauern-Leben mit standhafter Gedult übertragen, ja mit schönen Tugenden gezieret, und heiliglich beschlossen, welches alles an einer solchen Frau eine Sach, die gar wohl verdient bey der Nach-Welt überall verewiget zu werden.

Josephus Stöcklein Soc. JEsu in seinem neuen Welt-Botten sive Epistolis Patrum Missionariorum Soc. JEsu ex utrisque Indiis, Parte quarta ex Litteris R. P. Hieronymi Franchi Soc. JEsu. Num. 82.

Register

# Register

## Aller heiligen, seeligen und gottseeligen Hirten und Bauern, welche in allen vier Theilen gegenwärtigen Wercklein verfasset seynd.

### Nach Ordnung der Buchstaben.

**Die erste Zahl bedeutet den Theil, die andere das Blatt jeden Theils, in welchem das Leben zu finden.**

## A.



## B.

## C.



## D.



## E.



## F.



## G.



## H.



J.

## J.



## K.



## L.



## M.



## N.



## O.

## P.



## R.



## S.



## T.



## V.



## W.



## Z.



**Alles zu grösserer Ehr GOttes, und seiner Heiligen.**